Bente | Deichmann | Gürtler-Bente · Recht für Bankfachwirte

Prüfungstraining zum Bankfachwirt

Die Bücher der Reihe Prüfungstraining zum Bankfachwirt
richten sich an Kandidaten, die sich auf die Prüfung vorbereiten.
Die Bücher helfen Verständnislücken auf prüfungsrelevanten
Gebieten zu schließen, bieten eigene Kontrollmöglichkeiten an
und geben somit die erforderliche Sicherheit für das erfolgreiche
Bestehen der Prüfung.

Bisher sind erschienen:

Recht für Bankfachwirte
von Ulrich Bente | Henriette Deichmann |
Cordula Gürtler-Bente

Allgemeine Bankbetriebswirtschaft
von Olaf Fischer

Mündliche Prüfung Bankfachwirt
von Achim Schütz | Olaf Fischer | Margit Burgard

Weitere Titel sind in Vorbereitung

Ulrich Bente | Henriette Deichmann |
Cordula Gürtler-Bente

Recht für Bankfachwirte

Erfolgreich durch die Prüfungen

GABLER

Bibliografische Information Der Deutschen Nationalbibliothek
Die Deutsche Nationalbibliothek verzeichnet diese Publikation in der
Deutschen Nationalbibliografie; detaillierte bibliografische Daten sind im Internet über
<http://dnb.d-nb.de> abrufbar.

1. Auflage März 2007

Alle Rechte vorbehalten
© Betriebswirtschaftlicher Verlag Dr. Th. Gabler | GWV Fachverlage GmbH, Wiesbaden 2007

Lektorat: Dr. Riccardo Mosena
Korrektorat: Beate Rabe

Der Gabler Verlag ist ein Unternehmen von Springer Science+Business Media.
www.gabler.de

Das Werk einschließlich aller seiner Teile ist urheberrechtlich geschützt. Jede
Verwertung außerhalb der engen Grenzen des Urheberrechtsgesetzes ist ohne
Zustimmung des Verlags unzulässig und strafbar. Das gilt insbesondere für
Vervielfältigungen, Übersetzungen, Mikroverfilmungen und die Einspeicherung
und Verarbeitung in elektronischen Systemen.

Die Wiedergabe von Gebrauchsnamen, Handelsnamen, Warenbezeichnungen usw. in diesem Werk
berechtigt auch ohne besondere Kennzeichnung nicht zu der Annahme, dass solche Namen im
Sinne der Warenzeichen- und Markenschutz-Gesetzgebung als frei zu betrachten wären und daher
von jedermann benutzt werden dürften.

Umschlaggestaltung: Ulrike Weigel, www.CorporateDesignGroup.de
Druck und buchbinderische Verarbeitung: Wilhelm & Adam, Heusenstamm
Gedruckt auf säurefreiem und chlorfrei gebleichtem Papier.
Printed in Germany

ISBN 978-3-8349-0322-8

Vorwort

Das vorliegende Buch ermöglicht Ihnen die systematische Aneignung des prüfungsrelevanten Stoffes im Fach Recht ebenso wie eine Wiederholung der wichtigsten Themen vor den Prüfungen zum Bankfachwirt. Zu diesem Zweck werden die Bereiche aus dem Bürgerlichen Recht einschließlich des Kreditsicherungsrechts, aus dem Handels- und Gesellschaftsrecht sowie aus dem Verfahrens- und Insolvenzrecht behandelt, die Sie zu Ihrer Prüfung beherrschen sollten.

Zur Veranschaulichung haben wir die Darstellung durch Beispiele und Abbildungen ergänzt, um Ihnen auch den Zugang zu schwierigen Themen leicht zu machen. Nach jedem Abschnitt können Sie mit Hilfe der Kontrollfragen Ihren Lernfortschritt überprüfen. Die Kontrollfragen helfen Ihnen auch, die wesentlichen Inhalte vor den Prüfungen kurz zu rekapitulieren. Mit Hilfe der etwas umfangreicher konzipierten Übungsfälle können Sie sich insbesondere auf die schriftlichen Prüfungen vorbereiten.

Unsere Erfahrungen als Prüfer und Korrektoren im Fach Recht zeigen, dass Prüfungskandidaten in schriftlichen Arbeiten und Prüfungsgesprächen erfolgreich sind, wenn sie auch die einschlägigen Paragrafen kennen und benennen können. Daher ist das genaue Studium der angegebenen Rechtsvorschriften in ihrer aktuellen Fassung unerlässlich. Bitte denken Sie daran, gesetzliche Bestimmungen genau zu bezeichnen, d.h. das Gesetz, den Paragrafen, auf den Sie sich beziehen, und – soweit dies zur Unterscheidung erforderlich ist – auch den jeweiligen Absatz und Satz anzugeben. Ferner ist zu berücksichtigen, dass im Paragrafen davor oder dahinter Ausnahmeregelungen enthalten sein können.

Bedenken Sie, je besser Sie den wesentlichen Inhalt der anzuwendenden Regelungen beherrschen, umso leichter finden Sie in Ihrer Prüfung auch die richtigen Antworten auf vermeintlich schwierige Fragen.

Viel Erfolg, wir drücken Ihnen die Daumen!

Berlin im Januar 2007

Ulrich Bente
Henriette Deichmann
Cordula Gürtler-Bente

Inhaltsverzeichnis

Abbildungsverzeichnis

1 Grundzüge des Bürgerlichen Rechts

1.1 Personen und Rechtsgeschäfte

1.1.1 Natürliche und juristische Personen

Das bürgerliche Recht unterscheidet zwischen natürlichen und juristischen Personen.

> **Natürliche Person** ist jeder Mensch.
>
> **Juristische Personen** sind die im Rechtsverkehr als selbstständige Rechtsträger anerkannten Personenvereinigungen oder Vermögensmassen.

Juristische Personen des *privaten* Rechts sind

- Eingetragene Vereine (§§ 55 ff.)
- Körperschaften
- Rechtsfähige Stiftungen (§§ 80 ff.).

Ein *Verein* beruht auf dem körperschaftlichen Zusammenschluss mehrerer Personen zur Verwirklichung der satzungsgemäßen Vereinsziele.

Zu den *Körperschaften* zählen die Gesellschaft mit beschränkter Haftung (GmbH), die Aktiengesellschaft (AG), die Kommanditgesellschaft auf Aktien (KGaA), die Genossenschaft sowie der Versicherungsverein auf Gegenseitigkeit (VVaG), für die gesetzliche Regelungen außerhalb des Bürgerlichen Gesetzbuches bestehen. (Vgl. zu den Kapitalgesellschaften Abschnitt 3.2.2)

Stiftungen sind selbstständige Vermögensmassen, die einem bestimmten Zweck gewidmet sind.

Beachten Sie bitte: Personenvereinigungen sind auch die Personengesellschaften (Gesellschaft bürgerlichen Rechts, Offene Handelsgesellschaft, Kommanditgesellschaft, Stille Gesellschaft, Partnerschaft), die *keine* juristischen Personen sind. (Vgl. zu den Personengesellschaften Abschnitt 3.2.1)

Juristische Personen des *öffentlichen* Rechts sind

- Körperschaften des öffentlichen Rechts (Personal- und Gebietskörperschaften)
- Öffentlich-rechtliche Anstalten
- Öffentlich-rechtliche Stiftungen.

Beispiele: Länder und Gemeinden (Gebietskörperschaften); Industrie- und Handels-
kammern (Personalkörperschaften); Kreditanstalt für Wiederaufbau; Stiftung Preußi-
scher Kulturbesitz

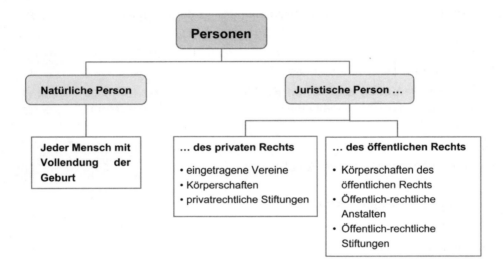

Abb.: Natürliche und juristische Personen

Kontrollfragen

- Welche Arten von Personen unterscheidet das Gesetz?
- Nennen Sie Beispiele für juristische Personen des privaten und des öffentlichen
  Rechts.
- Was ist eine Personenvereinigung?

1.1.2   Rechts- und Geschäftsfähigkeit

1. Rechtsfähigkeit

> **Rechtsfähigkeit** ist die Fähigkeit, **Träger von Rechten und Pflichten** zu sein.

Wer rechtsfähig ist, kann Rechte erwerben und Pflichten übernehmen und als *Rechtssubjekt* am Rechtsverkehr teilnehmen.

Beispiel: Personen können Eigentümer eines Grundstücks, Inhaber eines Schadensersatzanspruchs sein.

Jede **natürliche Person** ist rechtsfähig. Die Rechtsfähigkeit des Menschen beginnt nach § 1 mit Vollendung der Geburt; sie endet mit dem Tod.

Bitte beachten Sie: Der genaue Zeitpunkt von Geburt und Tod kann insbesondere bei erbrechtlichen Fragen von Bedeutung sein. Der Beweis über die Geburt bzw. den Tod eines Menschen wird durch die Eintragungen in die Personenstandsbücher erleichtert; dieselbe Beweiskraft haben die vom Standesbeamten ausgestellten Geburts- und Sterbeurkunden (§ 66 Personenstandsgesetz).

Neben den natürlichen Personen nehmen am Rechtsverkehr **juristische Personen** als Träger von Rechten und Pflichten teil. Anders als die natürlichen Personen sind sie rechtsfähig, weil ihre Rechtsfähigkeit *von der Rechtsordnung anerkannt* wird. Rechtsfähig sind alle juristischen Personen des privaten und des öffentlichen Rechts.

→ Der nicht wirtschaftliche Verein (Idealverein) erlangt erst durch **Eintragung** in das Vereinsregister Rechtsfähigkeit, Kapitalgesellschaften durch Eintragung in das Handelsregister. Genossenschaften werden in das Genossenschaftsregister eingetragen, Partnerschaften von Angehörigen freier Berufe in das Partnerschaftsregister. Privatrechtliche Stiftungen bedürfen zur Rechtsfähigkeit der **Anerkennung** durch die zuständige **Behörde**.

→ Juristische Personen des öffentlichen Rechts erlangen Rechtsfähigkeit mit ihrer Begründung durch **staatlichen Hoheitsakt**.

Merke: Personengesellschaften, die Rechte erwerben und Verbindlichkeiten eingehen können, sind, ohne juristische Personen zu sein, rechtsfähig (§14 Abs. 2). Beispiele hierfür sind OHG und KG. Die Rechtsfähigkeit ist ferner für die BGB-Außengesellschaft anerkannt, soweit sie durch ihre Teilnahme am Rechtsverkehr Rechte und Pflichten begründet.

Personenvereinigungen oder Vermögensmassen, denen keine eigene Rechtsfähigkeit zukommt, können nur durch die beteiligten Personen selbst oder durch rechtsgeschäftlich Bevollmächtigte handeln.

Beispiele: nicht rechtsfähiger Verein, eheliche Gütergemeinschaft, Erbengemeinschaft

2. Geschäftsfähigkeit

Von der Rechtsfähigkeit ist die im Gesetz nicht näher bezeichnete *Handlungsfähigkeit* zu unterscheiden. Darunter ist die jedem Menschen zukommende Fähigkeit, rechtlich relevante Handlungen vorzunehmen, zu verstehen. Hierzu gehören die *Geschäftsfähigkeit*, d.h. die Fähigkeit, wirksam Rechtsgeschäfte abschließen zu können, und die *Deliktsfähigkeit*, d.h. für die Rechtsfolgen einer unerlaubten Handlung im Sinne des bürgerlichen Rechts einstehen zu müssen. Im Unterschied zur Rechtsfähigkeit sind Geschäftsfähigkeit und Deliktsfähigkeit unter bestimmten Voraussetzungen gesetzlich beschränkt bzw. ausgeschlossen.

> **Geschäftsfähigkeit** ist die Fähigkeit, **rechtsgeschäftlich wirksam** zu handeln.

Zu unterscheiden sind

* Geschäftsunfähigkeit
* Beschränkte Geschäftsfähigkeit
* Volle Geschäftsfähigkeit.

Geschäftsunfähige können nicht selbstständig rechtsgeschäftlich handeln. Nach § 104 ist geschäftsunfähig,

* wer nicht das siebente Lebensjahr vollendet hat
* wer sich dauerhaft in einem die freie Willensbestimmung ausschließenden Zustand krankhafter Störung der Geistestätigkeit befindet.

> Die Willenserklärung eines Geschäftsunfähigen ist **nichtig**. (§ 105 Abs. 1) Nichtig ist auch eine Willenserklärung, die im Zustand der Bewusstlosigkeit oder vorübergehenden Störung der Geistestätigkeit abgegeben wird. (§ 105 Abs. 2)

Ein Geschäftsunfähiger kann am Rechtsverkehr teilnehmen, indem sein **gesetzlicher Vertreter** für ihn handelt. Handelt der gesetzliche Vertreter im Namen des Geschäftsunfähigen, so binden die Rechtsfolgen den Vertretenen. Auf die Erklärung des Geschäftsunfähigen kommt es nicht an.

Kinder werden in der Regel durch beide Eltern gemeinsam (§ 1629) oder durch ihren amtlich bestellten Vormund (§ 1773) vertreten.

Beachten Sie: Über die Vertretungsbefugnis der Eltern hinaus gehen Schenkungen, die nicht sog. Anstandsschenkungen sind (vgl. §§ 1641, 1804), sowie die in §§ 1821 f. genannten Rechtsgeschäfte, die neben der Erklärung des Vertreters bzw. Vormunds der Genehmigung des Familien- bzw. Vormundschaftsgerichts bedürfen. Dies sind u.a.:

- Geschäfte über Grundstücke (Verpflichtungs- und Verfügungsgeschäfte)
- Verfügungen über das Vermögen im Ganzen oder über eine Erbschaft des Minderjährigen
- Verträge über Erwerbsgeschäfte oder den Abschluss eines Gesellschaftsvertrages zum Betrieb eines Erwerbsgeschäfts
- Miet- und Pachtverträge mit der Verpflichtung zu wiederkehrenden Leistungen über ein Jahr nach Eintritt der Volljährigkeit hinaus
- Abschluss eines Lehrvertrages mit einer Laufzeit von über einem Jahr
- Dienst- und Arbeitsverträge, die den Geschäftsunfähigen über mehr als ein Jahr persönlich verpflichten
- Verträge über Kreditaufnahmen
- Ausstellung von Schecks oder Eingehung von Wechselverbindlichkeiten
- Übernahme einer fremden Verbindlichkeit, insbes. Bürgschaftsverträge.

Beschränkt Geschäftsfähige können in bestimmtem Umfang Rechtsgeschäfte selbst vornehmen, bedürfen jedoch grundsätzlich der Zustimmung ihres gesetzlichen Vertreters. Beschränkt geschäftsfähig sind nach § 106

- Minderjährige, die das siebente Lebensjahr (und noch nicht das 18. Lebensjahr) vollendet haben.

Unter welchen Voraussetzungen die Willenserklärung eines beschränkt Geschäftsfähigen entweder

- wirksam
- schwebend unwirksam
- unwirksam

ist, regeln §§ 107 bis 113.

> Der Minderjährige bedarf zu einer Willenserklärung, durch die er nicht lediglich einen rechtlichen Vorteil erlangt, der **Einwilligung seines gesetzlichen Vertreters** (§ 107).
>
> Schließt der Minderjährige einen Vertrag ohne die erforderliche Einwilligung des gesetzlichen Vertreters, so hängt die Wirksamkeit von der **Genehmigung des Vertreters** ab (§ 108 Abs. 1).

Danach ist zwischen Willenserklärungen, die ein beschränkt Geschäftsfähiger selbstständig wirksam abgeben kann, und Erklärungen, zu deren Wirksamkeit er der Zustimmung seines gesetzlichen Vertreters bedarf, zu unterscheiden. **Bringt das Geschäft dem Minderjährigen nicht nur einen rechtlichen Vorteil, so ist die Zustimmung des gesetzlichen Vertreters erforderlich.**

Beispiele: Der Abschluss eines Kaufvertrages mit einem beschränkt Geschäftsfähigen ist zustimmungsbedürftig, die Übereignung an einen Minderjährigen ist zustimmungsfrei.

Merke: **Zustimmung** bedeutet die rechtsgeschäftlich relevante Erklärung des Einverständnisses. Dabei ist unter **Einwilligung** die vorherige Zustimmung, unter **Genehmigung** die nachträgliche Zustimmung zu verstehen. Bitte lesen Sie die gesetzlichen Definitionen in §§ 183, 184 Abs. 1.

Lediglich rechtlich vorteilhaft im Sinne von § 107 ist ein Rechtsgeschäft, wenn der beschränkt Geschäftsfähige hiermit *keine rechtlichen* Verpflichtungen übernimmt. Rechtlich neutral ist ein Geschäft, das für den Minderjährigen weder rechtlich vorteilhaft noch nachteilig ist. Maßgeblich sind allein die rechtlichen Folgen des Geschäfts, während es auf die wirtschaftliche Betrachtung nicht ankommt.

Zustimmungsbedürftig ist daher grundsätzlich

- die Erklärung eines beschränkt Geschäftsfähigen zum Abschluss eines Vertrags, der beide Vertragspartner zu gegenseitigen Leistungen oder der nur den Minderjährigen zu einer Leistung verpflichtet.

→ Hat der beschränkt Geschäftsfähige die **Einwilligung** erhalten, ist die von ihm abgegebene Erklärung zum Abschluss eines Vertrags wirksam. Die Einwilligung kann entweder nur für ein bestimmtes Geschäft oder von vornherein für einen begrenzten Kreis von Rechtsgeschäften (beschränkter Generalkonsens) erteilt werden. Sie ist bis zur Vornahme des Geschäfts widerruflich, § 183.

→ Eine zustimmungsbedürftige Erklärung **ohne Einwilligung** des gesetzlichen Vertreters ist nach § 108 Abs. 1 **schwebend unwirksam**. Die Wirksamkeit hängt davon ab, ob der Vertreter die Genehmigung erklärt. Der Vertragspartner kann den gesetzlichen Vertreter dazu auffordern, sich ihm gegenüber zu erklären. Wird die Genehmigung nicht innerhalb von zwei Wochen nach Aufforderung erteilt, so gilt sie als verweigert, § 108 Abs. 2. Das Geschäft ist damit unwirksam. Bis zur Erteilung der Genehmigung kann der Vertragspartner das Geschäft nach § 109 widerrufen. Der Widerruf kann dem Vertreter oder dem Minderjährigen gegenüber erklärt werden.

→ Ein **einseitiges Geschäft**, das für den Minderjährigen nicht lediglich rechtlich vorteilhaft oder neutral ist, ist ohne Einwilligung unwirksam, § 111 S. 1. Es kann nicht durch Genehmigung wirksam werden. Liegt die Einwilligung hierzu nicht schriftlich vor, kann der andere das Geschäft aus diesem Grund unverzüglich zurückweisen, sofern nicht der Vertreter des Minderjährigen den anderen von der Einwilligung zuvor in Kenntnis gesetzt hatte, § 111 S. 2 u. 3. (Vgl. zur Einteilung der Rechtsgeschäfte Abschnitt 1.1.3)

→ **Verfügungsgeschäfte**, deren Wirksamkeit unabhängig von dem zu Grunde liegenden Verpflichtungsgeschäft zu beurteilen sind, sind rechtlich vorteilhaft, wenn ein Recht zugunsten des Minderjährigen übertragen wird. (S. zum Abstraktionsprinzip Abschnitt 1.1.3)

<u>Beispiele</u>: Übereignung, Abtretung einer Forderung

Zustimmungsfrei sind Rechtsgeschäfte,

- die dem Minderjährigen lediglich einen rechtlichen Vorteil bringen
- die für den Minderjährigen rechtlich neutral sind, d.h. für ihn weder rechtlich vorteilhaft noch nachteilig sind
- bei denen der Minderjährige die vertraglich geschuldete Leistung mit Mitteln bewirkt, die ihm zu diesem Zweck oder zur freien Verfügung überlassen worden sind, § 110 (sog. „**Taschengeldparagraf**").

Merke: § 110 setzt voraus, dass der beschränkt Geschäftsfähige die vertragsmäßige **Leistung vollständig erbringt** (*„bewirkt"*). Die **Mittel** hierfür müssen dem Minderjährigen von seinem gesetzlichen Vertreter oder mit dessen Zustimmung von einem Dritten **zu diesem Zweck oder zur freien Verfügung überlassen** worden sein. Liegt also in der Überlassung der Mittel nicht zugleich die entsprechende Einwilligung zum Abschluss des Geschäfts, so sind die Voraussetzungen von § 110 nicht erfüllt. Die Wirksamkeit der Erklärung des Minderjährigen richtet sich dann nach §§ 107 ff..

Beispiel: Die 12jährige F kauft von ihrem Taschengeld Fanposter und ein T-Shirt ihrer Lieblingsgruppe und bezahlt den Kaufpreis vollständig bar.

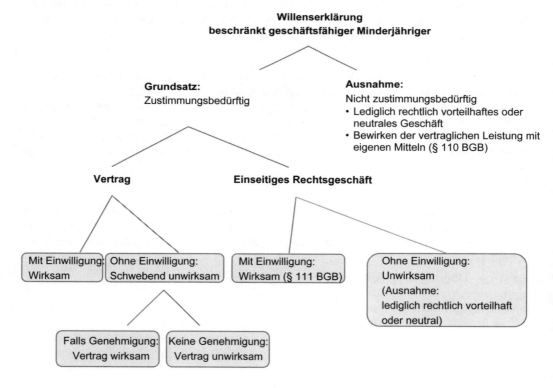

Abb.: Willenserklärung des beschränkt Geschäftsfähigen

Darüber hinaus sind folgende Regelungen zur **Teilgeschäftsfähigkeit** zu beachten:

Für den selbstständigen Betrieb eines Erwerbsgeschäfts sowie für Dienst- oder Arbeitsverhältnisse werden beschränkt Geschäftsfähige unter den Voraussetzungen der §§ 112, 113 als voll geschäftsfähig angesehen. Hat der gesetzliche Vertreter den Minderjährigen zur Eingehung eines solchen Geschäfts ermächtigt, umfasst dessen Teilgeschäftsfähigkeit auch Geschäfte, die mit der Erfüllung und Abwicklung der in diesem Rahmen geschlossenen Verträge zusammenhängen. Danach kann der beschränkt Geschäftsfähige z.B. zur Entgegennahme seines Arbeitsentgelts ein Lohn- und Gehaltskonto eröffnen und Barabhebungen tätigen. Überweisungen von diesem Konto sind wirksam, soweit sie mit dem Arbeitsverhältnis in notwendigem Zusammenhang stehen; nicht umfasst sind die Ziehung von Schecks sowie Kreditaufnahmen jeglicher Art, etwa im Wege der geduldeten Kontoüberziehung, eines Kontokorrentkredits, Ratenkredits, Abzahlungskaufs, oder die Eingehung aufgeschobener Zahlungsverpflichtungen durch den Einsatz einer Kreditkarte.

Die Teilgeschäftsfähigkeit erstreckt sich nicht auf solche Rechtsgeschäfte, zu denen der gesetzliche Vertreter bzw. Vormund der gerichtlichen Genehmigung bedarf (s.o.).

Beachten Sie bitte: In der Praxis gibt es nahezu keine Bankgeschäfte, die für den beschränkt Geschäftsfähigen lediglich rechtlich vorteilhaft oder neutral und damit von ihm allein wirksam vorgenommen werden können. In der Regel ist die Zustimmung der gesetzlichen Vertreter erforderlich. Dies gilt z.B. für die Kontoeröffnung, Ein- und Auszahlungen, Überweisungen und alle Arten von Wertpapiergeschäften. Zur Erleichterung des laufenden Geschäftsverkehrs können sich die Eltern als gemeinschaftliche gesetzliche Vertreter gegenseitig bevollmächtigen, zugleich im Namen des anderen Elternteils Erklärungen für ihr Kind abgeben zu können.

Die **Haftung** für Verbindlichkeiten, die die Eltern im Rahmen ihrer gesetzlichen Vertretungsmacht mit Wirkung für den Minderjährigen begründet haben, ist nach § 1629 a grundsätzlich auf den Bestand des bei Eintritt der Volljährigkeit vorhandenen Vermögens beschränkt.

<u>Voll geschäftsfähig</u> ist, wer volljährig ist. Die Volljährigkeit tritt mit Vollendung des 18. Lebensjahres ein (§ 2). Die Geschäftsunfähigkeit Volljähriger kann sich nach § 104 Nr. 2 ergeben (s.o.). In diesen Fällen gelten Geschäfte des täglichen Lebens als wirksam, wenn Leistung und Gegenleistung bewirkt sind, § 105 a.

<u>Merke</u>: Die Vorschriften über die fehlende bzw. beschränkte Geschäftsfähigkeit beinhalten zwingendes Recht und dienen dem Schutz des nicht voll Geschäftsfähigen, der – unabhängig von den Bedürfnissen des Rechtsverkehrs im Einzelfall – davor bewahrt werden soll, sich durch die Übernahme rechtsgeschäftlicher Verpflichtungen selbst zu schädigen. Aus diesem Grund wird der gute Glaube an die Geschäftsfähigkeit im Rechtsverkehr nicht geschützt.

Ein Unterfall der Geschäftsfähigkeit ist die **Testierfähigkeit**. (Vgl. hierzu Kap.1.7)

Kontrollfragen

- Was versteht man unter Rechtsfähigkeit?
- Was bedeutet Geschäftsfähigkeit?
- Erklären Sie den Unterschied zwischen Einwilligung und Genehmigung.
- Erklären Sie den Regelungsgehalt von § 107.
- Skizzieren Sie kurz ein Prüfungsschema, anhand dessen Sie die Wirksamkeit einer Willenserklärung eines beschränkt Geschäftsfähigen (mit / ohne Einwilligung) nach §§ 107 f. prüfen können.
- Erklären Sie, warum die Erfüllung eines Anspruchs des beschränkt Geschäftsfähigen durch Leistung an ihn zustimmungsbedürftig ist.
- Unter welchen Voraussetzungen kann ein beschränkt Geschäftsfähiger ein Rechtsgeschäft selbst wirksam vornehmen?
- Was ist unter Teilgeschäftsfähigkeit zu verstehen und worauf erstreckt sie sich?

1.1.3 Einteilung der Rechtsgeschäfte

1. Einseitige und mehrseitige Rechtsgeschäfte

> Ein **Rechtsgeschäft** beruht auf **mindestens einer Willenserklärung** sowie ggf. weiteren Merkmalen und ist nach der Rechtsordnung **auf den Eintritt einer Rechtsfolge gerichtet.**

Grundlage des Rechtsgeschäfts ist die Willenserklärung, d.h. eine Willensäußerung, die auf die Herbeiführung einer Rechtsfolge gerichtet ist. Der mit dem Rechtsgeschäft bezweckte Erfolg tritt ein, weil er gewollt *und* von der Rechtsordnung anerkannt ist. (S. zu den Elementen der Willenserklärung Abschnitt 1.1.4)

Einseitige Rechtsgeschäfte beruhen auf der Willenserklärung nur einer Person.
Beispiele: Kündigungserklärung, Anfechtungserklärung, Errichtung eines Testament

Mehrseitige Rechtsgeschäfte beruhen auf den Willenserklärungen mehrerer, mindestens zweier Personen.
Beispiele: Vertrag, Beschluss
Man unterscheidet zwischen gegenseitigen und einseitig verpflichtenden Verträgen.
(S. zur Entstehung und zu den Arten von Schuldverhältnissen Abschnitt 1.2.1)

2. Verpflichtungs- und Verfügungsgeschäfte, Abstraktionsgrundsatz

Das bürgerliche Recht unterscheidet zwischen Verpflichtungs- und Verfügungsgeschäften.

> Durch ein **Verpflichtungsgeschäft** wird die rechtsgeschäftliche **Verpflichtung begründet**, eine Leistung zu erbringen.
>
> Das **Verfügungsgeschäft** ist ein Rechtsgeschäft, durch das ein Recht **unmittelbar übertragen, belastet, geändert oder aufgehoben** wird.

Die meisten **Verpflichtungsgeschäfte** des bürgerlichen Rechts sind im Schuldrecht geregelt. Durch Abschluss des Verpflichtungsgeschäfts ändert sich an der Zuordnung des Rechtsobjekts (z.B. der gekauften Sache) unmittelbar nichts; es wird lediglich der **Anspruch der Vertragspartner, von dem anderen eine Leistung zu fordern,** begründet.

Beispiel: Kaufvertrag, durch den der Verkäufer zur Übergabe und Übereignung, der Käufer zur Zahlung des Kaufpreises verpflichtet wird.

Durch das **Verfügungsgeschäft** verändern sich hingegen unmittelbar die Aktiva des Verfügenden. Die meisten Verfügungsgeschäfte sind im Sachenrecht geregelt; im Schuldrecht finden sich z.B. die Abtretung einer Forderung und der Erlass. Das Verfügungsgeschäft selbst setzt voraus:

- Vertragliche Einigung (übereinstimmende Willenserklärungen, z.B. über den Eigentumsübergang nach § 929 S. 1) bzw. eine Willenserklärung (z.B. Eigentumsaufgabe)
- Ggf. weitere Merkmale (z.B. Übergabe)
- Verfügungsmacht des Verfügenden

Die **Verfügungsmacht** steht regelmäßig dem Inhaber des Rechts zu, es sei denn er ist nicht (allein) verfügungsbefugt.

Merke: Verfügt jemand mehrmals über dasselbe Recht, so ist nur die zeitlich erste Verfügung wirksam (*Prioritätsgrundsatz*). Verpflichtet sich jemand mehrmals gegenüber verschiedenen Personen, beispielsweise die gleiche Sache zu übereignen, können alle Verpflichtungsgeschäfte gleichermaßen wirksam sein. Der Verkäufer ist dann schadensersatzpflichtig gegenüber denjenigen Käufern, an die er die Sache nicht mehr übereignen kann.

Das **Verpflichtungsgeschäft (Kausalgeschäft)** beinhaltet in der Regel den rechtlichen Grund für die Vornahme des **Verfügungsgeschäfts (Erfüllungsgeschäft)**. Beide Geschäfte können zeitlich zusammen oder auseinander fallen. Die Wirksamkeit des einen hat nicht notwendigerweise die Gültigkeit des anderen Geschäfts zur Folge; umgekehrt berührt die Unwirksamkeit des Kausalgeschäfts grundsätzlich nicht das hiervon abstrakte Erfüllungsgeschäft. Dessen Wirksamkeit ist von dem zu Grunde liegenden Rechtsgeschäft getrennt zu beurteilen.

Nach dem **Trennungsprinzip** sind Verpflichtungs- und Verfügungsgeschäft voneinander getrennte Rechtsgeschäfte.

Nach dem **Abstraktionsgrundsatz** sind das Verpflichtungsgeschäft und das Verfügungsgeschäft **rechtlich abstrakt**. Die Wirksamkeit des Verfügungsgeschäfts hängt grundsätzlich nicht von der Wirksamkeit des Verpflichtungsgeschäfts ab und umgekehrt.

Das Trennungsprinzip und der Abstraktionsgrundsatz liegen dem BGB als allgemein-gültige Prinzipien zu Grunde. Welche Folgen sich daraus ergeben, wird z.B. im Falle der Rückabwicklung eines Rechtsgeschäftes ersichtlich. (S. zum Bereicherungsrecht Abschnitt 1.3.6)

Kontrollfragen

- Was ist ein einseitiges, was ein mehrseitiges Rechtsgeschäft?
- Was ist der Unterschied zwischen Verpflichtungs- und Verfügungsgeschäft? Geben Sie Beispiele!
- Was besagt der Abstraktionsgrundsatz? Erklären Sie unabhängig vom Einzelfall, welche Rechtsgeschäfte einer Eigentumsübertragung zu Grunde liegen.

1.1.4 Willenserklärung

1. Wirksamkeit

Eine **Willenserklärung** ist die **auf die Herbeiführung einer bestimmten Rechtsfolge gerichtete Äußerung des privaten Willens**.

Die subjektiven Elemente der Willenserklärung sind

- Handlungswille
- Erklärungsbewusstsein
- Geschäftswille.

Erforderlich ist ferner die
- Kundgabe nach außen.

Der **Handlungswille** bedeutet, bewusst zu handeln, d.h. willentlich ein äußeres Verhalten zu zeigen (etwa durch Sprechen, bestimmte Gesten; nicht jedoch durch Reflexe, Äußerungen im Schlaf oder unter Hypnose).

Das **Erklärungsbewusstsein** bedeutet das Bewusstsein des Handelnden, eine rechtlich erhebliche Erklärung abzugeben (etwa durch Handzeichen bei einer Auktion, allerdings nur, sofern der Handelnde die Bedeutung des Handhebens in dieser Situation kennt).

Der **Geschäftswille** beinhaltet schließlich den Willen, mit der Erklärung eine bestimmte rechtliche Folge herbeizuführen.

Hinzu kommen muss, dass der Handelnde seinen Willen **kundtut**. Er kann seine diesbezügliche Erklärung

- ausdrücklich oder
- konkludent, d.h. durch schlüssiges Verhalten

abgeben. Bei einer **ausdrücklichen Erklärung** kommt das Gewollte unmittelbar in der Erklärung zum Ausdruck (z.B. Prokuraerteilung nach § 48 HGB). Eine **konkludente Willensäußerung** liegt vor, wenn aus dem Verhalten auf den Willen des Erklärenden geschlossen werden kann (z.B. Scheckeinreichung bei der Bank).

Merke: **Schweigen** bedeutet **grundsätzlich keine Willenserklärung** außer in Fällen, in denen die Parteien dies ausdrücklich vereinbart haben oder dies gesetzlich bestimmt ist. So wird z.B. nach §§ 108 Abs. 2, 177 Abs. 2 Schweigen als Ablehnung angesehen, nach § 362 Abs. 1 HGB als Annahme. Für Vereinbarungen über die Bedeutung fingierter Erklärungen durch Allgemeine Geschäftsbedingungen gelten Sonderregelungen.

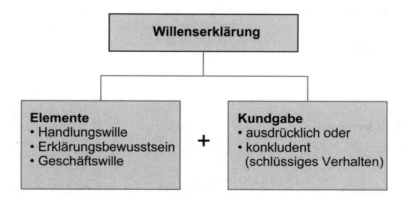

Abb.: Elemente der Willenserklärung

Unter welchen **Voraussetzungen** eine Willenserklärung **wirksam** wird, richtet sich danach, ob sie empfangsbedürftig, d.h. einem anderen gegenüber zu erklären ist, oder nicht empfangsbedürftig ist:

- **nicht empfangsbedürftige** Willenserklärung: Abgabe

   Beispiel: Testamentserrichtung

- **empfangsbedürftige** Willenserklärung: Abgabe und Zugang

   Beispiel: Kündigung

Abgabe:

Beachten Sie bitte, dass unter Abgabe Unterschiedliches verstanden wird, je nachdem ob es sich um eine empfangsbedürftige oder nicht empfangsbedürftige Willenserklärung handelt:

→ Eine **nicht empfangsbedürftige Erklärung** ist abgegeben, wenn der Erklärende seinen Willen erkennbar geäußert hat.

→ Eine **empfangsbedürftige Erklärung** wird dadurch abgegeben, dass der Erklärende seinen Willen *erkennbar äußert* und die Erklärung *mit seinem Willen in Richtung des Empfängers in den Verkehr* gelangt, so dass er mit dem Zugang durch den Erklärungsempfänger *rechnen darf* (z.B. Aufgabe eines Briefes bei der Post).

Zugang:

Eine empfangsbedürftige Willenserklärung ist zugegangen, wenn sie so in den *Machtbereich des Empfängers* gelangt ist, dass unter Annahme gewöhnlicher Umstände mit der Kenntnisnahme gerechnet werden darf bzw. wenn der Empfänger bereits früher tatsächlich Kenntnis genommen hat.

Beachten Sie: Bei der Prüfung, *ob* bzw. *zu welchem Zeitpunkt* eine Erklärung zugegangen ist, ist zu unterscheiden, ob der Empfänger der Erklärung an- oder abwesend ist. In der Praxis sind u.a. folgende Konstellationen zu beachten:

Abb.: Zugang von empfangsbedürftigen Willenserklärungen

	Gegenüber **Anwesenden**	Gegenüber **Abwesenden**
Mündliche Erklärung (auch telefonisch)	o Zugang zum Zeitpunkt der akustischen Vernehmung, sofern der Erklärende davon ausgehen darf, dass der Empfänger die Erklärung tatsächlich richtig verstehen kann (zu beachten sind Sprachbarrieren, Schwerhörigkeit).	o Zugang mit Übermittlung der Erklärung an einen **Empfangsvertreter** (z.B. Geschäftsführer, Prokurist). o Bei Übermittlung an einen **Empfangsboten**, der zur Entgegennahme geeignet und ermächtigt anzusehen ist (z.B. kaufmännischen Angestellten, Ehegatten): Zugang zum Zeitpunkt, zu dem mit der Weitergabe an den Empfänger unter gewöhnlichen Umständen zu rechnen ist. Die fehlerhafte Übermittlung geht zu Lasten des Empfängers. o Bei Übermittlung an einen **Erklärungsboten**, der *nicht* als vom Empfänger ermächtigt anzusehen ist (z.B. sechsjähriges Kind): Zugang ebenfalls zum Zeitpunkt der Weitergabemöglichkeit unter gewöhnlichen Umständen. Das Risiko der fehlerhaften Übermittlung trägt der Erklärende. o **Telefonische Erklärung**: Zugang mit Aufzeichnung auf dem Anrufbeantworter.
Schriftliche Erklärung	o Zugang mit Übergabe der Erklärung an den Empfänger unabhängig davon, ob dieser tatsächlich Kenntnis nimmt. Maßgeblich ist, ob er unter gewöhnlichen Umständen Kenntnis nehmen kann. Beispiel: Aushändigung eines Schriftstücks	o Zugang mit Übergabe der Erklärung an einen Empfangsvertreter. o Bei Übergabe an einen Boten: s.o. o Bei Einwurf in den **Hausbriefkasten** oder Hineinlegen in das **Postfach**: Zugang erst zu der Zeit, zu der mit der Leerung unter gewöhnlichen Umständen zu rechnen ist (Geschäftszeiten beachten!). Entsprechendes gilt für die Übersendung eines **Faxes**.
Erklärung per **e-Mail**		o Zugang mit Passieren der internen Schnittstelle des Providers und Speicherung in der Mailbox; allerdings erst zu der Zeit, zu der mit dem Abruf durch den Empfänger üblicherweise zu rechnen ist. Anhaltspunkt für den Geschäftsverkehr: Abruf täglich zu den üblichen Geschäftszeiten.

Beweispflichtig dafür, dass bzw. zu welchem Zeitpunkt eine Erklärung zugegangen ist, ist grundsätzlich derjenige, der sich auf die Erklärung beruft.

Eine empfangsbedürftige Erklärung, die einem Abwesenden gegenüber abgegeben wird, wird nicht wirksam, wenn dem anderen vorher oder gleichzeitig ein **Widerruf** zugeht, § 130 Abs. 1. Eine **elektronisch übermittelte Erklärung** geht wegen der hohen Übertragungsgeschwindigkeit in der Regel fast gleichzeitig mit der Abgabe zu. Die Widerrufsmöglichkeit nach § 130 Abs. 1 ist hier praktisch auf Fälle beschränkt, in denen eine elektronische Erklärung außerhalb der üblichen Geschäftszeiten abgegeben wurde, so dass der Widerruf noch vor der Kenntnisnahmemöglichkeit der ursprünglichen Erklärung zugehen kann.

<u>Merke</u>: Eine gegenüber einem nicht voll Geschäftsfähigen abgegebene Erklärung wird nach § 131 grundsätzlich erst mit Zugang an den gesetzlichen Vertreter wirksam; einem beschränkt Geschäftsfähigen kann jedoch eine für ihn lediglich rechtlich vorteilhafte Erklärung zugehen. (Lesen Sie § 131 vollständig durch.)

Anders als bei der Willenserklärung treten die Rechtsfolgen aufgrund **geschäftsähnlicher Handlungen** kraft Gesetzes ein, ohne dass es einer gerade darauf gerichteten willentlichen Erklärung bedarf. Zum Teil werden die Regelungen über Willenserklärungen hier entsprechend angewendet, z.B. über Abgabe und Zugang.

Beispiel: Mängelrüge beim Handelskauf durch Mitteilung nach § 377 HGB.

2. Willensmängel, Anfechtung

Lesen Sie vorab §§ 116 bis 124 sowie §§ 142 bis 144!

Ein **Willensmangel** liegt vor, wenn das Gewollte und das Erklärte nicht übereinstimmen.

Zunächst ist zu ermitteln, was der Erklärende gewollt hat. Dabei ist der **wirkliche Wille** zu erforschen und nicht an dem wörtlichen Ausdruck zu haften (vgl. § 133). Ist ein Willensmangel zu bejahen, ist sodann zu prüfen, ob die Erklärung aufgrund der gesetzlichen Bestimmungen

- von vornherein unwirksam (nichtig) oder
- anfechtbar

ist.

Ist dem Erklärenden bei der Willenserklärung ein **Irrtum** unterlaufen, kann er sich unter bestimmten Voraussetzungen durch Anfechtung von seiner Erklärung lösen. Die Möglichkeit zur Anfechtung besteht auch, wenn er durch **Täuschung** oder **Drohung** zur Abgabe der Erklärung bestimmt wurde.

> Ein **Irrtum** liegt vor, wenn Wille und Erklärung **unbewusst** auseinander fallen.

Dabei kann es sich um einen Fehler bei der Willens*äußerung* oder bei der Willens*bildung* handeln.

Merke: Aus Gründen der Rechtssicherheit ist ein **Motivirrtum**, bei dem der Erklärende von einem falschen Beweggrund ausgeht, **grundsätzlich unbeachtlich** und berechtigt nicht zur Anfechtung.

Die **Voraussetzungen der Anfechtung** sind:

1. Anfechtungsgrund
2. Anfechtungserklärung gegenüber dem Anfechtungsgegner
3. Wahrung der Anfechtungsfrist
4. Kein Ausschlussgrund

Zu 1. **Anfechtungsgrund**:
- **Inhaltsirrtum**, § 119 Abs. 1, 1. Alt.:
  Der Erklärende war über den Inhalt seiner Erklärung im Irrtum.
  Beispiel: Ein Bankkunde unterzeichnet zum Zweck der Geldanlage einen Antrag zur Eröffnung eines Giro- statt eines Sparkontos
- **Erklärungsirrtum**, § 119 Abs. 1, 2. Alt.:
  Der Erklärende wollte eine Erklärung diesen Inhalts nicht abgeben.
  Beispiele: versprechen, verschreiben, vergreifen

- **Irrtum über eine verkehrswesentliche Eigenschaft**, § 119 Abs. 2:

  Der Erklärende irrte sich über eine im Geschäftsverkehr erhebliche Eigenschaft einer Person oder Sache.

  Beispiele: Kreditwürdigkeit eines Bankkunden, Bebaubarkeit des verkauften Grundstücks

  Beachten Sie: Dieser Tatbestand bildet eine Ausnahme zu dem ansonsten unbeachtlichen Motivirrtum. Der Preis einer Sache ist keine verkehrswesentliche Eigenschaft, da er selbst kein wertbildender Faktor ist, sondern von den Marktgegebenheiten abhängt.

- **Falsche Übermittlung**, § 120:

  Die Erklärung wurde durch eine von dem Erklärenden eingeschaltete Person oder Einrichtung unrichtig übermittelt.

  Beispiele: Dolmetscher, Übersetzer

- **Arglistige Täuschung oder widerrechtliche Drohung** , § 123:

  Der Erklärende wurde zu der Erklärung bestimmt, indem bei ihm durch Vorspiegeln falscher oder Unterdrücken wahrer Tatsachen bewusst ein Irrtum erregt oder aufrechterhalten wurde (arglistige Täuschung) bzw. indem ihm ein künftiges Übel in Aussicht gestellt wurde, dessen Eintreten aus Sicht des Bedrohten vom Willen des Drohenden abhängt (widerrechtliche Drohung).

  Beispiele: Ein Bankkunde gibt bewusst seine Vermögensverhältnisse unrichtig an bzw. verschweigt wesentliche Umstände; jemand droht einem anderen mit Strafanzeige wegen vermeintlichen Diebstahls

Zu 2. **Anfechtungserklärung**:

Die Anfechtung ist dem **Anfechtungsgegner** gegenüber zu erklären, § 143 Abs. 1. Bei Verträgen ist dies **in der Regel der Vertragspartner**. Wer Anfechtungsgegner ist, ergibt sich aus § 143 Abs. 2 bis 4.

Zu 3. **Anfechtungsfrist**:

Die Anfechtung wegen Irrtums und wegen falscher Übermittlung muss **unverzüglich**, d.h. ohne schuldhaftes Zögern erfolgen, nachdem der Berechtigte von dem Anfechtungsgrund Kenntnis erlangt hat, § 121. In Fällen arglistiger Täuschung oder Drohung beträgt die Frist nach § 124 ein Jahr.

Zu 4. **Kein Ausschluss der Anfechtung**:

Wird das anfechtbare Geschäft von dem Anfechtungsberechtigten bestätigt, ist die Anfechtung ausgeschlossen.

Rechtsfolge der Anfechtung ist die **Nichtigkeit** des Geschäfts:

> Wird ein anfechtbares Rechtsgeschäft angefochten, so ist es als von Anfang an **nichtig** anzusehen. (§ 142 Abs. 1)

Die Anfechtung bewirkt, dass das Geschäft **rückwirkend als unwirksam** (nichtig) angesehen wird. Wird nur die schuldrechtliche Verpflichtungserklärung angefochten, so ist das Kausalgeschäft hinfällig, während das Erfüllungsgeschäft aufgrund des Abstraktionsprinzips gültig bleibt. Die Rückabwicklung erfolgt dann über das Bereicherungsrecht (s. Abschnitt 1.3.6). Die **Anfechtung nach §§ 119 ff.** hat zur Folge, dass der **Anfechtende** demjenigen, der auf die Gültigkeit der Erklärung vertraut hat, **schadensersatzpflichtig** ist. Die Schadensersatzpflicht tritt nicht ein, wenn der andere die Anfechtbarkeit kannte oder kennen musste (s. § 122).

Im Unterschied zu den aufgrund Irrtums oder Täuschung anfechtbaren Erklärungen führt das *bewusste* Abweichen von Wille und Erklärung in den Fällen der §§ 117, 118 ohne Weiteres zur Nichtigkeit, ohne dass es der Anfechtung bedarf.

Eine unwirksame **Scheinerklärung** nach § 117 liegt vor, wenn eine empfangsbedürftige Willenserklärung mit Einverständnis des Empfängers nur zum Schein abgegeben wird, wenn sich also Erklärender und Erklärungsempfänger darin einig sind, dass das Erklärte nicht gelten soll. Das dahinter liegende verdeckte Geschäft ist hingegen gültig, wenn es allen Wirksamkeitserfordernissen entspricht, § 117 Abs. 2.

Beispiel: Statt der vereinbarten 500.000,- EUR für eine Immobilie wird der Kaufpreis mit 450.000,- EUR beurkundet. Rechtsfolge: Nichtigkeit des Scheingeschäfts nach § 117 Abs. 1, Nichtigkeit des tatsächlich gewollten, verdeckten Geschäfts nach § 125 mangels notarieller Beurkundung.

Eine Willenserklärung, die zum **Scherz**, d.h. in der Erwartung abgegeben wird, der Empfänger werde die fehlende Ernsthaftigkeit erkennen, ist nach § 118 nichtig und kann einen Schadensersatzanspruch des anderen auslösen.

3. Form

Lesen Sie zu den Formvorschriften bitte §§ 126 bis 129.

Rechtsgeschäfte sind **grundsätzlich formlos** wirksam. Nur in Ausnahmefällen ist die Einhaltung einer bestimmten Form erforderlich. Die Formbedürftigkeit kann

- gesetzlich angeordnet oder
- rechtsgeschäftlich vereinbart

sein. Formvorschriften haben in erster Linie

- Beweisfunktion (inhaltliche Klarstellung und Sicherung des Beweises)
- Schutzfunktion (z.B. durch vorherige juristische Beratung und Belehrung über die Auswirkungen eines Rechtsgeschäfts durch einen Notar)
- Warnfunktion (Schutz vor übereiltem Abschluss).

Die wichtigsten Formen von Rechtsgeschäften im bürgerlichen Recht sind:

- **Schriftform**: Eigenhändige namentliche Unterzeichnung einer Urkunde

  Beachten Sie: Bei einem Vertrag müssen die Parteien auf derselben Urkunde unterzeichnen, § 126 Abs. 2. Weitere Beispiele: Bürgschaftserklärung (s. Kap. 2.2), Schuldversprechen, -anerkenntnis (§§ 780 ff.), Abtretung von Grundpfandrechten (s. Kap. 2.7), Wechsel (Art. 1 WG), Scheck (Art. 1 ScheckG)

- **Elektronische Form**: Hinzufügung von Namen und elektronischer Signatur

  Beachten Sie: Die elektronische Form kann die Schriftform ersetzen, soweit gesetzlich nichts anderes bestimmt ist. Zum Abschluss eines Vertrages müssen Antrag und Annahmeerklärung jeweils mit einer elektronischen Signatur versehen sein.

- **Textform**: Erklärung in einer Urkunde oder in anderer zur dauerhaften Wiedergabe von Schriftzeichen geeigneten Weise, Nennung des Erklärenden durch Hinzufügung der nachgebildeten Unterschrift bzw. anderweitige Erkennbarkeit des Abschlusses seiner Erklärung

  Beispiel: Widerruf eines Verbrauchervertrages (§ 355); per Fax, e-Mail übermittelte Erklärungen

- **Öffentliche Beglaubigung**: Schriftliche, unterzeichnete Erklärung und Beglaubigung der Unterschrift durch einen Notar

  Beispiele: Anmeldung zur Eintragung in das Handelsregister (§ 12 HGB), Nachweis der Eintragungsunterlagen beim Grundbuchamt (§ 29 GBO)

- **Notarielle Beurkundung**: Verfahren vor einem Notar, das beweist, dass der Erklärende die Erklärung abgegeben und eigenhändig unterzeichnet hat

  Beispiele: Kaufvertrag über ein Grundstück (§ 311b Abs. 1), Schenkungsversprechen (§ 518), Erbverzicht (§ 2348), Übertragung von Geschäftsanteilen einer GmbH (§ 15 GmbHG)

  Beachten Sie: Durch notarielle Beurkundung können die Schriftform und die öffentliche Beglaubigung ersetzt werden.

In einigen Fällen ist es gesetzlich erforderlich, dass die Erklärung vor einer Behörde oder einer zuständigen Stelle bei **gleichzeitiger Anwesenheit** der Erklärenden abgegeben wird. Beispiele: Auflassung (§ 925), Ehevertrag (§ 1410), Erbvertrag (§ 2276). Ist die **persönliche Anwesenheit** erforderlich, kann sich der Erklärende nicht vertreten lassen.

Die gesetzlichen Formen sind abschließend geregelt. Rechtsgeschäftlich kann die Form frei vereinbart werden. Hierfür wird in der Regel auf eine der gesetzlichen Formen Bezug genommen.

Die **Nichtbeachtung gesetzlicher oder rechtsgeschäftlicher Formvorschriften** hat grundsätzlich die **Nichtigkeit** der Erklärung zu Folge:

> Ein Rechtsgeschäft, das der durch Gesetz bestimmten Form ermangelt, ist nach § 125 **nichtig**. Der Mangel der durch Rechtsgeschäft bestimmten Form hat im Zweifel ebenfalls Nichtigkeit zur Folge.

In einigen *gesetzlich* bestimmten Fällen kann der Formmangel **geheilt** werden.

Beispiele: Heilung durch Eintragung im Grundbuch nach § 311 Abs. 1, bei Verbraucherdarlehen nach § 494 Abs. 2, durch Erfüllung eines Schenkungsversprechens nach § 518 Abs. 2 oder eines Bürgschaftsversprechens nach § 766.

Kontrollfragen

- Was ist eine Willenserklärung?
- Nennen und erklären Sie die Wirksamkeitsvoraussetzungen einer empfangsbedürftigen Willenserklärung.
- In welchen Schritten prüfen Sie, ob eine Willenserklärung wirksam ist?
- Welches sind die Voraussetzungen der Anfechtung?
- Nennen und erklären Sie die Anfechtungsgründe nach § 119.
- Was ist ein Scheingeschäft?
- Welche gesetzlichen Formvorschriften kennen Sie? Erklären Sie drei.
- Welche Rechtsfolge hat die Nichtbeachtung einer gesetzlichen / rechtsgeschäftlichen Formvorschrift?

1.1.5   Vertretung und Vollmacht

Lesen Sie bitte vorab die §§ 164 bis 181!

1. Stellvertretung

Tatsächliche oder rechtliche Gründe, z.B. die vereinfachte Abwicklung des täglichen Geschäftsverkehrs, können es erfordern, dass ein Vertreter rechtsgeschäftlich für einen anderen handelt.

Eine **Willenserklärung**, die jemand **innerhalb der ihm zustehenden Vertretungsmacht im Namen des Vertretenen** abgibt, wirkt unmittelbar für und gegen den Vertretenen. (§ 164 Abs. 1)

Die Stellvertretung setzt voraus:

1. Zulässigkeit der Vertretung
2. Rechtsgeschäftliches Handeln des Vertreters
3. Offenkundigkeit („im Namen des Vertretenen")
4. Vertretungsmacht

Zu 1. **Zulässigkeit**:

Stellvertretung ist grundsätzlich bei allen Willenserklärungen, bei der Abgabe und beim Empfang, zulässig. **Ausnahmen**: Bei Rechtsgeschäften, die **höchstpersönlich** vorgenommen werden müssen, ist keine Stellvertretung möglich (z.B. Eheschließung, Testamentserrichtung).

Zu 2. **Rechtsgeschäftliches Handeln des Vertreters**:

Der Vertreter handelt selbst rechtsgeschäftlich, indem er eine **eigene Willenserklärung** abgibt oder ihm die Erklärung eines anderen zugeht. Die Voraussetzungen für die Wirksamkeit von Willenserklärungen sowie die möglichen Gründe für die Nichtigkeit sind zu beachten (s. Abschnitt 1.1.4). Der Vertreter muss nach § 165 **zumindest beschränkt geschäftsfähig** sein.

Beachten Sie den **Unterschied zum Boten**: Ein Bote übermittelt lediglich eine **fremde Willenserklärung**. Wer eine fremde Erklärung als Bote überbringen soll, ist *Erklärungs*bote. *Empfangs*bote ist, wer als Bote eine fremde Erklärung entgegennehmen darf. Ob es sich um einen Vertreter oder Boten handelt, richtet sich danach, wie die Hilfsperson nach außen erkennbar auftritt. Auch ein Geschäftsunfähiger kann Bote sein, da er nicht selbst rechtsgeschäftlich handelt.

Übermittelt ein Bote eine Willenserklärung unbewusst falsch, kann der Geschäftsherr die Erklärung nach § 120 anfechten. Bei der Stellvertretung kommt es hingegen nach § 166 Abs. 1 darauf an, ob sich der Vertreter in einem zur Anfechtung berechtigenden Irrtum befand.

Merke: Bei der Botenschaft kommt es auf die Kenntnis des Geschäftsherrn an, bei der Stellvertretung ist grundsätzlich die Kenntnis oder das Kennenmüssen des Vertreters maßgeblich.

Zu 3. **Offenkundigkeit**:

Der Vertreter handelt **im Namen des Vertretenen**. Dies muss **für den Geschäftspartner erkennbar** sein. Die Vertretung kann ausdrücklich erfolgen oder sich aus den Gesamtumständen ergeben (z.B. Kassenangestellter der Bank). Folgende *Abgrenzungen* sind zu beachten:

- *Eigengeschäft des Vertreters:* Ist dem Geschäftspartner die Stellvertretung nicht erkennbar, so wird der Vertreter durch seine Erklärung grundsätzlich selbst Vertragspartner. Der Vertreter kann deswegen seine Erklärung nicht wegen Irrtums anfechten, s. § 164 Abs. 2.

- Sog. *Geschäft für den, den es angeht:* Eine Ausnahme gilt für Geschäfte des täglichen Lebens, die sofort abgewickelt werden und bei denen es regelmäßig nicht darauf ankommt, wer Geschäftspartner ist. Hier ist die Stellvertretung nicht mangels Offenkundigkeit ausgeschlossen.

- Handeln *unter* fremdem Namen: Der Erklärende verwendet einen fremden Namen und täuscht den Geschäftspartner über seine Identität. Ist dem Geschäftspartner sein richtiger Name gleichgültig, so handelt es sich um ein Eigengeschäft. Anderenfalls macht er sich als Vertreter ohne Vertretungsmacht gegenüber dem Geschäftspartner schadensersatzpflichtig.

- Handeln in eigenem Namen und auf fremde Rechnung (*Kommission*): Der Kommissionär kauft oder verkauft gewerbsmäßig in eigenem Namen Waren oder Wertpapiere für Rechnung eines anderen, § 383 HGB.

Zu 4. Mit Vertretungsmacht:

Der Vertreter muss **innerhalb der ihm zustehenden Vertretungsmacht** handeln. Die Vertretungsmacht kann auf

- rechtsgeschäftlicher Erteilung (Vollmacht) oder
- gesetzlicher Anordnung (z.B. Vertretungsbefugnis der Eltern, § 1629 Abs.1, des Geschäftsführers einer GmbH, § 35 Abs. 1 GmbHG)

beruhen. Die Willenserklärung des Vertreters muss von der Vertretungsmacht gedeckt sein. (Zu den Folgen des Handelns ohne Vertretungsmacht s. Abschnitt 3.)

Rechtsfolge der wirksamen Stellvertretung:

Unter den genannten Voraussetzungen wirken die Erklärungen des Stellvertreters **für und gegen den Vertretenen**. Der Vertreter wird selbst weder berechtigt noch verpflichtet.

2. Vollmacht

Der Erteilung einer Vollmacht liegt in der Regel ein Vertragsverhältnis zwischen dem Vollmachtgeber und dem Bevollmächtigten zu Grunde (**Grundverhältnis**), das von der **Bevollmächtigung** zu trennen ist. Die Wirksamkeit der Vollmacht ist von dem zu Grunde liegenden Rechtsverhältnis unabhängig, auch wenn die Beendigung des Grundverhältnisses häufig zugleich das Erlöschen der Vollmacht bedeutet.

Im Verhältnis zum Geschäftspartner (**Außenverhältnis**) ist allein maßgeblich, ob das Handeln des Vertreters von einer Vollmacht gedeckt ist. Dies können Sie in folgenden Schritten prüfen:

- Erteilung der Vollmacht
- Art und Umfang der Vollmacht
- Kein Erlöschen der Vollmacht

Die Vollmacht ist eine **empfangsbedürftige Willenserklärung**. Sie wird grundsätzlich **formfrei**

- gegenüber dem Vertreter (**Innenvollmacht**, § 167 Abs. 1, 1. Fall) oder
- gegenüber dem Dritten (**Außenvollmacht**, § 167 Abs. 1, 2. Fall)

ausdrücklich oder durch schlüssiges Verhalten erteilt. Der Vollmachtgeber kann Art und Umfang der Vollmacht grundsätzlich frei bestimmen und hierüber eine **Vollmachtsurkunde** ausstellen, die der Vertreter dem Geschäftspartner vorlegt, § 172.

Nach **Art und Umfang** der Vollmacht unterscheidet man:

- **Spezialvollmacht** (für ein bestimmtes Geschäft), **Gattungsvollmacht** (für eine bestimmte Art von Geschäften) und **Generalvollmacht** (für alle Geschäfte, sofern die Stellvertretung zulässig ist)
- **Einzelvollmacht** (Alleinvertretungsbefugnis) und **Gesamtvollmacht** (Vertretungsbefugnis nur gemeinschaftlich mit anderen)
- **Hauptvollmacht** (Bevollmächtigung eines Vertreters durch den Vertretenen) und **Untervollmacht** (Bevollmächtigung eines Untervertreters)
- **Duldungs-** und **Anscheinsvollmacht** (Rechtsscheinsvollmacht).

Beachten Sie: Bei der *Gesamtvertretung* sind mehrere Personen nur gemeinschaftlich zur Vertretung berechtigt (z.B. Vertretungsmacht der Eltern nach § 1629 Abs. 1, Gesamtprokura nach § 48 Abs. 2 HGB). Die Erklärung nur eines Vertreters bedarf zu ihrer Wirksamkeit der Genehmigung (vgl. § 177). Möglich ist auch, dass einem Gesamtvertreter für bestimmte Geschäfte Alleinvertretungsbefugnis übertragen wird. Ist dies nicht der Fall, so sind die Grundsätze über die Vertretung ohne Vertretungsmacht entsprechend anwendbar (s.u. Abschnitt 3.).

Die Grundsätze der sog. **Rechtsscheinsvollmacht** wurden von der Rechtsprechung zum Schutz des Rechtsverkehrs entwickelt. Danach wird das Vertrauen des Vertragspartners, dass Vertretungsmacht vorliegt, unter bestimmten Voraussetzungen geschützt:

1. Es liegt keine Vollmacht vor; die äußeren Umstände lassen jedoch auf eine Bevollmächtigung schließen.

2. Der Vertretene kennt und duldet das Verhalten des für ihn Handelnden (*Duldungsvollmacht*) bzw. der Vertretene kennt das Verhalten nicht, hätte es jedoch bei pflichtgemäßer Sorgfalt kennen und verhindern können (*Anscheinsvollmacht*).

3. Der Vertragspartner darf auf den Rechtsschein der Bevollmächtigung vertrauen; er darf annehmen, der Vertreter kenne und billige die Vertretung.

Gründe für das **Erlöschen einer Vollmacht** sind:

- Das Geschäft, für das sie erteilt wurde, wurde durchgeführt
- Zeitablauf, falls die Vollmacht zeitlich begrenzt gelten sollte
- Beendigung des Grundverhältnisses zwischen Vollmachtgeber und Bevollmächtigtem (z.B. durch Kündigung des Arbeitsvertrags), § 168 S.1
- Widerruf gegenüber dem Bevollmächtigten oder gegenüber dem Dritten, wenn ihm die Bevollmächtigung gegenüber erklärt wurde, §§ 168 S. 2, 170.

Beachten Sie: Wurde eine Vollmachtsurkunde erteilt, erlischt die Vollmacht erst, wenn sie dem Vollmachtgeber zurückgegeben oder für kraftlos erklärt wird (§§ 175, 176).

3. Vertretung ohne Vertretungsmacht, Haftung

Fehlt dem Vertreter die Vertretungsmacht, so wirkt das Geschäft nicht ohne weiteres für und gegen den Vertretenen. Zu unterscheiden ist, ob es sich um einen Vertrag oder ein einseitiges Rechtsgeschäft handelt.

> Schließt jemand **ohne Vertretungsmacht im Namen eines anderen** einen Vertrag, so hängt die Wirksamkeit des Vertrags für und gegen den Vertretenen von dessen **Genehmigung** ab. (§ 177 Abs. 1)

Ein ohne Vertretungsmacht geschlossener **Vertrag** ist **schwebend unwirksam**. Der Vertragspartner kann den Vertretenen nach § 177 Abs. 2 zur Erklärung über die Genehmigung auffordern. Dann kann der Vertretene ihm gegenüber den Vertrag binnen zwei Wochen genehmigen. Tut er dies nicht, wird das Geschäft endgültig unwirksam. Bis zur Genehmigung kann der Vertragspartner das Geschäft nach § 178 widerrufen.

→ **Genehmigt der Vertretene den Vertrag**, so wirkt seine Genehmigung auf den Zeitpunkt des Vertragsschlusses zurück, d.h. er wird so gestellt, als hätte der Vertreter mit Vertretungsmacht gehandelt.

→ **Wird die Genehmigung nicht erteilt**, haftet der Vertreter ohne Vertretungsmacht nach § 179 Abs. 1 oder Abs. 2, es sei denn dem Vertragspartner war die fehlende Vertretungsmacht bei Vertragsschluss bekannt (§ 179 Abs. 3).

Nach § 179 Abs. 1 kann der Vertragspartner von dem Vertreter wahlweise entweder die Erfüllung des Vertrages oder Schadensersatz verlangen. Der Anspruch setzt voraus, dass

1. der Vertreter in fremdem Namen ohne Vertretungsmacht gehandelt hat,

2. der Vertreter den Mangel der Vertretungsmacht gekannt hat,

3. das Geschäft genehmigungsfähig ist (Ausnahme: § 180 S. 1) und

4. der Vertretene die Genehmigung verweigert hat.

Hat der Vertreter Schadensersatz zu leisten, so ist der Vertragspartner so zu stellen, als wäre der Vertrag mit dem Vertretenen ordnungsgemäß zustande gekommen. Beachten Sie den Unterschied zu § 179 Abs. 2: Danach ist der Vertragspartner so zu stellen als wäre das Geschäft nicht zustande gekommen. S. zu Inhalt und Umfang der Schadensersatzpflicht Abschnitt 1.2.5.

Bei **einseitigen Rechtsgeschäften** gelten zum Schutz des Empfängers der Erklärung folgende Besonderheiten:

Nach § 180 S.1 ist die Vertretung ohne Vertretungsmacht bei einseitigen Rechtsgeschäften **grundsätzlich unzulässig**. Hiervon gibt es bei einseitigen *empfangsbedürftigen* Rechtsgeschäften folgende **gesetzliche Ausnahmen**, bei denen der Vertretene das Geschäft genehmigen kann:

- Der Dritte hat die fehlende Vertretungsmacht nicht beanstandet oder war einverstanden, § 180 S. 2.

- Der Dritte hat ein einseitiges Rechtsgeschäft gegenüber einem Vertreter ohne Vertretungsmacht mit dessen Einverständnis vorgenommen, § 180 S. 3.

Stellvertretung

1. **Zulässigkeit**
2. **Willenserklärung des Vertreters**
3. **Offenkundigkeit**
4. **Mit Vertretungsmacht?**

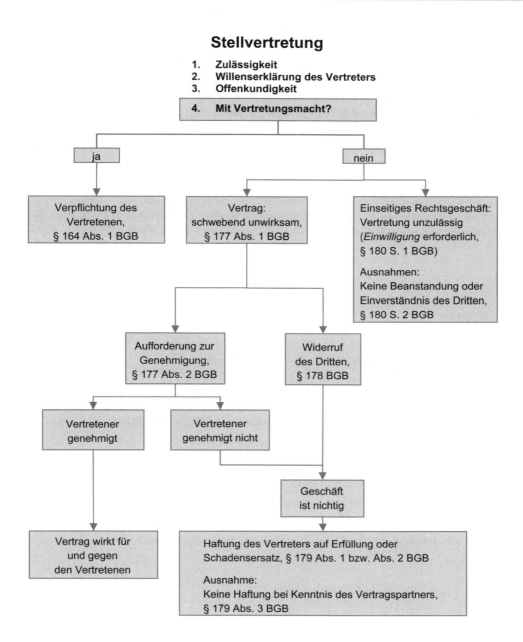

Abb.: Stellvertretung

Die Möglichkeit der Stellvertretung ist in folgenden Fällen beschränkt:

- Um Interessenkollisionen vorzubeugen, darf nach § 181 ein **Insichgeschäft** grundsätzlich nicht vorgenommen werden. Beim Insichgeschäft handelt eine Person rechtsgeschäftlich, indem sie als Vertreter im Namen des Vertretenen mit sich selbst einen Vertrag schließt (**Selbstkontrahieren**) oder als Vertreter beider Parteien handelt (**Mehrfachvertretung**).
- Gesetzlich zugelassene **Ausnahme** ist, dass der Vertretene dies **gestattet** (z.B. Auflassungsvollmacht) oder durch das Rechtsgeschäft lediglich eine **Verbindlichkeit erfüllt** wird (z.B. Erfüllung einer Unterhaltspflicht durch die Eltern).
- Bei einverständlichem Zusammenwirken zwischen Vertreter und Drittem in der Absicht, den Vertretenen zu schädigen (sog. **Kollusion**), ist das Geschäft wegen Sittenwidrigkeit nach § 138 nichtig. (S. zur Sittenwidrigkeit Abschnitt 1.1.8)

Kontrollfragen

- Nennen Sie die Voraussetzungen der Stellvertretung!
- Was ist die Rechtsfolge der wirksamen Vertretung?
- Was ist eine Vollmacht? Welche Arten von Vollmachten kennen Sie?
- In welchen Schritten prüfen Sie, ob eine wirksame Bevollmächtigung vorliegt?
- Welche Voraussetzungen hat die Duldungsvollmacht?
- Nennen Sie mindestens drei Gründe für das Erlöschen einer Vollmacht!
- Welche Folgen hat das Handeln eines Vertreters ohne Vertretungsmacht?
- Lesen Sie nochmals § 179 Abs. 2 und erklären Sie die Voraussetzungen der Haftung im Unterschied zu § 179 Abs. 1.
- Was ist ein Insichgeschäft? Was gilt hinsichtlich der Wirksamkeit?

1.1.6 Vertragsschluss

1. Grundlagen

> Nach dem im bürgerlichen Recht geltenden Grundsatz der **Privatautonomie** hat jeder das Recht, seine Lebensverhältnisse im Rahmen der Rechtsordnung selbst zu gestalten.

Die wesentlichen **verfassungsrechtlich garantierten Merkmale** der Privatautonomie sind:

- Vertragsfreiheit (Abschluss- und Gestaltungsfreiheit)
- Eigentumsfreiheit
- Testierfreiheit

> Unter **Vertragsfreiheit** versteht man die Freiheit des einzelnen, seine privaten Verhältnisse durch Verträge zu gestalten. Der einzelne kann entscheiden, *ob* und *mit wem* er einen Vertrag schließt (**Abschlussfreiheit**). Den Parteien steht ferner grundsätzlich frei zu entscheiden, *wie* sie ihre vertraglichen Vereinbarungen inhaltlich ausgestalten (**Gestaltungsfreiheit**).

Beachten Sie: Eine *gesetzliche* **Ausnahme zur Abschlussfreiheit** stellt der Kontrahierungszwang dar, der Unternehmen mit Monopolstellung zum Vertragsschluss mit Kunden verpflichtet (z.B. Unternehmen der öffentlichen Versorgung). Auch die Abschlussfreiheit von Sparkassen ist eingeschränkt (z.B. hinsichtlich der Annahme von Spareinlagen). *Rechtsgeschäftlich* kann der Zwang, einen Vertrag mit einem bestimmten Vertragspartner abzuschließen, z.B. durch ein Vorkaufsrecht begründet werden. Die Pflicht zur Eröffnung von Guthabenkonten für jedermann beruht auf einer Selbstverpflichtung der Kreditinstitute.

Die **Gestaltungsfreiheit** ist **eingeschränkt**, wenn *zwingende* gesetzliche Regelungen bestehen. Zwingend sind alle gesetzlichen Regelungen, die nicht durch den Willen der Beteiligten geändert oder ausgeschlossen werden dürfen. Handelt es sich nicht um zwingendes Recht, können die Parteien im Rahmen ihrer Vertragsfreiheit abweichende Vereinbarungen treffen. Die *nachgiebigen* gesetzlichen Bestimmungen greifen sodann ein, wenn die Beteiligten nichts anderes gesondert vereinbaren. Oft kann der Charakter einer Vorschrift dem Wortlaut entnommen werden; andernfalls nach dem Zweck zu ermitteln, ob die gesetzliche Regelung zwingend oder nachgiebig ist.

Gestaltungsfreiheit besteht vor allem bei schuldrechtlichen Verträgen. Im Interesse der Rechtssicherheit bestehen Einschränkungen z.B. im **Sachenrecht** durch den Zwang, sich an die gesetzlich vorgegebenen Rechtstypen zu halten (**Typenzwang**) und durch zwingende Regelungen bei **Handelsgeschäften**. (Vgl. Abschnitt 3.1.1)

2. Zustandekommen des Vertrages

Bitte lesen Sie zum Vertragsschluss vorab §§ 145 ff.!

> Ein **Vertrag** ist ein Rechtsgeschäft, das aus **inhaltlich übereinstimmenden Willenserklärungen von mindestens zwei Personen** besteht.

Ein Vertrag kommt durch **mindestens zwei auf den Vertragsschluss gerichtete übereinstimmende Willenserklärungen**, Antrag und Annahme, zustande. Die Regelungen für Willenserklärungen sind anzuwenden. (S. Abschnitt 1.1.4)

Antrag:
* empfangsbedürftige Willenserklärung
* inhaltlich hinreichend bestimmt (Bestimmung von Vertragsgegenstand und Vertragspartner, Preis beim Kaufvertrag)
* Bindung des Antragenden, § 145
* nicht erloschen, § 146

Annahme:
* grundsätzlich empfangsbedürftig (Ausnahme: § 151 S. 1)
* vollständige inhaltliche Übereinstimmung mit dem Antrag
* innerhalb der Annahmefrist

Der **Antrag (das Vertragsangebot)** ist nach § 145 **bindend**. Er muss die **wesentlichen Vertragsinhalte** enthalten, so dass der andere nur noch zuzustimmen braucht und damit der Vertrag geschlossen ist. Der Antrag erlischt, wenn er abgelehnt oder nicht rechtzeitig angenommen wurde. Der Antragende kann eine Frist bestimmen, innerhalb derer die Annahme erfolgen kann. Wird keine Frist bestimmt, so gilt: Der einem **Anwesenden** gemachte Antrag kann nur *sofort* angenommen werden, § 147 Abs. 1. Der Antrag gegenüber **Abwesenden** kann nur angenommen werden, bis der Antragende den Eingang der *Antwort unter gewöhnlichen Umständen erwarten darf*, § 147 Abs. 2. **Schweigen** bedeutet grundsätzlich keine Annahme (vgl. Abschnitt 1.1.4).

In den Fällen des § 151 kommt der Vertrag zustande, ohne dass die Annahmeerklärung dem Antragenden zugeht, wenn dieser auf sie verzichtet hat oder sie üblicherweise nicht zu erwarten ist.

Beachten Sie: Die bloße Aufforderung, ein Angebot abzugeben (sog. invitatio ad offerendum) , stellt mangels Geschäftswillens keinen bindenden Antrag dar. Beispiele: sog. „Angebote" zu Werbezwecken in Anzeigen, Werbebroschüren, auf Schaufensterplakaten etc.; auch die Formulierung „Angebot freibleibend" schließt den Rechtsbindungswillen aus.

Nach den allgemeinen Regelungen über Willenserklärungen kann eine abgegebene Erklärung nur bis zu deren Zugang **widerrufen** werden, § 130 Abs. 1 S. 2 (s.o. Abschnitt 1.1.4). Zum Schutz der Verbraucher gelten für bestimmte Verträge **gesetzliche Widerrufsrechte**, die den Widerruf innerhalb weitergehender Fristen erlauben. Beispiele: Verbraucherverträge, §§ 355, 358; Verbraucherdarlehen, § 495; Haustürgeschäfte, § 312; Fernabsatzverträge § 312 d.

Die **Annahme** muss sich **inhaltlich mit dem Antrag decken**; eine abweichende Annahmeerklärung gilt als Ablehnung, verbunden mit einem neuen Antrag, § 150 Abs. 2. Gegebenenfalls muss durch **Auslegung** nach §§ 133, 157 ermittelt werden, was die Erklärenden tatsächlich wollten. Dabei ist auf den *wirklichen Willen unter Berücksichtigung des objektiven Empfängerhorizonts* abzustellen, d.h. darauf, was ein verständiger Beobachter aufgrund der Erklärung als das Gewollte im jeweiligen Fall ansehen kann.

Merke: Der Vertragsschluss setzt voraus, dass sich die Vertragspartner über die wesentlichen Inhalte des Rechtsgeschäfts (sog. **essentialia**) einig sind. Dazu gehören z.B. beim Kaufvertrag die verkaufte Sache, die Vertragspartner und der Preis.

→ Ist ein Einigungsmangel offensichtlich, so ist der Vertrag im Zweifel nicht geschlossen, § 154 Abs. 1.

→ Wenn sich der wirkliche Wille der Parteien deckt, sie jedoch *versehentlich* etwas Abweichendes erklärt haben (**falsa demonstratio**), scheitert der Vertragsschluss nicht daran (z.B. Verwendung eines falschen Begriffs). Der Vertrag kommt mit dem tatsächlich gewollten Inhalt zustande.

→ Haben sich die Parteien über einen zu vereinbarenden Punkt entgegen ihrer Auffassung in Wirklichkeit nicht geeinigt, ist das Vereinbarte nur gültig, wenn anzunehmen ist, dass sie den Vertrag auch ohne diesen Punkt geschlossen hätten (**versteckter Einigungsmangel, Dissens § 155**).

Beispiele: Die Parteien haben einen regelungsbedürftigen Punkt übersehen; Verwendung eines mehrdeutigen Begriffs, den beide unterschiedlich verstanden haben

Sonderfälle des Vertragsschlusses:

Bei einer *Versteigerung* kommt der Vertrag durch den Zuschlag zustande, § 156. Eine *Option* ist das Recht, einseitig einen Vertrag zu begründen, ohne dass der Vertragspartner die Annahme erklärt. Das Optionsrecht beruht auf einem zuvor geschlossenen aufschiebend bedingten Optionsvertrag, der durch die Ausübung des Optionsrechts unbedingt wird.

3. Bedingung, Befristung

> Die Wirkung eines Rechtsgeschäfts kann nach § 158 davon abhängig gemacht werden, dass ein **zukünftiges, ungewisses Ereignis (Bedingung)** eintritt.

Dabei sind zu unterscheiden:

- **Auflösende Bedingung**, § 158 Abs. 1:

  Die Wirkungen des Rechtsgeschäfts treten erst mit Eintritt der Bedingung ein.

  Beispiel: Eigentumsvorbehalt, Anwartschaft

- **Aufschiebende Bedingung**, § 158 Abs. 2:

  Mit dem Eintritt der Bedingung endet die Wirkung des Rechtsgeschäfts.

Die Bedingung ist ausgefallen, wenn das Ereignis nicht mehr eintreten kann. Im Falle einer aufschiebenden Bedingung kann das Rechtsgeschäft dann nicht mehr wirksam werden. **Einseitige Rechtsgeschäfte** sind zum Schutz des Erklärungsempfängers in der Regel **bedingungsfeindlich**. Beispiele: Anfechtung, Kündigung, Rücktritt können nicht unter einer Bedingung erklärt werden.

Beachten Sie: Nicht jede Bestimmung, die im allgemeinen Sprachgebrauch als „Bedingung" bezeichnet wird (z.B. Allgemeine Geschäftsbedingungen, Liefer- und Zahlungsbedingungen), ist eine Bedingung im Sinne von § 158!

Im Unterschied zur Bedingung wird die Wirkung eines **befristeten Rechtsgeschäfts** vom Eintritt eines bestimmten **Termins** abhängig gemacht (§ 163). Die Regelungen für Bedingungen gelten entsprechend.

Kontrollfragen

- Was bedeutet der Grundsatz der Vertragsfreiheit?
- Wodurch ergeben sich Einschränkungen der Gestaltungsfreiheit?
- Was ist ein Vertrag? Wie wird er geschlossen?
- Was ist ein Antrag?
- Wann ist die Annahme „rechtzeitig"?
- Unter welchen Voraussetzungen ist der Zugang der Annahmeerklärung entbehrlich?
- Was ist die Folge eines offenen / versteckten Einigungsmangels?
- Was ist eine aufschiebende, was eine auflösende Bedingung?

1.1.7   Fristen und Termine, Verjährung

> Unter einer **Frist** versteht man einen abgegrenzten, nicht notwendig zusammenhängenden **Zeitraum**, der bestimmt oder bestimmbar ist (z.B. Kündigungsfrist).
>
> Ein **Termin** ist ein bestimmter **Zeitpunkt** (z.B. Fälligkeit der Zahlung).

Eine Frist kann z.B. dazu dienen,

- ein Recht entstehen zu lassen oder
- ein Recht erlöschen zu lassen (Ausschlussfrist) oder
- das Recht zu begründen, die Leistung dauerhaft zu verweigern (Verjährungsfrist) oder
- einen Zeitraum festzulegen, in dem eine Leistung zu erbringen ist.

Fristen werden in der Regel nach vollen Tagen berechnet. Für den **Fristbeginn** wird nach § 187 der Tag, an dem das maßgebende Ereignis eintritt (z.B. Kündigung, Zustellung) grundsätzlich nicht mitgerechnet, es sei denn der Beginn eines Tages ist für den Anfang der Frist maßgebend (z.B. bei der Berechnung des Lebensalters). Im ersten Fall beginnt die Frist nach § 187 Abs. 1 daher erst am folgenden Tag um 00.00 Uhr.

Eine nach Tagen bestimmte **Frist endet** mit dem Ablauf des letzten Tages der Frist, also um 24 Uhr (§ 188 Abs. 1). Eine nach Wochen, Monaten oder einem mehrmonatigem Zeitraum bestimmte Frist endet mit Ablauf des Tages, der nach seiner Bezeichnung oder Zahl dem Tag entspricht, an dem das maßgebende Ereignis eintrat, bzw. im Fall, dass die Frist bereits mit Tagesbeginn zu laufen begann, mit Ablauf des vorhergehenden Tages.

Beispiele: Zustellung am Dienstag, 14.2. um 12:20 Uhr, Frist: 2 Wochen. Fristbeginn: Mittwoch, 15.2., 00:00 Uhr, Fristende: Dienstag, 28.2. um 24 Uhr (s. §§ 187 Abs. 1, 188 Abs. 2, 1. Fall); Eintritt der Volljährigkeit: mit Beginn des 18. Geburtstags, 00:00 Uhr (s. §§ 187 Abs. 2, 188 Abs. 2, 2. Fall).

Fällt der letzte Tag einer Frist auf einen Sonnabend, Sonn- oder Feiertag, so läuft die Frist erst am nächsten Werktag ab, § 193. Weitere Auslegungsregeln enthalten §§ 189 bis 192.

Merke: Bei einem **Handelsgeschäft** sind unter einer Frist von „acht Tagen" regelmäßig volle acht Tage zu verstehen, § 359 HGB.

Der Ablauf einer **Ausschlussfrist** hat zur Folge, dass ein bestimmtes Recht nicht mehr ausgeübt werden kann bzw. erlischt. Beispiele hierfür sind Gestaltungsrechte wie Kündigung, Anfechtung, Erhebung von Einwendungen, Vorbringen von Tatsachen im Prozess.

Nach den Allgemeinen Geschäftsbedingungen der Banken gilt das Unterlassen rechtzeitiger Einwendungen gegen einen Rechnungsabschluss als Genehmigung.

Nach Ablauf der **Verjährungsfrist** ist der Schuldner berechtigt, die Leistung zu verweigern, § 214. Ansprüche unterliegen der Verjährung, § 194 Abs. 1, Rechte und Rechtspositionen nicht (vgl. Abschnitt 1.2.1).

Beispiel: Anspruch auf Zahlung des Kaufpreises

Gegenbeispiel: Eigentumsrecht an einem Grundstück

Beachten Sie: Im Unterschied zur Ausschlussfrist muss sich der Schuldner auf die Verjährung ausdrücklich berufen *(**Einrede der Verjährung**)*, denn der Anspruch bleibt trotz Verjährung bestehen - mit der Folge, dass ein Vertrag auch nach Eintritt der Verjährung erfüllt werden kann. (Das Geleistete kann nicht wegen Verjährung zurückgefordert werden.)

Die regelmäßige Verjährungsfrist beträgt drei Jahre, § 194. Besondere Verjährungsfristen regeln §§ 195 bis 202. Die Verjährung wird z.B. durch Klageerhebung, Zustellung des Mahnbescheids, Anmeldung des Anspruchs im Insolvenzverfahren, Beginn des schiedsrichterlichen Verfahrens etc. **gehemmt**, d.h. dieser Zeitraum wird in die Verjährungsfrist nicht eingerechnet (s. §§ 203 ff.).

Die Wirkung der Verjährung auf bestimmte Rechtsgeschäfte sind in §§ 215 ff. geregelt. Beachten Sie hier insbesondere die Folgen nach § 216 Abs. 1 und 2 bei gesicherten Ansprüchen: Durch die Verjährung einer gesicherten Forderung ist der Gläubiger nicht an der Befriedigung aus dem belasteten Gegenstand gehindert, etwa durch Zwangsvollstreckung. Ist zur Sicherheit ein Recht verschafft worden (z.B. Sicherungsabtretung einer Forderung), so kann nicht die Rückübertragung aufgrund der Verjährung des zu sichernden Anspruchs verlangt werden. Im Falle des Eigentumsvorbehalts (s. Abschnitt 1.1.4) kann der Gläubiger auch vom Vertrag zurücktreten, wenn der gesicherte Anspruch verjährt ist.

Kontrollfragen

- Was versteht man unter einer Frist, was unter einem Termin?

- Wonach berechnen sich Beginn und Ende einer Frist?

- Was versteht man unter Verjährung? Worin besteht der Unterschied zur Ausschlussfrist?

- Was bedeutet „Hemmung" der Verjährung?

1.1.8 Verbotene und sittenwidrige Geschäfte

Bitte verschaffen Sie sich an dieser Stelle einen Überblick über die wichtigsten Gründe für die Nichtigkeit von Willenserklärungen im Allgemeinen Teil des BGB, indem Sie die folgenden gesetzlichen Tatbestände (nochmals) im Wortlaut lesen:

- Geschäftsunfähigkeit, § 105   (s. Abschnitt 1.1.2)
- Scheingeschäft, § 117   (s. Abschnitt 1.1.4)
- Formmangel, § 125   (s. Abschnitt 1.1.4)
- Verstoß gegen ein gesetzliches Verbot, § 134
- Sittenwidrigkeit, Wucher, § 138
- Wirksame Anfechtung, § 142   (s. Abschnitt 1.1.4)

Der Grundsatz der Privatautonomie (vgl. Abschnitt 1.1.6) eröffnet den Vertragsparteien vielfältige Gestaltungsmöglichkeiten. Die Gestaltungsfreiheit ist in bestimmten Fällen eingeschränkt, in denen ein Rechtsgeschäft einen gesetzlich unzulässigen Inhalt hat. Diese Geschäfte werden von der Rechtsordnung regelmäßig nicht anerkannt.

- **Verstoß gegen ein gesetzliches Verbot**

Ein Rechtsgeschäft, das gegen ein **gesetzliches Verbot** verstößt, ist **nichtig**, wenn sich nicht aus dem Gesetz ein anderes ergibt. (§ 134)

Liegt ein Verbotsgesetz vor, das ein bestimmtes Rechtsgeschäft untersagt, ist durch Auslegung zu ermitteln, ob der Verstoß die Nichtigkeit des Geschäfts zur Folge hat. Dies ergibt sich jeweils aus dem Wortlaut und aus dem Zweck der Regelung.

Auch **Umgehungsgeschäfte**, die abgeschlossen werden, um die Rechtsfolge eines an sich verbotenen Geschäfts auf anderem Wege zu erreichen, werden von § 134 erfasst.

Beispiele: Umgehungsverbot bei Verbraucherdarlehensverträgen nach § 506 Abs. 1; Verschleierung des Arbeitseinkommens, um der Pfändung zu entgehen.

- **Verstoß gegen die guten Sitten**

Ein Rechtsgeschäft, das gegen die **guten Sitten** verstößt, ist **nichtig**. (§ 138 Abs. 1)

Ein Rechtsgeschäft ist **sittenwidrig**, wenn es **gegen das Anstandsgefühl aller billig und gerecht Denkenden verstößt** und der Handelnde die **Umstände kennt**, aus denen sich die Sittenwidrigkeit ergibt. Hierzu hat die Rechtsprechung typische Fallgruppen entwickelt. Beispiele: Persönliche oder wirschaftliche Knebelung, Ausnutzung einer Monopolstellung, Übersicherung.

Die sittenwidrige vorsätzliche Schädigung löst nach § 826 einen Schadensersatzanspruch aus.

- **Wucher**

Das wucherische Rechtsgeschäft nach § 138 Abs. 2 setzt ein **auffälliges Missverhältnis von Leistung und Gegenleistung** voraus. Dies ist nach der Risikoverteilung, Marktlage, Marktüblichkeit etc. im Einzelfall zu beurteilen. Der Wucherer **nutzt** dabei die Zwangslage, das mangelnde Urteilsvermögen oder die erhebliche Willensschwäche des Vertragspartners **aus**. Beispiel: Kreditwucher.

Beachten Sie: Nach der Rechtsprechung erfüllen Ratenkreditverträge bei Überschreitung des marktüblichen Zinses einschließlich der Gebühren und Provisionen um mehr als 100 % regelmäßig den Tatbestand von § 138 Abs. 1.

- **Rechtsgeschäftliches Verfügungsverbot**

Nach § 137 kann die Befugnis, über ein veräußerliches Recht zu verfügen, nicht durch Rechtsgeschäft ausgeschlossen werden. Die Verfügung ist prinzipiell wirksam. Die Verletzung einer solchen Vereinbarung kann jedoch Schadensersatzansprüche begründen.

Ist *ein Teil eines einheitlichen Rechtsgeschäfts* nichtig, ist nach der Auslegungsregel des § 139 das ganze Rechtsgeschäft unwirksam, wenn nicht anzunehmen ist, dass die Parteien es auch ohne den nichtigen Teil vorgenommen hätten. Dabei ist auf den Willen der Parteien abzustellen. Diese Auslegungsregel gilt, sofern nicht gesetzlich ausdrücklich etwas anderes bestimmt ist.

Beachten Sie: Häufig werden sog. *salvatorische Klauseln* vereinbart, wonach die Nichtigkeit einzelner Regelungen die Wirksamkeit des Vertrags im Übrigen nicht berührt. Derartige Vereinbarungen finden sich oft in Allgemeinen Geschäftsbedingungen (s. hierzu Abschnitt 1.3.4).

Kontrollfragen

- Welche Rechtsfolge hat der Verstoß gegen ein gesetzliches Verbot?
- Was ist ein Umgehungsgeschäft?
- Was ist ein sittenwidriges Rechtsgeschäft? Was ist die Rechtsfolge der Sittenwidrigkeit?
- Nennen Sie die Voraussetzungen von § 138 Abs. 2.

1.1.9   Übungsfälle

Fall 1: Die 14 jährige Mädi erhält von ihren Eltern 80 EUR, um sich neue Turnschuhe zu kaufen. Weil das Geld für das von ihr bevorzugte Paar der Marke „O" nicht reicht, möchte sie von ihrem Konto bei der B-Bank weitere 40 EUR abheben. Kann sie dies ohne weiteres?

Abwandlung: Mädi „findet" in der Spardose ihrer Schwester 35 EUR, nimmt das Geld „vorläufig" an sich und kauft statt der dringend benötigten Turnschuhe bei V für sich ein Handy für 115 EUR. Die Eltern erfahren davon erst, als Mädi mit dem nagelneuen Handy telefonierend zu Hause erscheint. Sie sind erbost und fordern von V das Geld zurück.

Fall 2: Der minderjährige Auszubildende F möchte bei der Bank B ein Konto eröffnen, damit er sich das Ausbildungsentgelt überweisen lassen kann. Die Bank möchte, dass die Eltern des F in die Kontoeröffnung einwilligen. Ist ihre Zustimmung erforderlich?

Fall 3: Der Angestellte M erklärt seinem Arbeitgeber A die Kündigung, indem er sein Kündigungsschreiben am Freitag Abend zur Post gibt. Am Wochenende überlegt er sich die Sache anders und legt am Montag Morgen ein Schreiben mit dem Satz „Ich bedauere diesen Schritt und nehme hiermit von meiner Kündigung Abstand." in den Posteingangskorb des Sekretariats des A, noch bevor gegen zehn Uhr die Post zugestellt wird. Da das Schreiben des M ganz unten liegt, liest A die Kündigung zuerst. Welche Erklärung ist wirksam?

Fall 4: Hai schließt mit der Y-Bank einen Darlehensvertrag. Hai erklärte vorab, nur einen kurzen Überbrückungskredit zu benötigen. Bereits am Monatsende könne er eine Forderung in Höhe des beantragten Kredits einziehen. Daraufhin bewilligte die Y-Bank den Kredit. Noch vor Auszahlung der Kreditsumme erfährt die Y-Bank, dass die Angaben des Hai über die ausstehende Forderung frei erfunden waren. Die Y-Bank ist der Ansicht, das Darlehen nicht an Hai auszahlen zu müssen. Kann sie den Vertrag anfechten?

Abwandlung: Hai beauftragt und bevollmächtigt den Blau, der von den unrichtigen Angaben nichts weiß, den Vertrag zu unterzeichnen. Blau legt bei Vertragsschluss die Bevollmächtigung des Hai vor und unterzeichnet mit „i.V. Blau". Y zahlt die Darlehenssumme an Hai aus. Kann sich Y, nachdem sie erfährt, dass Hai gelogen hat und tatsächlich mittellos ist, wegen der Rückzahlung an Blau halten?

Fall 5: A hat seinen Gemüseladen und die Firma auf N übertragen und ist seitdem noch aushilfsweise im Geschäft tätig, um N in dessen Abwesenheit „vollumfänglich" zu vertreten. Hierzu hat N ihn ausdrücklich bevollmächtigt. Während der Abwesenheit des N unterzeichnete A ohne dessen Wissen bei der G-Bank, der A als langjähriger Inhaber bekannt ist, einen Vertrag über die Gewährung eines Geschäftskredits in Höhe von 6.000 EUR. Der Kredit werde, wie A sagte, für die Anschaffung eines Lieferwagens benötigt. Er fügte seiner Unterschrift den Firmenstempel hinzu, der Stempelaufdruck war allerdings unleserlich. Die G-Bank hielt A nach wie vor für den Inhaber und überwies die Darlehenssumme auf das weiterhin existierende Geschäftskonto. Sie verlangt von A die Zahlung der vereinbarten Raten nebst Zinsen. A ist der Meinung, N müsse zahlen, weil das Darlehen ausschließlich dem Betrieb des Geschäfts diene und er den N nur vertreten habe. Wer hat Recht?

Lösungshinweise

Zu Fall 1: Nein, denn die Abhebung von einem Konto ist nicht lediglich rechtlich vorteilhaft (§ 107). M erhielte zwar Eigentum an den ihr ausgezahlten Geldscheinen, verlöre aber in gleicher Höhe ihre Forderung gegen die Bank. Die Eltern als gesetzliche Vertreter müssten daher der Auszahlung zustimmen.

Abw.: M und V haben einen Kaufvertrag über das Handy geschlossen, der M zur Zahlung des Kaufpreises verpflichtet. Da M beschränkt geschäftsfähig ist (§ 106), ist zur Wirksamkeit dieses Vertrages die Zustimmung ihrer Eltern erforderlich. Die Eltern sind mit dem Kauf des Handys nicht einverstanden. M hat den Kaufpreis zwar sofort bar bezahlt, allerdings sind ihr die dafür erforderlichen Mittel nicht zu diesem Zweck überlassen worden (die Eltern gaben ihr 80 EUR für neue Turnschuhe). Der Vertrag ist ohne die Zustimmung der Eltern unwirksam. V muss den Kaufpreis zurückzahlen (§ 812 Abs. 1 S. 1, 1. Alt.).

Zu Fall 2: F ist beschränkt geschäftsfähig (§ 106). Nach § 107 bedarf ein beschränkt Geschäftsfähiger zu einer für ihn nicht lediglich vorteilhaften Willenserklärung der Einwilligung des gesetzlichen Vertreters. Lediglich rechtlich vorteilhaft bedeutet, dass den Minderjährigen keine rechtlichen Nachteile treffen. Dies ist bei der Kontoeröffnung eines Minderjährigen nicht der Fall, da er zwar Ansprüche gegen die Bank erwirbt, aber umgekehrt die Bank auch gegen ihn (Verpflichtung zur Zahlung von Kontoführungsentgelt, Zinsen etc.). Die Zustimmungsbedürftigkeit ist auch nicht nach § 113 entfallen, da keine Ermächtigung der Eltern, in ein Dienst- oder Arbeitsverhältnis zu treten, vorliegt, sondern F Auszubildender ist. § 113 ist auf Berufsausbildungsverhältnisse nicht anwendbar, da der Ausbildungszweck, nicht der Erwerbszweck im Vordergrund steht. Die Eltern müssen also als gesetzliche Vertreter zustimmen.

Zu Fall 3: M erklärt die Kündigung in Abwesenheit des A. Eine empfangsbedürftige Willenserklärung gegenüber Abwesenden wird wirksam, wenn sie dem Empfänger zugeht, § 130 Abs. 1 S. 1. Zugang einer Willenserklärung an Abwesende setzt voraus, dass die Erklärung derart in den Machtbereich des Empfängers gelangt ist, dass dieser die Möglichkeit hat, von dem Inhalt der Erklärung Kenntnis zu nehmen. Dies ist mit Einwurf in den Hausbriefkasten am Montag Vormittag der Fall. Die Erklärung wird nach § 130 Abs. 1 S. 2 nicht wirksam, wenn dem Empfänger vorher oder gleichzeitg ein Widerruf zugeht. Das Schreiben des M, er nehme von der Kündigung Abstand, ist als Widerruf zu werten. Er ist dem A mit dem Hineinlegen in den Posteingangskorb zugegangen, also *vor* der Kündigung, die wegen Widerrufs nicht wirksam ist. Die Tatsache, dass A die Kündigung zuerst liest, ändert daran nichts.

Zu Fall 4: H hat nach § 488 Abs. 1 S. 1 einen Anspruch auf Auszahlung gegen Y, wenn zwischen ihnen ein wirksamer Darlehensvertrag besteht. Der Vertrag ist nach § 142 Abs. 1 nichtig, wenn Y ihn wirksam anficht. H hat Y arglistig getäuscht, indem er bewusst unrichtige Angaben über die ihm angeblich zustehende Forderung gemacht hat. Dadurch hat er bei Y einen Irrtum erregt, der Y zum Vertragsschluss bestimmt hat. Y kann die Anfechtung wegen arglistiger Täuschung binnen Jahresfrist erklären (§§ 123 Abs. 1, 124).

Abw.: Nein, der Darlehensvertrag ist mit H zustande gekommen, da B in dessen Namen und mit Vertretungsmacht handelte.

Zu Fall 5: Ob sich der Anspruch der G nach § 488 Abs. 1 S. 1 gegen A oder gegen N richtet, hängt davon ab, wer Vertragspartei geworden ist. A hat den Vertrag unterzeichnet, ohne N zu erwähnen. Dies spricht dafür, dass er selbst Vertragspartei ist, obwohl er dies nicht wollte. Es macht jedoch keinen Unterschied, ob die Erklärung ausdrücklich im Namen des Vertretenen erfolgt oder sich dies aus den Umständen ergibt (§ 164 Abs. 1 S. 2). Da G keine Kenntnis von dem Inhaberwechsel hatte und A den Vertrag ohne Vertreterzusatz unterzeichnete, hielt sie A für den Inhaber, der in eigenem Namen handelte. Bei sog. unternehmensbezogenen Geschäften ist jedoch im Zweifel anzunehmen, dass der Geschäftsinhaber Vertragspartei werden soll, sofern sich dies aus den Umständen ergibt (hier z.B. Verwendung des Firmenstempels). Die G ging selbst davon aus, dass der Kredit dem Geschäftsbetrieb dienen solle. Der Darlehensvertrag verpflichtet daher nicht A, sondern N.

1.2 Allgemeines Schuldrecht

1.2.1 Entstehen und Arten von Schuldverhältnissen

Lesen Sie vorab §§ 241 ff..

> Ein **Schuldverhältnis** ist ein Rechtsverhältnis zwischen mindestens zwei Personen, das den **Gläubiger** berechtigt, von dem **Schuldner** eine **Leistung** zu fordern.

Durch ein Schuldverhältnis werden grundsätzlich nur die daran Beteiligten, Gläubiger und Schuldner, berechtigt bzw. verpflichtet (Relativität des Schuldverhältnisses). Die *Leistung* kann darin bestehen, etwas zu *tun* oder zu *unterlassen*.

Beispiele: Zahlung des Kaufpreises, Leistung von Schadensersatz, Herausgabe einer Sache, Verschaffung eines Rechts; Unterlassen von Wettbewerb

> Das Recht, von einem anderen ein Tun oder Unterlassen zu verlangen, bezeichnet man als **Anspruch**.

Ansprüche (Forderungen) unterliegen der Verjährung (§ 194 Abs. 1).

Beispiele: Anspruch des Käufers auf Übergabe und Übereignung der gekauften Sache (§ 433 Abs. 2), Rückzahlungsanspruch des Darlehensgebers (§ 488 Abs. 1 S.2), Anspruch auf Zustimmung zur Berichtigung des Grundbuchs (§ 894)

Erfüllt der Schuldner seine Leistungspflicht nicht, kann der Gläubiger seine Forderung durch Klage und Zwangsvollstreckung durchsetzen. Nach dem Grundsatz „**Keine Schuld ohne Haftung**" ist der Schuldner dem zwangsweisen Zugriff des Gläubigers unterworfen. Der Schuldner haftet **grundsätzlich** mit seinem ganzen Vermögen (**unbeschränkte Vermögenshaftung**), es sei denn die Haftung ist nach Höhe oder Gegenstand beschränkt.

Beispiele: Beschränkung der Erbenhaftung auf den Nachlass, §§ 1975, 1990; beschränkte Vermögenshaftung im Rahmen von Gesellschaftsverträgen

Ein Schuldverhältnis kann durch

- Rechtsgeschäft (einseitiges oder mehrseitiges) oder
- kraft Gesetzes

entstehen.

Die *rechtsgeschäftliche* Begründung eines Schuldverhältnisses setzt regelmäßig voraus, dass hierauf gerichtete Willenserklärungen abgegeben werden.

→ Beim **gegenseitigen Vertrag** stehen die von den Vertragspartnern zu erbringenden Hauptleistungen in einem Austauschverhältnis, während ein **einseitig verpflichtender Vertrag** nur eine Partei zur Leistung verpflichtet.

Beispiele: Kaufvertrag, Darlehen (gegenseitige Verträge); Schenkungsversprechen, Bürgschaft (einseitig verpflichtende Verträge)

→ In bestimmten Fällen kann ein Schuldverhältnis durch **einseitiges Rechtsgeschäft**, bei dem nur eine Erklärung abgegeben wird, begründet werden.

Beispiele: Auslobung, Vermächtnis

Schuldverhältnisse, die ohne Rechtsgeschäft *kraft Gesetzes* entstehen, werden als **gesetzliche Schuldverhältnisse** bezeichnet. Die wichtigsten sind:

- Geschäftsführung ohne Auftrag (§§ 677 ff.)
- ungerechtfertigte Bereicherung (§§ 812 ff.)
- unerlaubte Handlung (§§ 823 ff.)

Vertragliche Schuldverhältnisse können zu **einmaligen** oder **wiederholten Leistungen** verpflichten. Gesetzliche Sondervorschriften gelten für sog. **Dauerschuldverhältnisse**, die auf länger andauernde oder wiederholte Leistungen gerichtet sind (z.B. Miete, Pacht, Verwahrung). Sie enden durch Zeitablauf oder durch Kündigung.

Welche Leistung der Schuldner **primär** zu erbringen hat, ergibt sich aus dem geschlossenen Rechtsgeschäft bzw. direkt aus dem Gesetz. Bei Störung einer primären Leistungspflicht kann eine **sekundäre** Pflicht, etwa zur Leistung von Schadensersatz, entstehen. (S. Abschnitte 1.2.4 und 1.2.5)

Beispiel: V und K schließen einen Kaufvertrag, der den V zur Übergabe und Übereignung der gekauften Sache nach § 433 Abs. 1 S. 2 verpflichtet (primäre Pflicht); die von V gelieferte Sache ist mangelhaft (§ 434), so dass K Schadensersatz nach §§ 437 Nr. 3, 440, 280 Abs.1 verlangt (sekundäre Pflicht).

Bei den Primärpflichten unterscheidet man zwischen Haupt- und Nebenleistungspflichten und sog. Obliegenheiten.

- Was als **Hauptleistung** zu erbringen ist, richtet sich nach dem wesentlichen Inhalt des Schuldverhältnisses.

- **Nebenleistungspflichten** können ebenfalls vertraglich vereinbart werden oder folgen aus § 242, wonach die Leistung so zu bewirken ist, wie Treu und Glauben mit Rücksicht auf die Verkehrssitte es erfordern. Sie dienen in der Regel der Vorbereitung, Erbringung und Sicherung der Hauptleistung, z.B. durch Aufklärung, Beratung, Auskunft oder Warnhinweise. Wie die Hauptleistung sind sie *selbstständig einklagbar*.

- **Obliegenheiten** begründen Verpflichtungen einer Partei, der bei Nichtbeachtung Rechtsnachteile entstehen können (z.B. Untersuchungs- und Rügepflicht nach § 377 HGB). Sie können *nicht* von der anderen Partei *eingeklagt werden*.

Darüber hinaus können sich aus einem Schuldverhältnis **Nebenpflichten** ergeben, die nicht ausdrücklich im Vertrag oder Gesetz bezeichnet sein müssen.

Das Schuldverhältnis kann nach seinem Inhalt jeden Teil zur Rücksicht auf die Rechte, Rechtsgüter und Interessen des anderen Teils verpflichten, § 241 Abs. 2. Daraus folgen Pflichten zur *gegenseitigen Rücksichtnahme* sowie weitere *Schutz- und Verhaltenspflichten*, die nach dem Sinn und Zweck des jeweiligen Rechtsverhältnisses zu konkretisieren sind. Sie sind bei Dauerschuldverhältnissen und Schuldverhältnissen mit starker persönlicher Bindung der Beteiligten (z.B. Arbeitsverhältnissen) besonders ausgeprägt. Anders als die Leistungspflichten können sie *nicht selbstständig eingeklagt* werden. Die Verletzung einer Nebenpflicht kann, wie die Verletzung einer Leistungspflicht, zu einem Schadensersatzanspruch oder einem Rücktrittsrecht der anderen Partei führen.

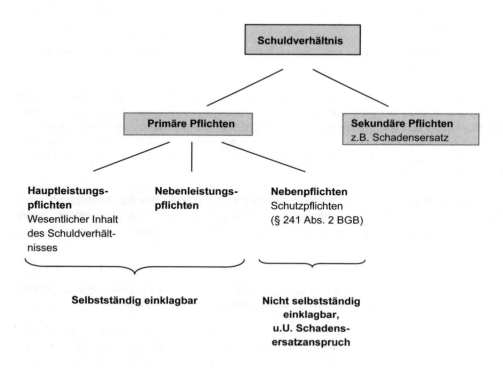

Abb.: Pflichten aus dem Schuldverhältnis

Kontrollfragen

- Was ist ein Schuldverhältnis?
- Definieren Sie, was ein Anspruch ist.
- Wie werden Schuldverhältnisse begründet?
- Welche Beispiele für Dauerschuldverhältnisse kennen Sie?
- Erläutern Sie den Unterschied zwischen Haupt- und Nebenleistungspflichten.
- Was versteht man unter einer Nebenpflicht?

1.2.2   Geldschuld und Zinsen

1. Geldschuld

Häufigster Gegenstand eines Schuldverhältnisses ist die Verpflichtung zur Zahlung. Geld dient als Wertmaßstab für Güter und Leistungen und ist gesetzliches Zahlungsmittel. Folgende Arten der Geldschuld sind zu unterscheiden:

- **Geldsummenschuld**: Ist eine bestimmte Geldsumme geschuldet, so hat der Schuldner diese in gültiger Währung in Höhe des Nennbetrages (**Nominalbetrag**) zu erbringen. Dabei ist der Betrag unabhängig von der Kaufkraft. Der Schuldner legt fest, mit welchen Geldscheinen er seine Verpflichtung erfüllt, d.h. der Gläubiger ist nicht berechtigt, eine andere Stückelung zu verlangen. Bei der Zahlung durch Buchgeld (bargeldloser Zahlungsverkehr) ist die Leistung erbracht, wenn die Gutschrift auf dem Konto des Gläubigers erfolgt.

- **Geldwertschuld**: Der Umfang der zu erfüllenden Verbindlichkeit richtet sich nach dem Wert eines Gegenstandes oder des Vermögens und wird durch Bewertung ermittelt.

  Beispiele: Anspruch auf Schadensersatz, Unterhalt, Pflichtteil

- **Fremdwährungsschuld** (Valutaschuld): Die geschuldete Leistung ist in ausländischer Währung ausgedrückt. Ist die Schuld im Inland zu zahlen, kann sie auch in Euro erbracht werden (**unechte Valutaschuld**), es sei denn dass die Zahlung in ausländischer Währung ausdrücklich vereinbart ist (**echte Valutaschuld**). Die Umrechnung erfolgt nach dem Kurswert, der zur Zeit der Zahlung für den Zahlungsort maßgebend ist, § 244 Abs. 2, wobei nach ständiger Rechtsprechung auf den Briefkurs abzustellen ist.

Der Gefahr, dass der Gläubiger einer Nennbetragsschuld durch die Geldentwertung wirtschaftlich benachteiligt wird, kann durch Vereinbarung einer *Wertsicherungsklausel* begegnet werden. Praktisches Bedürfnis hierfür besteht z.B. bei Dauerschuldverhältnissen. Voraussetzungen und Arten (z.B. Leistungsvorbehalte, Gleitklauseln) sind im Preisangaben- und Preisklauselgesetz sowie der Preisklauselverordnung geregelt.

2. Zinsschuld

Zinsen sind die **Vergütung für die Überlassung von Kapital**. Sie werden nach Bruchteilen des Kapitals und der Dauer der Überlassung berechnet.

Zinsen werden regelmäßig in Geld entrichtet. Sie können einmalig oder wiederkehrend, im voraus oder nachträglich zu leisten sein.

Die Zinsschuld setzt eine **wirksame Kapitalschuld** voraus. Zinsschulden können auf vertraglicher Vereinbarung beruhen oder gesetzlich angeordnet sein. Nach § 246 beträgt der gesetzliche Zinssatz 4 %, bei beiderseitigen Handelsgeschäften nach § 352 HGB 5%. Die Deutsche Bundesbank gibt den veränderlichen Basiszinssatz jeweils zum 1.1. und 1.7. des Jahres im Bundesanzeiger bekannt.

Rechtsgeschäftlich vereinbarte Zinssätze sind der Höhe nach nicht beschränkt; sie dürfen jedoch nicht sittenwidrig sein (vgl. Abschnitt 1.1.8).

Das **Zinseszinsverbot** nach § 248 Abs. 1 schützt den Schuldner davor, dass aufgrund einer bereits im vorhinein getroffenen Vereinbarung fällige Zinsen wiederum verzinst werden sollen. Ausnahmen gelten für bestimmte Kreditinstitute, die im Voraus unter anderem vereinbaren können, dass nicht erhobene Zinsen von Einlagen als neue verzinsliche Einlagen gelten sollen (§ 248 Abs. 2), sowie für Kaufleute (§ 355 Abs.1).

Kontrollfragen

- Erklären Sie, was unter Geldsummenschuld, Geldwertschuld und Valutaschuld zu verstehen ist!
- Was ist eine Zinsschuld und wonach richtet sich ihre Höhe?

1.2.3 Erfüllung und Erfüllungssurrogate

1. Erfüllung

> Das Schuldverhältnis **erlischt**, wenn die geschuldete Leistung an den Gläubiger bewirkt wird. (§ 362 Abs. 1)

Erfüllung bedeutet das **Bewirken der geschuldeten Leistung**, wodurch die Schuld erlischt. Es kommt nicht allein auf die Leistungs*handlung*, sondern auf den Eintritt des Leistungs*erfolgs* an. Hierfür ist grundsätzlich erforderlich, dass

- der **richtige Schuldner**
- an den **richtigen Gläubiger**
- die **geschuldete Leistung**
- am **richtigen Ort**
- zur **rechten Zeit**

erbringt. Im Einzelnen bedeutet dies:

→ Hat der Schuldner nicht in Person zu leisten, kann nach § 267 Abs. 1 auch ein *Dritter* die Leistung bewirken. Dies ist bei Geldschulden in der Regel als unproblematisch anzusehen. Etwas anderes kann jedoch gelten, wenn die Leistung vom Schuldner *persönlich* zu erbringen ist. Beispiele: Dienstverhältnis, Arbeitsvertrag

→ Der Schuldner muss an den Gläubiger leisten. Leistet der Schuldner an einen *Dritten*, so kommt es nach §§ 362 Abs. 2, 185 Abs. 1 auf die Einwilligung des Gläubigers an.

→ Die Leistung ist wie geschuldet zu erbringen. Nach § 266 ist der Schuldner zu *Teilleistungen* nicht berechtigt. Abweichendes kann gesetzlich angeordnet sein, von den Parteien vereinbart werden oder ergibt sich aus dem Sinn und Zweck des Vertrages. Beispiele: Teilzahlungen bei Verbraucherdarlehen nach § 497 Abs. 3 S. 2, Bereitstellung einer Mietkaution nach § 551 Abs. 2

→Der Schuldner wird von seiner Verbindlichkeit nur frei, wenn er am richtigen Ort leistet. **Leistungsort** (auch: Erfüllungsort) ist der Ort, an dem die Leistungs*handlung* zu erbringen ist. Als **Erfolgsort** bezeichnet man den Ort, an dem der Leistungs*erfolg* eintritt. Beide Orte können, müssen aber nicht zusammenfallen. Ist der Leistungsort weder bestimmt noch aus den Umständen zu entnehmen, so ist die Leistung dort zu erbringen, wo der Schuldner zur Zeit der Entstehung des Schuldverhältnisses seinen Wohnsitz bzw. gewerbliche Niederlassung hatte, § 269 Abs. 1, 2. Die Holschuld ist der gesetzliche Regelfall; die Parteien können anderes vereinbaren.

Man unterscheidet:

- **Holschuld**: Der Gläubiger muss die Leistung beim Schuldner holen, der Schuldner muss diese zur Abholung bereithalten.

- **Bringschuld**: Der Schuldner muss dem Gläubiger die Leistung bringen.

- **Schickschuld**: Der Schuldner muss dem Gläubiger die Leistung schicken. Leistungs- und Erfolgsort fallen auseinander; der Leistungserfolg tritt erst am Wohnsitz des Gläubigers ein. Beispiel: Versendungskauf, § 447

	Leistungsort	Erfolgsort
Holschuld	Wohnsitz/ Niederlassung des Schuldners	Wohnsitz/ Niederlassung des Schuldners
Bringschuld	Wohnsitz/ Niederlassung des Gläubigers	Wohnsitz/ Niederlassung des Gläubigers
Schickschuld	Wohnsitz/ Niederlassung des Schuldners	Wohnsitz/ Niederlassung des Gläubigers

Abb.: Leistungsort und Erfolgsort

Geldschulden sind, sofern nichts anderes vereinbart ist, Schickschulden (§ 270). Wird eine Einzugsermächtigung erteilt, handelt es sich um eine Holschuld.

→Die Leistungszeit ergibt sich aus der Vereinbarung der Parteien und den Umständen des jeweiligen Schuldverhältnisses. Nach § 271 kann der Gläubiger die Leistung sofort verlangen, der Schuldner sie sofort bewirken.

Merke: Unter **Fälligkeit** versteht man den Zeitpunkt, an dem der Schuldner spätestens leisten muss.

---

2. Leistung an Erfüllungs statt und Leistung erfüllungshalber

Der Schuldner wird durch die richtige Leistung frei. Leistet er etwas anderes als vereinbart, erlischt das Schuldverhältnis nur, wenn der Gläubiger damit einverstanden ist.

> Das Schuldverhältnis erlischt, wenn der Gläubiger eine andere als die geschuldete Leistung **an Erfüllungs statt** annimmt. (§ 364 Abs. 1)

<u>Beispiele</u>: Zahlung per Banküberweisung (durch Buchgeld statt Barzahlung), Inzahlungnahme eines Gebrauchtwagens beim Kauf oder bei Abschluss eines Leasingvertrags (Ersetzungsbefugnis des Käufers)

Von der Leistung an Erfüllungs statt ist die **Leistung erfüllungshalber** zu unterscheiden. Hier bleibt das Schuldverhältnis trotz der Leistung des Schuldners zunächst bestehen. Die Schuld erlischt erst, wenn der Gläubiger durch die Verwertung des ihm erfüllungshalber geleisteten Gegenstands befriedigt ist. Zur Abgrenzung gilt folgende gesetzliche Auslegungsregel nach § 364 Abs. 2:

> Übernimmt der Schuldner zum Zwecke der Befriedigung des Gläubigers diesem gegenüber eine **neue Verbindlichkeit**, so ist im Zweifel nicht anzunehmen, dass er die Verbindlichkeit an Erfüllungs statt annimmt, sondern als Leistung erfüllungshalber.

<u>Beispiele</u>: Hingabe eines Wechsels, Bezahlung mit Scheck

3. Aufrechnung, Hinterlegung und Erlass

Bitte verschaffen Sie sich einen Überblick über die §§ 372 bis 397.

Außer durch Erfüllung kann eine Schuld durch sog. **Erfüllungssurrogate** erlöschen. Darunter ist insbesondere die Aufrechnung von praktischer Bedeutung für das Bankgeschäft.

<u>Aufrechnung</u>, §§ 387 ff.: Durch empfangsbedürftige Aufrechnungserklärung können zwei einander gegenüberstehende Forderungen getilgt werden.

Die Aufrechnung setzt voraus:

- **Aufrechnungslage** (§ 387)
    - *gegenseitige* Forderungen (jeder der Beteiligten ist zugleich Gläubiger und Schuldner des anderen)
    - *gleichartige* Forderungen (Hauptfall: Geldforderungen)
    - *wirksame* Forderungen (beide Forderungen müssen bestehen)
    - *fällige und einredefreie Gegenforderung* (vgl. § 390)
    - *erfüllbare Hauptforderung* (der Schuldner darf erfüllen, ohne dass die Forderung bereits fällig ist)

- **Aufrechnungserklärung** (§ 388)
    - einseitige empfangsbedürftige Willenserklärung
    - keine Bedingung oder Befristung

- **kein Ausschluss der Aufrechnung**
    - vertraglich
    - gesetzlich (§§ 392 ff.)

Beispiel: C verlangt von A Zahlung des Kaufpreises in Höhe von 125 EUR aus einem zwischen ihnen bestehenden Kaufvertrag. A erklärt die Aufrechnung mit seiner längst fälligen Darlehensforderung über 100 EUR, die ihm gegen C zusteht.

Gegen eine Forderung, die nicht gepfändet werden kann sowie gegen eine Forderung aus unerlaubter Handlung darf nicht aufgerechnet werden. Bei mehreren zur Aufrechnung geeigneten Forderungen darf der Aufrechnende bestimmen, mit welcher Gegenforderung gegen welche Hauptforderung aufgerechnet werden soll.

Die Aufrechnung bewirkt, dass die Forderungen, soweit sie sich decken, als in dem Zeitpunkt **erloschen** gelten, in dem sie sich erstmals aufrechenbar einander gegenüberstanden.

Hinterlegung, §§ 372 ff.: Der Schuldner kann unter den Voraussetzungen des § 372 Geld, Wertpapiere und sonstige Urkunden sowie Kostbarkeiten für den Gläubiger bei einer öffentlichen Stelle (Amtsgericht des Leistungsortes) hinterlegen. Er wird durch Hinterlegung von seiner Verbindlichkeit frei, wenn sein Recht auf Rücknahme der hinterlegten Sache ausgeschlossen ist, § 378.

Erlass, § 397 Abs. 1: Durch Vertrag kann der Gläubiger dem Schuldner die Schuld erlassen. Sie erlischt mit Abschluss des Erlassvertrages. Vereinbaren die Parteien, das Schuldverhältnis insgesamt aufzuheben, so handelt es sich um einen **Aufhebungsvertrag**.

Kontrollfragen

- Auf welche Weise kann ein Schuldverhältnis erlöschen?
- Nennen und erläutern Sie die Voraussetzungen, unter denen ein Schuldverhältnis wegen Erfüllung erlischt.
- Erklären Sie die Unterschiede zwischen Hol-, Bring- und Schickschuld.
- Was bedeutet Leistung an Erfüllungs statt, was Leistung erfüllungshalber?
- Welches sind die Voraussetzungen der Aufrechnung?

1.2.4   Ausgewählte Leistungsstörungen

Das vertragliche oder gesetzliche Schuldverhältnis ist darauf gerichtet, dass die geschuldeten Leistungen erbracht werden. Bei der Abwicklung können Störungen auf-
treten, die verhindern, dass es zur ordnungsgemäßen Erfüllung kommt. Das Leis-
tungsstörungsrecht der §§ 275 ff. regelt, unter welchen **Voraussetzungen** und **mit
welchem Inhalt sekundäre Pflichten** der Beteiligten entstehen. Sie treten entweder
neben oder an die Stelle der Primärpflichten.

1. Ansprüche wegen Pflichtverletzung

> Verletzt der Schuldner eine Pflicht aus dem Schuldverhältnis, so kann der
> Gläubiger Ersatz des hierdurch entstehenden Schadens verlangen. (§ 280
> Abs. 1 S. 1)

Ersatzansprüche des Gläubigers wegen Pflichtverletzung setzen voraus:

- Verletzung einer Pflicht aus dem Schuldverhältnis
- Vertretenmüssen des Schuldners
- Durch die Pflichtverletzung eingetretener Schaden

Die Pflichtverletzung des Schuldners kann darin bestehen, dass er die Leistung verspätet, überhaupt nicht oder nicht wie geschuldet erbringt. Auch die Verletzung einer
Schutzpflicht im Sinne von § 241 Abs. 2 ist eine Pflichtverletzung.

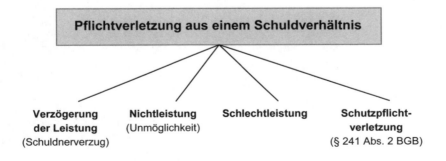

Abb.: Pflichtverletzung

Nach § 280 Abs. 1 S.2 tritt die Ersatzpflicht nicht ein, wenn der Schuldner die Pflichtverletzung nicht zu vertreten hat. Die **Verantwortlichkeit** des Schuldners ist in **§§ 276 ff.** geregelt:

> Der Schuldner hat **Vorsatz** und **Fahrlässigkeit** zu vertreten, wenn eine strengere oder mildere Haftung weder bestimmt noch aus dem sonstigen Inhalt des Schuldverhältnisses zu entnehmen ist.

Was unter Vorsatz zu verstehen ist, ist im Gesetz nicht definiert. Nach überwiegender Auffassung handelt **vorsätzlich**, wer *mit Wissen und Wollen* des Erfolges und im Bewusstsein der Rechtswidrigkeit handelt. **Fahrlässig** handelt, wer die im Verkehr *erforderliche Sorgfalt außer Acht lässt*, § 276 Abs. 2.

Grobe Fahrlässigkeit liegt vor, wenn die im Verkehr erforderliche Sorgfalt in besonders schwerem Maß verletzt wird.

Der Schuldner hat **grundsätzlich jede Form der Fahrlässigkeit** zu vertreten. Abweichendes kann sich aus einer vertraglichen Vereinbarung oder einer anders lautenden gesetzlichen Regelung ergeben. Wer nur für die **Sorgfalt** einzustehen hat, die er in **eigenen Angelegenheiten** üblicherweise anwendet, ist von der Haftung wegen grober Fahrlässigkeit nicht befreit, § 277.

Beachten Sie: Nur die Haftung für Fahrlässigkeit kann vertraglich ausgeschlossen oder eingeschränkt werden. Wer Allgemeine Geschäftsbedingungen verwendet, kann die Haftung für die fahrlässige Verletzung von Leben, Körper oder Gesundheit nicht zu seinen Gunsten begrenzen, ebenso wenig die Haftung für grobes Verschulden bei der Verursachung sonstiger Schäden (§ 309 Nr. 7a, b).

Der Schuldner haftet im Rahmen eines Schuldverhältnisses auch für das **Verschulden seiner Hilfspersonen**, d.h. seiner gesetzlichen Vertreter oder seiner Erfüllungsgehilfen.

> Der Schuldner hat ein Verschulden seines gesetzlichen Vertreters und der Personen, deren er sich zur Erfüllung seiner Verbindlichkeit bedient, in gleichem Umfang zu vertreten **wie eigenes Verschulden. (§ 278 S. 1)**

Erfüllungsgehilfe ist, wer *mit Wissen und Wollen des Schuldners* für ihn *zur Erfüllung einer Verbindlichkeit*, d.h. einer Haupt-, Nebenleistungs- oder Schutzpflicht, tätig wird. Dazu zählen auch Personen, die mit der Führung von Vertragsverhandlungen betraut sind. Erforderlich ist, dass die schädigende Handlung in einem sachlichen Zusammenhang mit der Tätigkeit der Hilfsperson steht und *nicht nur bei Gelegenheit* geschieht.

Beispiel: Beratung eines Kunden durch einen Mitarbeiter der Bank

Beachten Sie bitte: Im Rechtsstreit muss gegebenenfalls der Schuldner beweisen, dass er die Pflichtverletzung nicht zu vertreten hat.

Welche **Ersatzansprüche** dem Gläubiger zustehen, ist in den **§§ 280 ff.** geregelt.

→ Der Schadensersatzanspruch wegen Pflichtverletzung schließt den Anspruch auf Erfüllung nicht generell aus: Je nach Lage des Falles kann der Gläubiger Ersatzansprüche **neben** der Erfüllung geltend machen **oder** Schadensersatz **statt** der Leistung verlangen.

→ Besteht der Gläubiger nicht auf Erfüllung des Vertrages, kann er unter den Voraussetzungen der §§ 281 bis 284 **Schadensersatz statt der Leistung** verlangen. Er verliert dadurch seinen Erfüllungsanspruch.

Beispiele: Der Schadensersatz statt Leistung wegen Lieferung einer mangelhaften Sache kann die Rückzahlung des Kaufpreises, die Mehrkosten der Ersatzbeschaffung, den entgangenen Gewinn und die Freistellung des Gläubigers von der Haftung wegen Weiterveräußerung der Kaufsache umfassen. Der **Ersatz vergeblicher Aufwendungen**, die dem Gläubiger im Vertrauen auf den Erhalt der Leistung entstanden sind, kann z.B. Transportkosten oder Folgeinvestitionen des Gläubigers einschließen.

→ Kann die geschuldete Leistung nicht erbracht werden oder ist sie dem Schuldner aus wirtschaftlichen Gründen nicht zumutbar (§ 275), so ist der Anspruch auf die Leistung ausgeschlossen und der Schuldner nach §§ 280, 283 schadensersatzpflichtig.

Der Gläubiger hat nach §§ 323, 324 das Recht, von einem gegenseitigen Vertrag **zurückzutreten**. Es entsteht ein Rückgewährschuldverhältnis, wonach die bereits erbrachten Leistungen zurückzugewähren sind (vgl. zum Rücktritt Abschnitt 1.2.6). Der Rücktritt steht der Geltendmachung von Schadensersatzansprüchen statt der Leistung nicht entgegen, § 325.

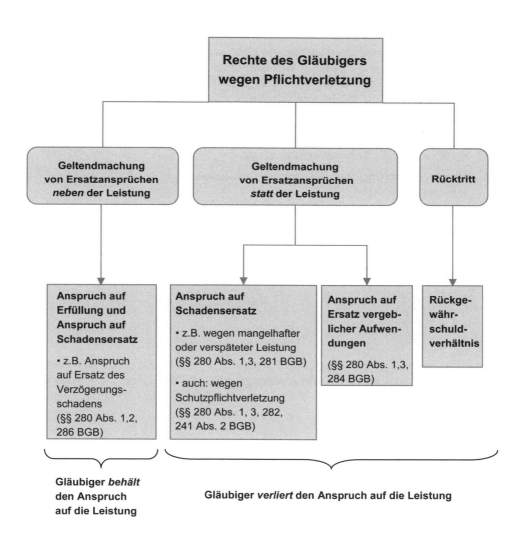

Abb.: Rechte des Gläubigers wegen Pflichtverletzung

2. Schuldnerverzug und Gläubigerverzug

Lesen Sie bitte zum Schuldnerverzug §§ 286 bis 288 und zum Gläubigerverzug §§ 293 bis 300.

a) Erbringt der **Schuldner** die geschuldete Leistung **nicht rechtzeitig**, liegt darin eine Pflichtverletzung nach § 280 Abs. 1. Der Gläubiger kann Schadensersatz wegen Verzögerung der Leistung nur unter der zusätzlichen Voraussetzung des § 286 verlangen. Der **Ersatz des Verzögerungsschadens** nach §§ 280 Abs.1, 2, 286 setzt voraus:

1. Bestehen eines **Schuldverhältnisses**
2. **Pflichtverletzung** des Schuldners (Verzögerung trotz Möglichkeit und Fälligkeit der Leistung)
3. **Verzug** des Schuldners (§ 286)
4. Durch die Verzögerung eingetretener **Schaden**

> Leistet der **Schuldner** auf eine Mahnung des Gläubigers nicht, die nach dem Eintritt der Fälligkeit erfolgt, so kommt er durch die Mahnung in **Verzug**. (§ 286 Abs. 1 S. 1)

Die Voraussetzungen des **Schuldnerverzugs nach § 286** können Sie folgendermaßen prüfen:

- Ausbleiben der Leistung
- Mahnung des Gläubigers nach Eintritt der Fälligkeit (<u>Ausnahmen</u>: § 286 Abs. 2, 3)
- Vertretenmüssen des Schuldners (§ 286 Abs. 4)

Mahnung ist die einseitige empfangsbedürftige Aufforderung des Gläubigers an den Schuldner, die geschuldete Leistung zu erbringen. Die Aufforderung muss bestimmt und eindeutig sein. Sie ist an keine Form gebunden und bedarf keiner Fristsetzung.

Bitte beachten Sie: Die Mahnung ist nach § 286 Abs. 2 und 3 für den Eintritt des Verzuges **nicht erforderlich**, wenn

- für die Leistung eine Zeit nach dem Kalender bestimmt ist oder
- der Schuldner die Leistung ernsthaft und endgültig verweigert oder
- der Schuldner einer Entgeltforderung nicht innerhalb von 30 Tagen nach Fälligkeit und Zugang der Rechnung leistet.

Ist dies der Fall, kommt der Schuldner ohne Mahnung in Verzug.

Der Schuldner muss die Verzögerung seiner Leistung **zu vertreten** haben. Er kommt nach § 286 Abs. 4 nicht in Verzug, solange die Leistung infolge eines Umstands unterbleibt, den er nicht zu vertreten hat (z.B. höhere Gewalt).

Merke: Ist der Verzug bereits eingetreten, hat der Schuldner jede, also auch leichte Fahrlässigkeit zu vertreten. § 287 bedeutet eine **Haftungserweiterung** zu Lasten des Schuldners, der sich in Verzug befindet, die auch die Haftung für Zufall umfasst.

Rechtsfolgen bei Verzögerung der Leistung:

- Macht der Gläubiger den **Ersatz des Verzögerungsschadens** geltend, so behält er seinen Anspruch auf Erfüllung. Er kann *neben* der primären Leistung Ersatz des Schadens verlangen, der ihm durch die Verzögerung der Leistung entsteht. Dabei ist er so zu stellen, wie er stünde, wenn der Schuldner rechtzeitig geleistet hätte.

  Beispiel: Ersatz der Zinsen für einen notwendigen Bankkredit

- Wird Geld geschuldet, kann der Gläubiger nach §§ 288 Abs. 1, 247 **Verzugszinsen verlangen**.

Alternativ zum Ersatz des Verzögerungsschadens kann ein Gläubiger, der aufgrund der Verzögerung kein Interesse mehr an der Leistung hat, **Schadensersatz statt der Leistung** wegen Nichterfüllung verlangen (§§ 280 Abs. 1, 3, 281; s.o.) oder von dem Vertrag **zurücktreten** (§ 323). Er verliert dann seinen Anspruch auf Erfüllung.

Anstelle des Schadensersatzanspruchs statt der Leistung kann der Gläubiger nach § 284 **Ersatz** seiner **vergeblichen Aufwendungen** verlangen.

b) Die Erfüllung kann auch dadurch gestört werden, dass sich der **Gläubiger** im Verzug der Annahme befindet.

> Der **Gläubiger** kommt in **Verzug**, wenn er die ihm angebotene Leistung nicht annimmt. (§ 293)

Der **Annahmeverzug** setzt voraus:

1. Der Schuldner ist zur Leistung berechtigt und imstande (§§ 271 Abs. 2, 297)
2. **Leistungsangebot** des Schuldners (§§ 294 bis 296)
3. **Nichtannahme** der Leistung durch den Gläubiger

Erforderlich ist regelmäßig, dass der Schuldner dem Gläubiger die Leistung tatsächlich angeboten hat; ausnahmsweise ist das Angebot entbehrlich, wenn eine erforderliche Mitwirkung des Gläubigers unterbleibt.

Beachten Sie: Der Gläubigerverzug führt *nicht* dazu, dass der Schuldner von seiner Leistungspflicht frei wird. Er bewirkt eine **Haftungserleichterung** zu Gunsten des Schuldners, der während des Annahmeverzugs nur für Vorsatz und grobe Fahrlässigkeit haftet, § 300 Abs. 1. Beim gegenseitigen Vertrag behält der Schuldner nach § 326 Abs. 2 seinen Anspruch auf die Gegenleistung (z.B. Zahlung des Kaufpreises), wenn ihm während des Annahmeverzugs die Leistung durch Umstände unmöglich wird, die er nicht zu vertreten hat. Nach § 301 muss der Schuldner während des Verzugs keine Zinsen entrichten.

3. Vorvertragliche Schuldverhältnisse

Lesen Sie § 311 Abs. 2.

Bereits im vorvertraglichen Stadium kann ein Schuldverhältnis mit Pflichten nach § 241 Abs. 2 entstehen. Ein Schadensersatzansprüche auslösendes vorvertragliches Schuldverhältnis entsteht nach § 311 Abs. 2 durch die **Aufnahme von Vertragsverhandlungen**, die **Anbahnung eines Vertrages** oder **ähnliche geschäftliche Kontakte**. Werden Schutzpflichten im Rahmen eines solchen vorvertraglichen Schuldverhältnisses verletzt (z.B. durch Abbruch von Vertragsverhandlungen ohne triftigen Grund), so kann der Gläubiger, wie im Falle bereits geschlossener Verträge, Ersatz des Schadens verlangen, den der andere durch die von ihm zu vertretende Pflichtverletzung verursacht hat. Der Gläubiger kann verlangen so gestellt zu werden wie er stünde, wenn die Pflichtverletzung nicht geschehen wäre. Anspruchsgrundlage: §§ 280 Abs. 1, 311 Abs. 2, 241 Abs. 2.

4. Störung der Geschäftsgrundlage

Lesen Sie § 313.

Die Störung der Geschäftsgrundlage eines Vertrages kann dazu führen, dass der Vertrag den tatsächlichen Gegebenheiten angepasst werden muss. § 313 regelt zwei Fallgruppen: Haben sich Umstände, die wesentliche Grundlage des Vertrages geworden sind, *nach* Vertragsschluss unvorhergesehen verändert (**Wegfall der Geschäftsgrundlage**, § 313 Abs. 1), oder stellt sich erst nachträglich heraus, dass die wesentlichen *bei* Vertragsschluss zu Grunde gelegten Umstände in Wirklichkeit nicht vorlagen (**Fehlen der Geschäftsgrundlage**, § 313 Abs. 2), so kann der Vertragspartner unter den gesetzlichen Voraussetzungen die **Anpassung des Vertrages** verlangen. Ist die Anpassung nicht möglich oder dem anderen nicht zumutbar, kann der benachteiligte Vertragspartner vom Vertrag **zurücktreten** bzw. **kündigen**.

Kontrollfragen

- Welche Arten von Leistungsstörungen im Schuldverhältnis kennen Sie?
- Erläutern Sie, was unter Verantwortlichkeit des Schuldners zu verstehen ist.
- Nennen Sie die Definitionen für Vorsatz und Fahrlässigkeit, und geben Sie Beispiele.
- Was ist ein Erfüllungsgehilfe?
- Welche Rechte des Gläubigers können durch die Pflichtverletzung des Schuldners entstehen?
- Nennen Sie die Voraussetzungen des Schuldnerverzugs.
- Welche Ansprüche hat der Gläubiger wegen Verzögerung der Leistung?
- Was ist unter Annahmeverzug zu verstehen? Nennen Sie die Voraussetzungen.
- Wie entsteht ein vorvertragliches Schuldverhältnis? Rechtsfolgen?
- Was ist in § 313 geregelt? Erläutern Sie kurz den Zweck der Regelung in eigenen Worten.

1.2.5   Schadensersatz

Lesen Sie vorab §§ 249 bis 254.

Wer an seinen Rechtsgütern einen Schaden erlitten hat, kann von dem Schädiger Schadensersatz verlangen, wenn eine gesetzliche oder vertragliche Anspruchs-grundlage besteht, die die Haftung vorsieht. Die Regelungen zum Schadensersatz dienen dem Ausgleich und der Wiedergutmachung eingetretener Schäden.

> **Schaden** ist jede unfreiwillige Einbuße an Gütern.
>
> **Aufwendung** bedeutet Erbringung eines freiwilligen Vermögensopfers.

Schadensersatzansprüche können sich aus

- Vertrag (z.B. wegen Pflichtverletzung nach § 280 Abs. 1) oder
- Gesetz (z.B. wegen unerlaubter Handlung nach § 823 Abs. 1)

ergeben. Die Verpflichtung zum Schadensersatz setzt voraus:

1. widerrechtliche Schädigung
2. dadurch verursachte Rechtsgutsverletzung
3. Verantwortlichkeit des Schuldners
4. zurechenbarer Schaden

Zu 1. **Schädigung**:

Außer durch aktives Tun ist eine widerrechtliche Schädigung auch dadurch möglich, dass der Schädiger eine rechtlich gebotene Handlung unterlässt.

Beispiel: Fehlerhafte Nichteinlösung eines Verrechnungsschecks durch die Bank

Zu 2. **Dadurch verursachte Rechtsgutsverletzung**:

Der Schädiger muss durch sein Verhalten eine vertragliche Pflicht oder ein Rechtsgut verletzt haben, d.h. die schädigende Handlung muss in einem **ursächlichen Zusam-menhang** zur Rechtsgutsverletzung stehen:

- Dies ist nach der Äquivalenztheorie zu bejahen, wenn das Verhalten des Schä-digers nicht hinweggedacht werden kann, ohne dass die Verletzung entfiele.
- Hinzukommen muss, dass das Verhalten nicht aufgrund einer gänzlich unwahr-scheinlichen Verkettung von Umständen zu der Rechtsgutsverletzung geführt hat .

Zu 3. **Verantwortlichkeit des Schuldners**:

Erforderlich ist regelmäßig das Verschulden des Schädigers. Der Schädiger hat nach § 276 Abs. 1 S. 1 grundsätzlich **Vorsatz** und **Fahrlässigkeit** zu vertreten (s. zum Verschulden Abschnitt 1.2.4). Fremdes Verschulden von **Hilfspersonen** wird ihm nach § 278 zugerechnet; bei unerlaubten Handlungen haftet der Geschäftsherr nach § 831 (s. zum Deliktsrecht Abschnitt 1.3.7).

Beachten Sie: In bestimmten Fällen tritt die Haftung des Schädigers *ohne* Verschulden ein. Eine verschuldensunabhängige Haftung kann vertraglich vereinbart werden (für Vereinbarungen durch Allgemeine Geschäftsbedingungen bestehen hier Einschränkungen nach § 307 Abs. 2) oder ist gesetzlich geregelt.

Beispiele: Bei einer *Garantie* sagt der Schuldner zu, für bestimmte Folgen einzustehen, ohne dass es auf ein Verschulden ankommt. Während des *Schuldnerverzuges* haftet der Schuldner auch für zufällige Leistungsstörungen, § 287 S. 2.

Zu 4. **Zurechenbarer Schaden**:

Welchen Ersatz der Schädiger für einen ihm zurechenbaren Schaden leisten muss, richtet sich nach Art und Umfang des Schadens. Der Schaden wird durch den Vergleich der gegenwärtigen Lage mit der, die ohne das schädigende Ereignis bestünde, ermittelt.

Der Schaden kann in einer **Vermögenseinbuße** oder einem **immateriellen Schaden**, der sich nicht in einer Vermögensminderung zeigt, bestehen.

Beispiele für immaterielle Schäden: Gesundheitsverletzung, Verletzung des allgemeinen Persönlichkeitsrechts

Art und **Umfang** des Schadensersatzanspruchs richten sich nach **§§ 249 ff.**:

> Wer zum Schadensersatz verpflichtet ist, hat den Zustand herzustellen, der bestehen würde, wenn der zum Ersatz verpflichtende Umstand nicht eingetreten wäre. (§ 249 Abs. 1)

- Mit **Wiederherstellung** (Naturalrestitution) nach § 249 Abs. 1 ist die Herstellung eines wirtschaftlich gleichwertigen Zustands gemeint.
  Beispiel: Reparatur

- Ist die Herstellung nicht möglich, unverhältnismäßig aufwändig oder nicht genügend, ist der Geschädigte nach § 251 in **Geld** zu entschädigen.
  Beispiel: Reparaturkosten

- Der zu ersetzende Schaden umfasst nach § 252 auch den **entgangenen Gewinn**.
  Beispiel: Verdienstausfall

Merke: Bei **immateriellen Schäden** kann der Geschädigte nur in den gesetzlich bestimmten Fällen Entschädigung in Geld verlangen, z.B. nach § 253 Abs. 2, § 823 Abs. 1.

Bei Schadensersatzansprüchen wegen Verletzung vertraglicher Verpflichtungen ist zu unterscheiden:

- Ersatz des **Erfüllungsschadens:** Der Dritte ist so zu stellen wie er stünde, wenn der Vertrag zustande gekommen und ordnungsgemäß erfüllt worden wäre. Die Ersatzpflicht umfasst auch den entgangenen Gewinn.

  Beispiel: Haftung des Vertreters ohne Vertretungsmacht nach § 179 Abs. 1.

- Ersatz des **Vertrauensschadens:** Der Dritte ist so zu stellen wie er stünde, wenn er nichts von dem Geschäft gehört hätte. Zu ersetzen sind z.B. die Aufwendungen, die der Geschädigte im Hinblick auf das Geschäft hatte. Die Ersatzpflicht ist durch das Erfüllungsinteresse begrenzt.

  Beispiele: Schadensersatzpflicht des Anfechtenden nach § 122, Haftung des Vertreters ohne Vertretungsmacht nach § 179 Abs. 2.

Der Schadensersatzanspruch kann nach § 254 wegen **Mitverschuldens** gemindert sein oder gänzlich entfallen: Hat bei der Entstehung des Schadens ein Verschulden des Geschädigten mitgewirkt, hängt die Ersatzpflicht sowie der Umfang des Schadensersatzes von den Umständen ab, insbesondere davon, inwieweit der Schaden vorwiegend von dem einen oder anderen Teil verursacht worden ist.

Kontrollfragen

- Was versteht man unter einem Schaden?
- Woraus können sich Schadensersatzansprüche ergeben? Nennen Sie mindestens fünf Beispiele.
- Nennen und erläutern Sie die Voraussetzungen eines Schadensersatzanspruchs.
- Geben Sie je ein Beispiel für einen Vermögensschaden und einen immateriellen Schaden.
- Worauf ist der Schadensersatzanspruch gerichtet?
- Sind immaterielle Schäden ersatzfähig?
- Wie ist der Erfüllungsschaden, wie ist der Vertrauensschaden zu ermitteln? Überlegen Sie anhand je eines selbstgewählten Beispiels, was von der Ersatzpflicht umfasst ist.

1.2.6 Zurückbehaltungsrecht und Rücktrittsrecht

1. Zurückbehaltungsrecht

Haben die Parteien eines Schuldverhältnisses Ansprüche gegeneinander, so hat der Schuldner unter den gesetzlichen Voraussetzungen das Recht, seine Leistung solange zurückzuhalten, bis auch der Gläubiger die Leistung an ihn bewirkt. Das Zurückbehaltungsrecht dient in Fällen, in denen mangels Gleichartigkeit der Forderungen nicht aufgerechnet werden kann (z.B. Leistung einer Sache gegen Geld), der **Sicherung der jeweiligen Ansprüche**.

> Hat der Schuldner aus demselben rechtlichen Verhältnis, auf dem seine Verpflichtung beruht, einen **fälligen** Anspruch gegen den Gläubiger, so kann er, sofern nicht aus dem Schuldverhältnis sich ein anderes ergibt, die geschuldete **Leistung verweigern**, bis die ihm gebührende Leistung bewirkt wird. (§ 273)

§ 273 setzt voraus:

1. **Gegenseitige** Ansprüche (vertraglich, gesetzlich)
2. **Fälliger** Gegenanspruch des Schuldners
3. Ansprüche aus einem **einheitlichen** Lebensverhältnis (Konnexität)
4. Kein Ausschluss (durch Vertrag, Gesetz)

Das Zurückbehaltungsrecht gewährt dem Schuldner ein Leistungsverweigerungsrecht, auf das er sich berufen kann. Erhebt er diese Einrede im Prozess, so führt dies dazu, dass er zur Leistung *Zug um Zug* gegen Empfang der Gegenleistung zu verurteilen ist (§ 274). Zu den Sonderregelungen für Kaufleute vgl. Abschnitt 3.1.1.

Für gegenseitige Verträge gilt die **Einrede des nicht erfüllten Vertrages** nach § 320. Voraussetzung ist hier, dass die geschuldeten Leistungen im Gegenseitigkeitsverhältnis zueinander stehen, d.h. dass die Leistung des einen Entgelt für die Leistung des anderen ist. Die Leistung kann nicht verweigern, wer vertraglich oder gesetzlich vorleistungspflichtig ist.

2. Rücktritt

Rücktritt bedeutet die **Rückgängigmachung eines Schuldverhältnisses** durch die empfangsbedürftige Erklärung des Rücktrittsberechtigten.

Das Rücktrittsrecht ist ein Gestaltungsrecht. Es kann vertraglich vereinbart werden oder ergibt sich aus dem Gesetz.

Beispiel: Rücktritt wegen nicht oder nicht vertragsgemäß erbrachter Leistung bei gegenseitigen Verträgen nach §§ 323 ff..

Der Rücktritt setzt voraus:

- Rücktrittsrecht (vertraglich, gesetzlich) und
- Erklärung des Rücktrittsberechtigten gegenüber dem Vertragspartner (§ 349)

Wird das Rücktrittsrecht ausgeübt, so entsteht ein **Rückgewährschuldverhältnis**: Die Parteien sind verpflichtet, die bereits empfangenen **Leistungen zurückzugewähren** und gezogene **Nutzungen**, d.h. Erträge und Gebrauchsvorteile, **herauszugeben** (§ 346). Ist die Rückgewähr nicht möglich, ist **Wertersatz** zu leisten. Die sich aus dem Rückgewährschuldverhältnis ergebenden Pflichten sind Zug um Zug zu erfüllen.

Kontrollfragen

- Wozu dient das Zurückbehaltungsrecht?
- Nennen Sie die Voraussetzungen von § 273.
- Was ist in § 320 geregelt?
- Welche Folge hat die Berufung auf das Zurückbehaltungsrecht im Prozess?
- Was versteht man unter Rücktritt?
- Was setzt der Rücktritt voraus?

1.2.7 Gläubiger- und Schuldnerwechsel

Ansprüche und Pflichten aus einem Schuldverhältnis stehen den jeweiligen Parteien zu. Nach der Entstehung eines Schuldverhältnisses können **Dritte** durch rechtsgeschäftliche Vereinbarung oder kraft Gesetzes an die Stelle der bisherigen Gläubiger oder Schuldner treten oder hinzukommen.

1. Übertragung einer Forderung

Eine Forderung kann auf einen anderen Gläubiger übergehen

- durch rechtsgeschäftliche Vereinbarung (Abtretung, Zession) oder
- kraft Gesetzes (Legalzession)

> **Abtretung** ist ein Vertrag zwischen altem und neuem Gläubiger, durch den der bisherige Gläubiger (**Zedent**) seine Forderung gegen den Schuldner auf den neuen Gläubiger (**Zessionar**) überträgt.

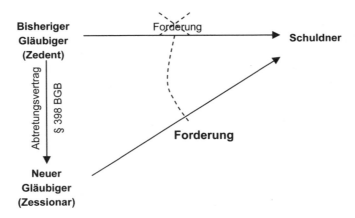

Abb.: Abtretung

Die Abtretung ist ein **abstraktes Verfügungsgeschäft**, das grundsätzlich unabhängig von dem Bestand eines Kausalgeschäfts ist, welches der Abtretung regelmäßig zu Grunde liegt (s. zum Abstraktionsprinzip Abschnitt 1.1.3). Rechtsgrund der Abtretung kann z.B. ein Kaufvertrag oder – bei der Sicherungsabtretung – eine Sicherungsabrede sein.

Beispiel (Sicherungsabrede): Abtretung zur Sicherung aller bestehenden und künftigen, auch bedingten oder befristeten Forderungen der Bank B gegen den Kreditnehmer K aus ihrer Geschäftsbeziehung XY.

Durch Abtretung wird ein bestehendes Recht unmittelbar übertragen; sie ist im Schuldrecht geregelt, da es um die Übertragung einer Forderung geht.

Die Abtretung setzt voraus:

1. **Abtretungsvertrag** zwischen altem und neuem Gläubiger
2. **Bestehende Forderung** des bisherigen Gläubigers
3. **Bestimmbarkeit** der Forderung
4. **Übertragbarkeit** der Forderung (kein Ausschluss der Abtretung)

Zu 1.: Abtretungsvertrag:

Die Abtretung ist grundsätzlich nicht formbedürftig (gesetzliche Ausnahme: z.B. Abtretung einer Hypothekenforderung nach § 1154). Möglich ist die Abtretung einer Forderung im Ganzen oder in Teilen. Die Mitwirkung des Schuldners oder seine Information ist nicht erforderlich. Leistet der Schuldner in Unkenntnis an den bisherigen Gläubiger, so muss der neue Gläubiger die Leistung gegen sich gelten lassen, § 407 Abs. 1. Dies kann verhindert werden, indem der bisherige Gläubiger dem Schuldner die Abtretung anzeigt oder der neue Gläubiger dem Schuldner eine Abtretungsurkunde vorlegt (§ 409).

Zu 2. und 3.: Bestimmbare Forderung des Zedenten:

Der Forderungsübergang setzt voraus, dass die **Forderung dem Zedenten zusteht** und sie nach Inhalt, Höhe und Schuldner zumindest **bestimmbar** ist. Unter dieser Voraussetzung ist sowohl die Abtretung künftiger Forderungen, etwa aus erst künftig entstehenden Schuldverhältnissen, und die Globalzession, z.B. aller künftigen Forderungen aus dem Betrieb eines Geschäfts, möglich.

Merke: Es gibt grundsätzlich **keinen gutgläubigen Erwerb einer Forderung von einem Nichtberechtigten**.

Zu 4.: Übertragbarkeit:

In der Regel ist jede Forderung **übertragbar**, es sei denn, die Abtretung ist vertraglich oder gesetzlich ausgeschlossen, §§ 399, 400.

Beispiele für die Unübertragbarkeit: Gesellschafterrechte nach § 717, Urlaubsanspruch des Arbeitnehmers

Beachten Sie: Die **mehrfache Abtretung** derselben Forderung durch den Zedenten ist **nicht** möglich; nach wirksamer Abtretung ist eine zeitlich spätere unwirksam. Leistet der Schuldner in Unkenntnis der Mehrfachabtretung an den „falschen" Zessionar, wird er ebenfalls nach § 407 geschützt, d.h. er wird von seiner Leistungspflicht frei.

Wirkungen der Abtretung:

> Mit dem Abschluss des Vertrages tritt der **neue Gläubiger an die Stelle des bisherigen Gläubigers**. (§ 398 S.2)

Die Abtretung bewirkt, dass die **Forderung** sowie **akzessorische**, d.h. an die Forderung gebundene **Nebenrechte** wie z.B. Bürgschaften, auf den neuen Gläubiger übergehen, § 401. Die Forderung geht über, wie sie dem Zedenten zustand, d.h. Einwendungen und Einreden des Schuldners gegen die Forderung bleiben bestehen (z.B. Einrede der Verjährung). Ebenfalls dem Schutz des Schuldners dient § 406: Konnte der Schuldner gegenüber dem bisherigen Gläubiger aufrechnen, so bleibt ihm diese Aufrechnungsmöglichkeit erhalten, wenn die Aufrechnungslage bereits vor Abtretung bestand, oder wenn der Schuldner eine aufrechenbare Gegenforderung gegen den Zedenten zu einem Zeitpunkt erwirbt, zu dem er von der Abtretung noch keine Kenntnis hatte.

Besondere Arten der Abtretung sind **Sicherungsabtretung** und **Inkassozession**. Die Inkassozession entspricht dem Interesse des Zedenten, dass der Zessionar eine Forderung im eigenen Namen für Rechnung des Zedenten einzieht. Dagegen handelt es sich beim Inkassoauftrag lediglich um eine Ermächtigung zur Einziehung der Forderung, ohne dass die Forderung übertragen wird. S. zur Sicherungsabtretung im Rahmen der Kreditsicherung Kap. 2.6..

2. Schuldübernahme, Schuldbeitritt, Vertragsübernahme

Ein Wechsel in der Person des Schuldners kann durch

*   Befreiende Schuldübernahme (vertraglich)
*   Schuldbeitritt (gesetzlich oder vertraglich)
*   Vertragsübernahme (gesetzlich oder vertraglich)

eintreten.

Bei der **befreienden Schuldübernahme** tritt ein neuer Schuldner **an die Stelle** des bisherigen, wodurch dessen Leistungspflicht endet. Voraussetzung ist, dass hierüber entweder der neue Schuldner mit dem Gläubiger einen Vertrag schließt (§ 414), oder dass der bisherige mit dem neuen Schuldner einen Vertrag schließt, den der Gläubiger genehmigt (§ 415).

Schuldbeitritt bedeutet, dass ein neuer Schuldner **neben** den bisherigen tritt. Dem Gläubiger steht also ein zusätzlicher Schuldner gegenüber, der mit dem Beitritt eine eigene Schuld übernimmt. (Beachten Sie den Unterschied zur Bürgschaft, bei der der Bürge für eine fremde Schuld einsteht; s. Kap. 2.2) Ein Schuldbeitritt erfolgt aufgrund vertraglicher Vereinbarung oder kraft Gesetzes. Beim vertraglichen Schuldbeitritt haften der bisherige und der neue Schuldner als **Gesamtschuldner**. (Zur Gesamtschuld s. Abschnitt 1.2.8).

Bei der **Vertragsübernahme** scheidet eine Partei aus einem Vertragsverhältnis aus. An ihre Stelle tritt ein Dritter als Vertragspartei, auf den alle Rechte und Pflichten der bisherigen Partei aus dem bestehenden Vertrag übergehen.

Beispiele: § 566 (Mietvertrag), § 613 a (Betriebsübergang)

Kontrollfragen

*   Auf welche Arten kann eine Forderung auf einen anderen Gläubiger übergehen?
*   Was versteht man unter Abtretung? Nennen Sie die Voraussetzungen.
*   Erläutern Sie die Rechtfolgen einer wirksamen Abtretung.
*   Was versteht man unter befreiender Schuldübernahme, was unter Schuldbeitritt?
*   Welche gesetzlich geregelten Fälle der Vertragsübernahme kennen Sie?

1.2.8 Gläubiger- und Schuldnermehrheit

An einem Schuldverhältnis können sowohl- auf Gläubiger- als auch auf Schuldner-seite mehrere Personen beteiligt sein. Das Gesetz regelt verschiedene Gestaltungs-formen von Gläubiger- und Schuldnermehrheiten und die Wirkungen hinsichtlich der Rechte und Pflichten der Beteiligten.

1. Mehrheit von Gläubigern

Bei der **Gesamtgläubigerschaft** (§ 428) kann jeder der Gläubiger von dem Schuldner die ganze Leistung verlangen. Der Schuldner braucht die Leistung nur einmal zu erbringen und wird mit der Leistung an einen Gläubiger von seiner Schuld befreit. Die Gläubiger sind untereinander zu gleichen Anteilen berechtigt und daher einander zum Ausgleich verpflichtet, § 430.

Beispiel: Oder-Konto eines Ehepaars

Dagegen steht bei der – in der Praxis häufigeren – **Gläubigergemeinschaft** die For-derung den Gläubigern nur gemeinsam zu. Der Schuldner wird grundsätzlich nur be-freit, wenn er die Leistung an alle (Mit-) Gläubiger gemeinsam erbringt. Dies ist bei **Gesamthandsgemeinschaften** der Fall, bei denen den Gesamthändern ein Sonder-vermögen, das von dem Privatvermögen jedes einzelnen zu trennen ist, zur gesamten Hand zusteht.

Beispiele: Gütergemeinschaft der Ehegatten (§ 1415), Erbengemeinschaft (§ 2032)

2. Mehrheit von Schuldnern

Die in der Praxis häufigste Form der Schuldnermehrheit ist die **Gesamtschuld** (§§ 421 ff.).

Sind mehrere Schuldner Gesamtschuldner, kann der Gläubiger wahlweise von jedem der Schuldner die Leistung ganz oder teilweise verlangen (**Außenverhältnis**).

> Schulden mehrere eine Leistung in der Weise, dass **jeder** die **ganze** Leistung zu bewirken verpflichtet, der Gläubiger aber die Leistung nur einmal zu fordern berechtigt ist (Gesamtschuldner), so kann der Gläubiger die Leistung nach seinem Belieben **von jedem der Schuldner ganz oder zu einem Teil** for-dern. Bis zur Bewirkung der ganzen Leistung bleiben sämtliche Schuldner ver-pflichtet. (§ 421)

Ein Gesamtschuldverhältnis entsteht aufgrund gesetzlicher Anordnung oder unter den Voraussetzungen des § 421. Die Erfüllung durch einen Schuldner wirkt auch für die übrigen Schuldner. Im **Innenverhältnis** sind die Gesamtschuldner regelmäßig zu gleichen Anteilen verpflichtet. Dem in Anspruch genommenen Schuldner steht gegen die übrigen Gesamtschuldner ein **Ausgleichsanspruch** zu, § 426 Abs. 1. Die Forderung des Gläubigers geht auf den leistenden Gesamtschuldner in Höhe seines Ausgleichsanspruchs über, § 426 Abs. 2.

Merke: Bei gemeinschaftlicher vertraglicher Verpflichtung mehrerer zu einer **teilbaren** Leistung haften die Schuldner nach § 427 im Zweifel als Gesamtschuldner. Eine Leistung ist teilbar, wenn sie ohne Wertverlust in verschiedene gleichartige Teile zerlegt werden kann (z.B. Geld).

Beispiele für gesetzliche Anordnung der Gesamtschuld: Mehrere Schuldner einer unteilbaren Leistung (§ 431), Haftung mehrerer aus Delikt (§ 840)

Um eine **Gesamthandsschuld** handelt es sich, wenn mehrere Schuldner eine Leistung gemeinsam aus dem Gesamthandsvermögen zu erbringen haben. Gesetzlich angeordnete Fälle: vgl. die Beispiele zur Gesamthandsgemeinschaft.

Teilschuldnerschaft nach § 420 (in der Praxis selten) liegt vor, wenn vereinbart ist, dass jeder der Schuldner nur zu einem Teil der Leistung verpflichtet ist. Dies bedeutet für den Gläubiger, dass er gegebenenfalls gegen jeden der Schuldner den von ihm geschuldeten Teil gesondert durchsetzen muss.

Kontrollfragen

- Was ist der Unterschied zwischen Gesamtgläubigerschaft und Gläubigergemeinschaft? An wen kann der Schuldner jeweils leisten, damit er von seiner Schuld frei wird?

- Was ist eine Gesamtschuld? Welche Beispiele für gesamtschuldnerische Haftung kennen Sie?

1.3 Ausgewählte Schuldverhältnisse

1.3.1 Kaufvertrag

> Durch den **Kaufvertrag** wird der **Verkäufer** einer Sache verpflichtet, dem Käufer die Sache frei von Sach- und Rechtsmängeln zu übergeben und das Eigentum an der Sache zu verschaffen. (§ 433 Abs.1)
>
> Der **Käufer** ist verpflichtet, den vereinbarten Kaufpreis zu zahlen und die Sache abzunehmen. (§ 433 Abs. 2)

Die Pflichten des **Verkäufers** aus einem Kaufvertrag sind:

- Übergabe des Kaufgegenstandes,
- Übereignung an den Käufer (s. Abschnitt 1.4.3) und
- Mängelfreiheit der Kaufsache

Pflichten des **Käufers**:

- Zahlung des Kaufpreises und
- Abnahme der Kaufsache

Beachten Sie: Beim **Rechtskauf** ist der Verkäufer verpflichtet, dem Käufer das Recht mangelfrei zu verschaffen und, wenn das Recht zum Besitz einer Sache berechtigt, die Sache zu übergeben, § 453. Die Regelungen über den Kauf von Sachen sind entsprechend anzuwenden.

<u>Beispiele</u>: Forderungen, Patente, Markenrechte

Wichtig: Der Verkäufer kann seinen Zahlungsanspruch durch Vereinbarung eines **Eigentumsvorbehalts** sichern (§ 449): Hat sich der Verkäufer einer beweglichen Sache das Eigentum bis zur Zahlung des Kaufpreises vorbehalten, so ist im Zweifel anzunehmen, dass das Eigentum unter der aufschiebenden Bedingung der vollständigen Zahlung des Kaufpreises übertragen wird. Dies bedeutet, dass der Verkäufer dem Käufer die Sache übergibt, dieser jedoch erst mit der Zahlung Eigentümer wird. Ab der Übergabe trägt der Käufer das Risiko, den Kaufpreis auch entrichten zu müssen, wenn die Kaufsache untergeht (Übergang der Preisgefahr nach § 246). Zahlt der Käufer nicht vereinbarungsgemäß, kann der Verkäufer nach erfolgloser Bestimmung einer angemessenen Zahlungsfrist vom Vertrag zurücktreten.

Beim **erweiterten Eigentumsvorbehalt** soll das Eigentum erst auf den Käufer übergehen, wenn er alle Forderungen aus der Geschäftsverbindung mit dem Verkäufer bedient hat. Beispiel: Der Verkäufer V behält sich bis zur vollständigen Bezahlung seiner sämtlichen Forderungen aus der Lieferung von Verlagserzeugnissen an den Händler H das Eigentum an den gelieferten Sachen vor.

Zu den sachenrechtlichen Folgen des Eigentumsvorbehalts und zum **verlängerten Eigentumsvorbehalt** s. Abschnitte 2.4.1. und 2.4.2.

Der Verkäufer ist zur Leistung einer **mangelfreien** Sache verpflichtet.

- Die Kaufsache ist **frei von Sachmängeln**, wenn sie **bei Gefahrübergang** die *vereinbarte Beschaffenheit* hat, § 434 Abs. 1 S. 1.

  Beispiele: Größe, Qualität der Sache, auch: Ertragsfähigkeit

- Haben die Parteien keine Vereinbarung über die Beschaffenheit getroffen, ist die Sache mangelfrei, wenn sie für den nach dem Vertrag vorausgesetzten **Verwendungszweck** geeignet ist.

- Ist weder die Beschaffenheit vereinbart noch ein Verwendungszweck vorausgesetzt, setzt die Mangelfreiheit voraus, dass sich die Sache für die **gewöhnliche** Verwendung eignet und von der *üblichen*, zu erwartenden Beschaffenheit ist.

- Ein Sachmangel liegt nach § 434 Abs. 2, 3 auch vor,

  - wenn die vereinbarte Montage durch den Verkäufer nicht sachgemäß durchgeführt wird oder die Montageanleitung mangelhaft ist, oder

  - wenn der Verkäufer eine andere Sache oder eine zu geringe Menge liefert.

Merke: „**Bei Gefahrübergang**" bedeutet den Zeitpunkt, zu dem das Risiko der zufälligen Verschlechterung oder des Untergangs der Kaufsache auf den Käufer übergeht. Dies ist regelmäßig mit der Übergabe der Fall. (Ausnahme beim Versendungskauf: Gefahrübergang bereits mit Übergabe an die Transportperson, § 447.)

Beachten Sie: Bei einem **Verbrauchsgüterkauf** wird vermutet, dass die Sache bereits bei Gefahrübergang mangelhaft war, wenn sich ein Sachmangel innerhalb von sechs Monaten seit Gefahrübergang zeigt, § 476. Beim Verbrauchsgüterkauf ist der Verkäufer einer beweglichen Sache Unternehmer, der Käufer ist Verbraucher. Die Regelungen der §§ 474 ff. dienen dem Schutz des Verbrauchers.

Die Sache ist **frei von Rechtsmängeln**, wenn Dritte in Bezug auf die Sache keine oder nur die im Kaufvertrag übernommenen Rechte gegen den Käufer geltend machen können, § 435.

Beispiel: Hypothek

Die Rechte des Käufers bei Mängeln sind in §§ 437 ff. geregelt.

Abb.: Rechte des Käufers bei Mängeln

→ Bei der **Nacherfüllung** (§ 439) kann der Käufer wählen, ob er Beseitigung des Mangels (Nachbesserung) oder Lieferung einer mangelfreien Sache (Nachlieferung), in der Regel gegen Rückgabe der mangelhaften Sache, verlangt. Die hierzu erforderlichen Aufwendungen, z.B. Transport- und Materialkosten, trägt der Verkäufer. Der Verkäufer kann die gewählte Art der Nacherfüllung verweigern, wenn sie nur mit unverhältnismäßig hohen Kosten möglich ist.

→ Der **Rücktritt** (§§ 440, 323 und 326 Abs. 5) setzt grundsätzlich voraus, dass der Käufer dem Verkäufer zunächst eine angemessene Frist zur Nacherfüllung gesetzt hat. Die Fristsetzung ist nicht erforderlich, wenn der Verkäufer die Erfüllung ernsthaft und endgültig verweigert oder vertraglich eine Zeit bestimmt war, zu der der Verkäufer hätte leisten müssen. Beispiele: Formulierungen wie „fix" oder „spätestens".

→ Statt zurückzutreten kann der Käufer nach erfolgloser Bestimmung einer Nachfrist den Kaufpreis mindern. **Minderung** (§ 441) bedeutet Herabsetzung des Kaufpreises.

→ **Schadensersatzansprüche** des Käufers richten sich nach den Regelungen des allgemeinen Schuldrechts (§§ 440, 280 ff.). Die Schadensersatzpflicht kann auch Ersatz für Schäden umfassen, die dem Käufer durch die Mangelhaftigkeit der Sache an seinen sonstigen Rechtsgütern entstehen (sog. Mangelfolgeschaden, Beispiel: Das Auslaufen der gekauften Waschmaschine verursacht einen Wasserschaden.)

→ Welche Rechte dem Käufer aus einer **Beschaffenheits- oder Haltbarkeitsgarantie** (§ 443) zustehen, richtet sich nach dem Inhalt der Vereinbarung. Die gesetzlichen Mängelrechte können neben einem Anspruch aus Garantie bestehen.

Beachten Sie: Durch vertragliche Vereinbarung können die gesetzlichen Gewährleistungsrechte ausgeschlossen oder beschränkt werden. Ein **Haftungsausschluss** ist nicht wirksam, wenn der Verkäufer den Mangel arglistig verschwiegen oder die Beschaffenheit garantiert hat, § 444. Beim Verbrauchsgüterkauf dürfen die wesentlichen gesetzlichen Regelungen nicht zum Nachteil des Käufers abbedungen werden, § 475.

Kontrollfragen

- Welche Ansprüche hat der Verkäufer, welche der Käufer nach § 433?
- Was ist ein Rechtskauf? Geben Sie weitere Beispiele.
- Was wird durch einen Eigentumsvorbehalt vereinbart?
- Was ist unter Mangelfreiheit des Kaufgegenstands zu verstehen?
- Welche Rechte hat der Käufer bei Lieferung einer mangelhaften Sache?

1.3.2   Verwahrung

> Durch den **Verwahrungsvertrag** wird der **Verwahrer** verpflichtet, eine ihm von dem **Hinterleger** übergebene bewegliche Sache aufzubewahren. (§ 688)

- Gegenstand der Verwahrung sind **bewegliche Sachen**. Die Parteien können vereinbaren, ob die Verwahrung **entgeltlich** oder **unentgeltlich** erfolgen soll. Die entgeltliche Verwahrung ist ein gegenseitiger Vertrag, durch den der Verwahrer zur Aufbewahrung verpflichtet ist. Der Verwahrer ist im Zweifel nicht berechtigt, die Sache bei einem Dritten zu hinterlegen. Der Hinterleger kann die Sache jederzeit zurückfordern. Ist die Dauer der Aufbewahrung nicht bestimmt, kann der Verwahrer jederzeit die Rücknahme der hinterlegten Sache verlangen.

- Die verwahrte Sache geht **nicht** in das Eigentum des Verwahrers über. Abweichend davon wird bei der **unregelmäßigen Verwahrung** nach § 700 der Verwahrer mit der Übergabe Eigentümer und ist verpflichtet, Sachen gleicher Art, Güte und Menge zurückzugeben. Handelt es sich um Geld, sind die Vorschriften über den Darlehensvertrag entsprechend anwendbar.

  Beispiel: Einlage auf einem Girokonto

- Beachten Sie: Bei der Hinterlegung von Wertpapieren handelt es sich nur um unregelmäßige Verwahrung, wenn dies ausdrücklich vereinbart ist. In der Regel ist die Verwahrung von Wertpapieren in einem Depot Geschäftsbesorgung. In der Praxis der Banken ist zwischen verschlossener und offener Verwahrung zu unterscheiden. Bei der *verschlossenen* Verwahrung ist die Bank nur Besitzer des Behältnisses und nicht des darin befindlichen Inhalts; die Bank erwirbt daher kein Pfandrecht an dem verwahrten Gegenstand. Die *offene* Verwahrung von Wertpapieren erfolgt entweder als Streifbandverwahrung für den einzelnen Kunden, der Alleineigentümer ist, oder als Sammelverwahrung für mehrere Kunden, die eine Bruchteilsgemeinschaft bilden.

Kontrollfragen

- Was ist ein Verwahrungsvertrag? Was ist unregelmäßige Verwahrung?

1.3.3 Schenkung und Vertrag zu Gunsten Dritter im Bankgeschäft

Schenkung ist die **unentgeltliche Vermögenszuwendung** des Schenkers an den Beschenkten.

Durch die Schenkung wird das Vermögen des Zuwendenden verringert, das des Beschenkten bereichert, § 516 Abs. 1. Beide müssen sich über die Unentgeltlichkeit der Zuwendung einig sein. Die sofort vollzogene Schenkung (**Handschenkung**) ist formlos gültig. Beispiel: Gelegenheitsgeschenke.

Durch ein **Schenkungsversprechen** verpflichtet sich der Schenker, dem Beschenkten eine unentgeltliche Zuwendung zu machen. Anders als die Handschenkung ist das Schenkungsversprechen kein gegenseitiger, sondern ein *einseitig* verpflichtender Vertrag. Er bedarf der **notariellen Beurkundung**; der Mangel der Form wird durch den Vollzug der Schenkung geheilt, § 518 (s. zu den Formvorschriften Abschnitt 1.1.4 a. E.).

Macht der Zuwendende die Schenkung unter einer **Auflage**, kann er nach § 525 die Vollziehung der Auflage verlangen. Ein Geschenk kann nur im Ausnahmefall zurückgefordert werden, z.B. wegen Verarmung oder groben Undanks.

Eine Schenkung kann dadurch gemacht werden, dass der Zuwendende dem Beschenkten einen Vermögensvorteil zuwendet, indem er den Beschenkten als begünstigten Dritten aus einem Vertrag einsetzt, den der Zuwendende mit seinem Vertragspartner geschlossen hat. Dies wird durch **Vertrag zu Gunsten Dritter** erreicht. Durch Vertrag zu Gunsten Dritter kann zwischen Gläubiger (Versprechensempfänger) und Schuldner (Versprechendem) vereinbart werden, dass der Schuldner die Leistung an einen Dritten (Begünstigten) erbringen muss.

Beispiel: G eröffnet bei der Bank B ein Sparkonto auf den Namen seiner Enkelin E und zahlt 2.000,- EUR ein. G vereinbart mit der Bank, dass nach seinem Tod das Guthaben der E zustehen solle.

Durch Vertrag kann eine Leistung an einen Dritten mit der Wirkung bedungen werden, dass der Dritte unmittelbar das Recht erwirbt, die Leistung zu fordern. (§ 328 Abs. 1)

Beim **echten Vertrag zu Gunsten Dritter** erwirbt der Dritte ein **eigenes Forderungs-recht**, § 328 Abs. 1. Ob der Dritte selbst einen Anspruch auf die Leistung gegen den Schuldner (Versprechenden) erwerben soll, ist nach dem Zweck des Vertrages zu er-mitteln, wenn hierüber keine ausdrückliche Vereinbarung besteht. Der Gläubiger (Ver-sprechensempfänger) kann die Leistung an den Dritten im Zweifel auch dann fordern, wenn dem Dritten ein eigenes Forderungsrecht gegen den Schuldner (Versprechen-den) zusteht, § 335.

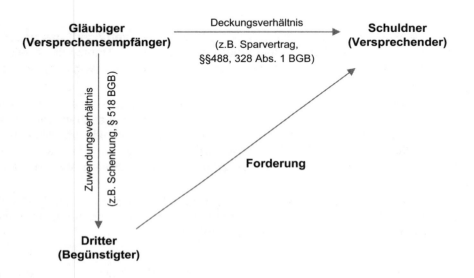

Abb.: Vertrag zu Gunsten Dritter

Das Verhältnis zwischen Gläubiger und Schuldner wird als **Deckungsverhältnis**, das zwischen Gläubiger und Drittem als **Zuwendungsverhältnis** (Valutaverhältnis) be-zeichnet. Schadensersatzansprüche wegen Pflichtverletzung des Versprechenden können sowohl der geschädigte Dritte als auch der Versprechensempfänger geltend machen, wenn er Leistung an den Dritten verlangt (§ 335). Der Dritte ist jedoch nicht zum Rücktritt berechtigt, da der Vertrag zwischen Versprechendem und Verspre-chensempfänger geschlossen wurde.

Beachten Sie: Der Vertrag zu Gunsten Dritter ist kein eigenständiger Vertrag, sondern wird in Verbindung mit einem anderen Vertrag geschlossen, z.B. einem Sparvertrag oder einem Mietvertrag. Im Bankgeschäft dient der Vertrag zu Gunsten Dritter z.B. dazu, dem Beschenkten eine Zuwendung zu machen, auf die er sofort, zu einem be-stimmten Zeitpunkt oder im Todesfall des Zuwendenden einen eigenen Anspruch ge-gen die Bank erwirbt.

Beispiel: Zahlung auf das Sparguthaben des Dritten

Wenn die Leistung an den Dritten nach dem Tod desjenigen erfolgen soll, welchem sie versprochen wird, so erwirbt der Dritte das Recht auf die Leistung im Zweifel mit dem Tod des Versprechensempfängers, § 331 Abs. 1.

Beispiel: Bezugsberechtigung eines Dritten für den Fall, dass der Zuwendende nicht mehr die Rechte aus dem Vertrag erwirbt (z.B. Bausparvertrag)

Im **Zuwendungsverhältnis** bedarf es eines **rechtlichen Grundes**, aus dem der Versprechensempfänger verpflichtet ist, den Dritten zur Leistung an den Begünstigten zu veranlassen. Die vertragliche Verpflichtung des Versprechensempfängers gegenüber dem Begünstigten kann sich z.B. aus einer Schenkung ergeben. Gegenstand der Schenkung sind in diesen Fällen die Prämie, Beiträge und sonstige Zahlungen, die der Zuwendende leistet.

- Handelt es sich um eine Handschenkung, die der Zuwendende, z.B. durch Eröffnung eines Depots auf den Namen des Beschenkten, sofort vollzieht, ist die Schenkung wirksam, und der rechtliche Grund gegeben.

- Hat der Zuwendende ein Schenkungsversprechen gegeben, das nicht notariell beurkundet wurde, ist die Schenkung nicht wirksam, wenn der Formmangel nicht geheilt wurde. In diesem Fall fehlt es an einer wirksamen vertraglichen Verpflichtung im Zuwendungsverhältnis. Die Leistung an den Dritten ohne rechtlichen Grund führt dazu, dass der Vertrag nach den Grundsätzen des Bereicherungsrechts rückabgewickelt werden kann.

Kontrollfragen

- Was versteht man unter Handschenkung? Was ist ein Schenkungsversprechen?

- Was ist ein Vertrag zu Gunsten Dritter? Wem steht das Forderungsrecht gegen den Versprechenden zu?

- Welche Vertragsbeziehungen bestehen zwischen den Beteiligten eines Vertrages zu Gunsten Dritter?

1.3.4   Bankverträge und Allgemeine Geschäftsbedingungen der Banken und Sparkassen

Besorgen Sie sich den Text der Allgemeinen Geschäftsbedingungen der Banken und Sparkassen (Allgemeine Geschäftsbedingungen der privaten Banken und Genossenschaftsbanken und Allgemeine Geschäftsbedingungen der Sparkassen) in der gültigen Fassung und verschaffen Sie sich zunächst einen Überblick über die darin geregelten Bereiche.

1. Rechte und Pflichten aus den Bankverträgen einschließlich der AGB

Die Beziehungen zwischen Kreditinstituten und ihren Kunden sind regelmäßig auf längere Dauer und eine unbestimmte Zahl von Geschäftsvorgängen angelegt. Die Bezeichnung „Bankverträge" schließt verschiedene Verträge ein, durch die die Geschäftsverbindung zwischen der Bank und dem Kunden ausgestaltet wird. Nach der neueren Rechtsprechung des Bundesgerichtshofs ergibt sich aus der Geschäftsbeziehung zwischen einer Bank und einem Kunden kein stillschweigend geschlossener allgemeiner Bankvertrag als Rahmenvertrag.

Die Rechtsbeziehungen zwischen dem Kunden und dem Kreditinstitut beruhen z.B. auf

- Girovertrag
- Überweisungsvertrag
- Depotvertrag
- Vertrag über Anlageberatung
- Vertrag über Vermögensverwaltung
- Verwahrungsvertrag
- Darlehensvertrag.

Einige Verträge sind ausdrücklich gesetzlich geregelt; darüber hinaus handelt es sich um Geschäftsbesorgungsverträge. Die **Allgemeinen Geschäftsbedingungen** der Banken und Sparkassen enthalten standardisierte Regelungen für die Beziehungen zwischen dem Kunden und der Bank und für Bereiche ihrer Geschäftsbeziehungen wie Kontoführung, Mitwirkungspflichten des Kunden, Kosten der Bankdienstleistungen, Sicherheiten für Ansprüche der Bank gegen den Kunden, Kündigung, Einlegerschutz etc.

Die **Geschäftsbesorgung mit Dienstleistungscharakter** (§ 675 Abs. 1) beinhaltet eine selbstständige Tätigkeit wirtschaftlicher Art, die der Geschäftsbesorger im Interesse des Geschäftsherrn ausführt. Die Geschäftsbesorgung gegen Entgelt ist ein gegenseitiger Vertrag; die Rechte und Pflichten der Parteien ergeben sich in erster Linie aus den vertraglichen Vereinbarungen. Die Beendigung des Vertrages erfolgt durch Kündigung.

Die §§ 675 a ff. regeln besondere Erscheinungsformen der Geschäftsbesorgung im Rahmen der Geschäftstätigkeit von Kreditinstituten.

Durch den **Girovertrag** wird das Kreditinstitut verpflichtet, für den Kunden ein Konto einzurichten, eingehende Zahlungen auf dem Konto gutzuschreiben und abgeschlossene Überweisungsverträge zu Lasten dieses Kontos abzuwickeln. (§ 676 f S. 1)

Darüber hinaus können sich aus dem Girovertrag **weitere Pflichten** ergeben, z.B. die Überlassung von EC-Karte und Schecks und die Durchführung des Lastschriftverfahrens. Die Frist, innerhalb derer das Kreditinstitut den Gutschriftanspruch des Kunden zu erfüllen hat, beträgt, abgesehen von möglicher anderweitiger Vereinbarung, einen Bankgeschäftstag nach dem Tag des Eingangs auf dem Konto des Kreditinstituts. Wird der eingegangene Betrag nicht fristgerecht gutgeschrieben, hat das Kreditinstitut dem Kunden den Überweisungsbetrag für die Dauer der Verspätung zu verzinsen, § 676 g Abs.1 S. 2, 3. Die Gutschrift ist für die tatsächliche Verfügbarkeit des eingegangenen Betrages maßgeblich, während es für die Zinsberechnung auf den Zeitpunkt der Wertstellung ankommt. Die Bank haftet für die Ansprüche des Kunden wegen verspäteter Gutschriften verschuldensunabhängig.

Durch den **Überweisungsvertrag** wird das überweisende Kreditinstitut gegenüber demjenigen, der die Überweisung veranlasst (Überweisender), verpflichtet, dem Begünstigten einen bestimmten Geldbetrag zur Gutschrift auf dessen Konto beim überweisenden Kreditinstitut zur Verfügung zu stellen (Überweisung) sowie Angaben zur Person und einen angegebenen Verwendungszweck, soweit üblich, mitzuteilen. (§ 676 a Abs. 1 S. 1)

Wird das Konto des Begünstigten bei einem anderen Kreditinstitut geführt, ist das überweisende Kreditinstitut zur Weiterleitung zwecks Gutschrift verpflichtet. Das überweisende Kreditinstitut hat die Pflicht aus dem Überweisungsvertrag erfüllt, sobald der Betrag bei der Bank des Begünstigten eingegangen ist, die für die Gutschrift auf dem Konto des Empfängers verantwortlich ist. Die Ausführungsfrist für Inlandsüberweisungen beträgt grundsätzlich drei Bankarbeitstage, für Überweisungen innerhalb desselben Instituts höchstens zwei. Nach § 676 b haftet die überweisende Bank verschuldensunabhängig aus Garantie, wenn der Betrag verspätet, gekürzt oder gar nicht ankommt.

Wenn das Konto des Begünstigten nicht bei der überweisenden Bank geführt wird, erfolgt die Übermittlung durch ein zwischengeschaltetes Kreditinstitut, z.B. die Landeszentralbank. Die Rechtsbeziehung zwischen diesem und den weiterleitenden Kreditinstituten wird durch den *Zahlungsvertrag*, §§ 676 d, e geregelt.

2. Beratungspflichten und Beraterhaftung

Durch den **Vertrag über Anlageberatung** wird das Kreditinstitut zur Beratung des Kunden verpflichtet. Die Anlageberatung ist eine Dienstleistung und beinhaltet die Vermittlung von Informationen über die von dem Kreditinstitut angebotenen Produkte und die eigentliche Beratung einschließlich der Bewertung eines Produkts und dessen Eignung für den Kunden. Der Vertrag kommt in der Regel konkludent zustande und ist nach der Rechtsprechung immer dann anzunehmen, wenn Auskünfte oder Ratschläge erteilt werden, die – für das Kreditinstitut ersichtlich – für den Kunden von erheblicher Bedeutung sind und von ihm zur Grundlage seiner wesentlichen Entscheidungen gemacht werden. Die Beratung im Rahmen eines solchen Vertrages ist Hauptleistungspflicht; ansonsten kommt die Beratung als Nebenleistungspflicht in Betracht. Im Unterschied zur Vermögensverwaltung bleibt der Kunde bei der Anlageberatung allein dispositionsbefugt über das Vermögen, so dass das beauftragte Kreditinstitut nach der Beratung gegebenenfalls eine von dem Kunden getroffene Entscheidung ausführt.

Inhalt und Umfang der **Beratungspflicht** ergibt sich aus dem Vertrag in Verbindung mit den gesetzlichen Bestimmungen. Die Beratungspflicht wird durch §§ 31 ff. des **Gesetzes über den Wertpapierhandel** (WpHG) konkretisiert. Daraus ergeben sich für Kreditinstitute u.a.

- allgemeine und besondere Verhaltensregeln,
- Organisationspflichten,
- Pflichten zur Aufzeichnung und Aufbewahrung und
- Pflichten bei der Analyse von Finanzinstrumenten.

Nach den **allgemeinen Verhaltensregeln** (§ 31 WpHG) ist ein Wertpapierdienstleistungsunternehmen verpflichtet,

1. Wertpapierdienstleistungen mit der erforderlichen *Sachkenntnis*, *Sorgfalt* und *Gewissenhaftigkeit* im Interesse seiner Kunden zu erbringen,

2. sich um die *Vermeidung von Interessenskonflikten* zu bemühen und

3. dafür zu sorgen, dass bei unvermeidbaren Interessenskonflikten der Kundenauftrag unter *Wahrung des Kundeninteresses* ausgeführt wird.

Das Wertpapierdienstleistungsunternehmen ist ferner verpflichtet, seinen Kunden alle *zweckdienlichen Informationen* mitzuteilen, soweit dies zur Wahrung der Interessen der Kunden und im Hinblick auf Art und Umfang der beabsichtigten Geschäfte erforderlich ist, § 31 Abs. 2 WpHG.

Die **Anlageberatung** muss aufgrundlage der erforderlichen Produktkenntnis des Wertpapierdienstleistungsunternehmens und der Kenntnis über persönliche Umstände des Kunden erfolgen, um die Interessen des Kunden bestmöglich zu wahren.

- Die erforderlichen *Kenntnisse über das Produkt* muss sich der Berater gegebenenfalls durch Nachforschung und Erkundigungen verschaffen.

  Beispiele: Kenntnis des Marktes, Erscheinungsformen bestimmter Wertpapiergattungen, Charakteristika des Anlageobjekts, Merkmale des Emittenten zur Beurteilung des Kreditausfallrisikos

- Zur Wahrung des Kundeninteresses benötigt der Berater Angaben des Kunden über *persönliche Umstände*.

  Beispiele: Wissensstand über und Erfahrungen des Kunden mit Anlagegeschäften, finanzielle Verhältnisse, Anlageziele, Risikobereitschaft

Beachten Sie: Die Wertpapierdienstleistungsunternehmen sind nach § 31 Abs. 2 WpHG *verpflichtet*, von ihren Kunden Angaben über ihre Kenntnisse und Erfahrungen hinsichtlich der Wertpapierdienstleistungen, über ihre Anlageziele und finanziellen Verhältnisse zu verlangen. Hierfür werden in der Praxis Fragebögen eingesetzt, die der Einstufung der Kunden dienen. Die Kunden sind nicht verpflichtet, die Angaben zu machen. Wird die gewünschte Auskunft nicht erteilt, kann der Kunde darauf hingewiesen werden, dass die Beratung lediglich nach objektiven Kriterien erfolgt.

Die Rechtsprechung hat die Pflicht zur **anleger- und objektgerechten Beratung** in zahlreichen Entscheidungen über Pflichtverletzungen bei Beratungsleistungen konkretisiert. Die Beratung beinhaltet auch die Pflicht, dem Anleger alle zweckdienlichen Informationen mitzuteilen. Die Beratung muss wahr, verständlich, rechtzeitig und vollständig sein. Ziel der Beratung ist es, dem Anleger zu ermöglichen, seine Anlage-entscheidung nach seinen persönlichen Bedürfnissen zu treffen.

Beachten Sie: Bei den sog. **Discountgeschäften**, die z.B. über das Internet für gerin-gere Entgelte angeboten werden, werden Wertpapierdienstleistungen in der Regel ohne Beratung ausgeführt. Ein Beratungsvertrag kommt nicht zustande, wenn das Unternehmen den Abschluss in seinen Allgemeinen Geschäftsbedingungen ablehnt. Die Informations- und Aufklärungspflicht kann nicht ohne Weiteres ausgeschlossen, jedoch vertraglich eingeschränkt werden. Danach kann es ausreichen, dass dem Kunden lediglich standardisierte Informationen erteilt werden.

Die Pflicht des Wertpapierdienstleistungsunternehmens, die Interessen des Kunden wahrzunehmen, wird durch die **besonderen Verhaltensregeln** nach § 32 WpHG kon-kretisiert. Danach ist es u.a. verboten,

- Anlegern ein Anlagegeschäft zu empfehlen, wenn und soweit die Empfehlung nicht mit den Interessen des Kunden übereinstimmt (§ 32 Abs. 1 Nr. 1 WpHG),
- Anlegern ein Anlagegeschäft zu dem Zweck zu empfehlen, für Eigengeschäfte des Wertpapierunternehmens oder eines mit ihm verbundenen Unternehmens Preise in eine bestimmte Richtung zu lenken (§ 32 Abs. 1 Nr. 2 WpHG).

Ist die Beratung fehlerhaft, haftet das Kreditinstitut für die dem Anleger entstandenen Schäden. Die **Haftung für fehlerhafte Anlageberatung** richtet sich nach den allgemeinen Grundsätzen des Schadensersatzrechts. In Betracht kommt insbeson-dere die Haftung wegen

- Verletzung einer Vertragspflicht im Sinne von § 280 Abs. 1
- Verletzung einer vorvertraglichen Pflicht nach §§ 280 Abs. 1, 311 Abs. 2
- Unerlaubter Handlung nach § 823 Abs. 2 BGB i.V.m. § 31f WpHG.

(Vgl. zur Haftung wegen Pflichtverletzung Abschnitt 1.2.4 und zur Haftung aus Delikt Abschnitt 1.3.7)

Die Haftung ist **verschuldensabhängig**. Ein den Schadensersatzanspruch reduzie-rendes *Mit*verschulden des Anlegers nach § 254 kann z.B. in Betracht kommen, wenn der Anleger differenzierende Hinweise des Beraters bewusst außer Acht lässt.

Die Verpflichtung zum Schadensersatz umfasst grundsätzlich das negative Interesse, d.h. der Anleger ist so **zu stellen als hätte er die Anlage nicht getätigt**. Der An-spruch ist nicht durch das positive Interesse begrenzt und beinhaltet daher auch den entgangenen Gewinn, d.h. den Schaden, der dem Anleger durch den Nichtabschluss eines für ihn günstigeren Geschäfts entstanden ist. (S. zu Inhalt und Umfang von Schadensersatzansprüchen Abschnitt 1.2.5.)

3. Allgemeine Geschäftsbedingungen

Lesen Sie bitte vorab §§ 305 ff..

Die Kreditinstitute verwenden zur Erleichterung des Geschäftsverkehrs mit ihren Kunden Allgemeine Geschäftsbedingungen (AGB) sowie Sonderbedingungen für bestimmte Arten von Geschäften wie z.B. Wertpapiergeschäfte, Termingeschäfte, Überweisungsverträge.

> **Allgemeine Geschäftsbedingungen** sind alle für eine Vielzahl von Verträgen vorformulierten Vertragsbedingungen, die eine Vertragspartei (Verwender) der anderen Vertragspartei bei Abschluss eines Vertrages stellt. (§ 305 Abs. 1 S. 1)

- **Vertragsbedingungen** sind Bestimmungen, die Inhalt eines Vertrages sein sollen.
- Eine **Vielzahl von Verträgen** setzt die Absicht des Verwenders voraus, die Bestimmungen mindestens drei mal zu verwenden.
- Der **Verwender stellt** die Bedingungen, wenn sie dem anderen einseitig auferlegt, also nicht von den Parteien ausgehandelt werden.

<u>Merke</u>: Allgemeine Geschäftsbedingungen sind keine Rechtsnormen, sondern **Teil des Vertrages**, den die Parteien miteinander schließen. Damit Allgemeine Geschäftsbedingungen Bestandteil des Vertrages werden, muss Ihre Einbeziehung **bei Abschluss** des Vertrages von den Parteien **rechtsgeschäftlich vereinbart** werden.

Die **Einbeziehung** Allgemeiner Geschäftsbedingungen in den Vertrag setzt nach **§ 305 Abs. 2** voraus:

1. Der Verwender muss die andere Vertragspartei bei Vertragsschluss *ausdrücklich* auf die AGB hinweisen, und

2. der Vertragspartner muss in zumutbarer Weise von dem Inhalt *Kenntnis nehmen können*, und

3. der Vertragspartner muss mit der Geltung *einverstanden* sein.

Zu 1:

Ist der ausdrückliche Hinweis wegen der Art des Vertragsschlusses nur unter unver-
hältnismäßigen Schwierigkeiten möglich, genügt ausnahmsweise ein deutlich sichtba-
rer Aushang am Ort des Vertragschlusses. Beispiel: Aushang der Einstellbedingungen
an der Einfahrt eines Parkhauses

Bei **Bankgeschäften** ist der **ausdrückliche Hinweis** in der Regel möglich. Er muss
unmissverständlich, bei schriftlichen Angeboten in der Regel schriftlich erfolgen. Der
Aushang der AGB in den Geschäftsräumen genügt nicht. Der Hinweis auf AGB *nach*
Vertragsschluss führt nicht zu ihrer Einbeziehung.

Zu 2:

Der Text der AGB muss dem Vertragspartner **unaufgefordert** vorgelegt werden; er
muss **lesbar** und für den einen durchschnittlichen Vertragspartner **verständlich** sein
(**Transparenzgebot**). Klauseln, die unklar oder für den Durchschnittskunden unver-
ständlich sind, werden nicht Vertragsbestandteil. Bei einem schriftlichen Vertragsschluss sind die AGB zu übersenden oder in anderer Form zu übermitteln. Beim Vertragsschluss im Internet muss der Vertragspartner ausdrücklich auf die AGB hingewiesen werden und die Möglichkeit haben, sie durch Herunterladen zu kopieren.

Zu 3:

Der Vertragspartner kann sein Einverständnis auch konkludent erklären, indem er den
Vertrag abschließt und die o.g. Voraussetzungen beachtet worden sind.

Nach § 305 Abs. 3 können die Vertragsparteien unter den o.g. Voraussetzungen die
Geltung von AGB **für eine bestimmte Art von Rechtsgeschäften im Voraus** vereinbaren. Derartige Vereinbarungen werden vor allem von Banken geschlossen. Die
Bezugnahme auf AGB in ihrer „jeweils gültigen Fassung" ist zum Schutz des Vertragspartners unzulässig.

Merke:

- **Überraschende Klauseln** werden nach § 305 c nicht Vertragsbestandteil.

- **Zweifel** bei der Auslegung gehen zu Lasten des Verwenders.

- **Individuelle Abreden** haben Vorrang vor Allgemeinen Geschäftsbedingungen.

Allgemeine Geschäftsbedingungen unterliegen der **inhaltlichen Kontrolle** nach
§§ 307 bis 309. Die Inhaltskontrolle ist bei allen Klauseln erforderlich, die von gesetzlichen Bestimmungen abweichen oder diese ergänzen.

- Die in § 309 genannten Klauseln sind **immer** unwirksam.

  Beispiele: Ausschluss der Aufrechnung mit einer rechtskräftig festgestellten Forderung, Haftungsbegrenzung bei grobem Verschulden

- Die in § 308 genannten Klauseln enthalten unbestimmte Rechtsbegriffe, die es
  erforderlich machen, dass die Unwirksamkeit **im Einzelfall** geprüft wird.

  Beispiele: „unangemessen lange", „sachlich gerechtfertigter Grund".

- Nach der Generalklausel des § 307 sind Bestimmungen unwirksam, wenn sie den Vertragspartner entgegen den Geboten von **Treu und Glauben** unangemessen benachteiligen.

Eine **unangemessene Benachteiligung** ist im Zweifel zu bejahen, wenn die Bestimmung mit wesentlichen Grundgedanken der gesetzlichen Regelung nicht zu vereinbaren ist oder wenn sie wesentliche Rechte und Pflichten, die sich aus der Natur des Vertrages ergeben, so einschränkt, dass die Erreichung des Vertragszwecks gefährdet ist, § 307 Abs. 2.

Beispiele: Ausdehnung der Haftung eines Bürgen über den Kreditrahmen hinaus, Entgelt für die Rückgabe von Schecks und Lastschriften wegen mangelnder Deckung.

Beachten Sie bitte: Die §§ 305 ff. finden auch Anwendung, wenn sie durch eine anderweitige Gestaltung umgangen werden sollen (**Umgehungsverbot**) . § 305 Abs. 2, 3 und §§ 308, 309 sind hingegen *nicht* anwendbar, wenn die AGB gegenüber einem **Unternehmer** (§ 14) verwendet werden; für die *Einbeziehung* genügt der ausdrückliche Hinweis, dass die AGB auf Wunsch übersandt werden.

Neufassungen von AGB während einer bestehenden Geschäftsbeziehung werden nur Vertragsbestandteil, wenn der Verwender die Änderungen dem Vertragspartner übermittelt, ausdrücklich, klar und deutlich auf die Änderungen hinweist und der Vertragspartner einverstanden ist.

Die **Rechtsfolgen** bei Nichteinbeziehung oder Unwirksamkeit regelt § 306:

> Sind Allgemeine Geschäftsbedingungen ganz oder teilweise nicht Vertragsbestandteil geworden oder unwirksam, so bleibt der **Vertrag im Übrigen wirksam**. Soweit Bestimmungen nicht Vertragsbestandteil oder unwirksam sind, richtet sich der Inhalt des Vertrages nach den gesetzlichen Vorschriften, § 306 Abs. 1, 2. Unzulässige Klauseln werden **nicht** auf ihren gerade noch zulässigen Inhalt **reduziert**.

Die **Allgemeinen Geschäftsbedingungen der Banken** enthalten teils Abweichungen von gesetzlichen Regelungen, teils ergänzen sie diese.

Beispiele: Fiktion der Genehmigung von Rechnungsabschlüssen (Nr. 7 Abs. 2 AGB/ Banken) und von Belastungen aus Lastschriften (Nr. 7 Abs. 3 AGB/ Banken); Anspruch der Bank auf Bestellung von Sicherheiten (Nr. 13 ABG/ Banken); Recht des Kunden, unbefristete Verträge jederzeit fristlos zu kündigen (Nr. 18 Abs. 1 AGB/ Banken); jederzeitige fristlose Kündigung unbefristeter Kredite durch die Bank (Nr. 19 Abs. 2 AGB/ Banken).

4. Besondere Vertriebsformen

Für Verträge, die zwischen einem Verbraucher und einem Unternehmer im Wege besonderer Vertriebsformen geschlossen werden, enthalten die §§ 312 ff. **verbraucherschützende Regelungen**.

- **Verbraucher** ist jede natürliche Person, die ein Rechtsgeschäft zu einem Zweck abschließt, der weder ihrer gewerblichen noch selbstständigen beruflichen Tätigkeit zugerechnet werden kann, § 13.

- **Unternehmer** ist nach § 14, wer in Ausübung seiner gewerblichen oder selbstständigen beruflichen Tätigkeit handelt.

Fernabsatzverträge sind Verträge über die Lieferung von **Waren** oder über die Erbringung von **Dienstleistungen** einschließlich Finanzdienstleistungen, die zwischen einem Unternehmer und einem Verbraucher unter ausschließlicher Verwendung von Fernkommunikationsmitteln abgeschlossen werden, es sei denn dass der Vertragsschluss nicht im Rahmen eines für den Fernabsatz organisierten Vertriebs- oder Dienstleistungssystems erfolgt. **Finanzdienstleistungen** sind Bankdienstleistungen sowie Dienstleistungen im Zusammenhang mit einer Kreditgewährung, Versicherung, Altersversorgung von Einzelpersonen, Geldanlage oder Zahlung. (§ 312 b Abs. 1)

Fernabsatzverträge werden durch den Einsatz von Fernkommunikationsmitteln wie z.B. **Briefen, Telefonanrufen, e-Mails oder Tele- und Mediendiensten** geschlossen. Zum Schutz des Verbrauchers ist der Unternehmer verpflichtet, diesen rechtzeitig u.a. über seine Identität und Anschrift, die wesentlichen Merkmale des Vertragsgegenstands und den Preis, Widerrufsrecht, Gewährleistungs- und Garantiebedingungen und Kundendienst in Textform zu informieren. Bei Fernabsatzverträgen über Finanzdienstleistungen muss der Unternehmer ferner die Vertragsbestimmungen einschließlich der Allgemeinen Geschäftsbedingungen rechtzeitig vor Abgabe der Erklärung des Verbrauchers bzw. unverzüglich nach dem telefonischen Vertragsschluss mitteilen, § 312c Abs. 2 Nr. 1. Der Verstoß kann Schadensersatzansprüche wegen Verletzung vorvertraglicher Pflichten zur Folge haben.

Um ein entgeltliches **Haustürgeschäft** zwischen einem Unternehmer und einem Verbraucher handelt es sich, wenn der Verbraucher durch mündliche Verhandlungen an seinem Arbeitsplatz oder im Bereich einer Privatwohnung, anlässlich einer im Interesse des Unternehmers durchgeführten Freizeitveranstaltung oder im Anschluss an ein überraschendes Ansprechen im Bereich öffentlicher Verkehrswege zum Abschluss eines Vertrages bestimmt worden ist. Der Verbraucher wird vor vertraglichen

Bindungen, die auf Überraschung oder Überrumpelung beruhen, geschützt, indem ihm ein gesetzliches Widerrufsrecht eingeräumt wird (beachten Sie die Ausnahmen nach § 312 Abs. 3).

Nach **§ 355** steht dem Verbraucher in den gesetzlich bestimmten Fällen ein **Widerrufsrecht** zu (z.B. für Haustürgeschäfte nach § 312 Abs. 1 S. 1, für Fernabsatzverträge nach § 312 d Abs. 1 S.1). Das Widerrufsrecht dient dem Schutz des Verbrauchers vor übereilten vertraglichen Verpflichtungen bei bestimmten Arten des Vertragsschlusses. Das Widerrufsrecht besteht *nicht* bei

- Haustürgeschäften, die Versicherungsverträge zum Gegenstand haben (§ 312 Abs. 3),

- Fernabsatzverträgen, die Finanzdienstleistungen zum Gegenstand haben, deren Preis auf dem Finanzmarkt Schwankungen unterliegt, insbesondere Dienstleistungen im Zusammenhang mit Aktien, Anteilsscheinen und anderen handelbaren Wertpapieren, Devisen, Derivaten oder Geldmarktinstrumenten (§ 312 d Abs. 4 Nr. 6).

Der Widerruf erfolgt durch Erklärung in Textform (§ 126 b) oder durch Rücksendung der Waren; die Frist für die Absendung beträgt grundsätzlich zwei Wochen, gerechnet ab der **Belehrung**. Das Widerrufsrecht erlischt sechs Monate nach Vertragsschluss.

Beachten Sie: Das Widerrufsrecht **erlischt nicht**, wenn der Verbraucher nicht ordnungsgemäß belehrt wurde oder wenn bei Fernabsatzverträgen über Finanzdienstleistungen der Unternehmer seine Mitteilungspflichten nicht erfüllt hat, § 355 Abs. 3 S. 2.

Ausnahmsweise kann nach § 356 das Widerrufsrecht durch ein **Rückgaberecht** ersetzt werden. Dies ist für Fernabsatzverträge und für Haustürgeschäfte ausdrücklich gesetzlich geregelt, §§ 312 Abs. 1 S. 2, 312 d Abs. 1 S. 2.

Beim Abschluss von **Verträgen im elektronischen Geschäftsverkehr** ist der Unternehmer nach § 312 e verpflichtet, dem Kunden angemessene, wirksame und zugängliche technische Mittel zur Verfügung zu stellen, mit deren Hilfe der Kunde Eingabefehler vor Abgabe seiner Bestellung erkennen und berichtigen kann. Er muss dem Kunden bestimmte Informationen über den Vertragsschluss rechtzeitig vorher klar und verständlich mitteilen sowie den Abruf und die Speicherung der Allgemeinen Geschäftsbedingungen ermöglichen. Den Zugang der Bestellung muss er unverzüglich auf elektronischem Wege bestätigen. Die Verletzung dieser Pflichten kann einen Schadensersatzanspruch des Kunden nach § 311 Abs. 2 i.V.m. § 280 Abs. 1 auslösen.

5. Schiedsstellen

Verbrauchern steht für Beschwerden aus ihren Geschäftsbeziehungen mit Kreditinstituten ein **außergerichtliches Schlichtungsverfahren** durch einen Ombudsmann nach der Verfahrensordnung für die Schlichtung von Kundenbeschwerden im Deutschen Bankgewerbe offen. Die Entscheidung des Ombudsmanns bei einem Streitwert wie vor dem Amtsgericht ist für die Bank bindend. Durch das Schlichtungsverfahren wird die Verjährung für den Kunden gehemmt.

Die Schlichtung ist ausgeschlossen, wenn die Sache bereits bei einem Gericht anhängig ist, Strafanzeige erstattet wurde, die Bank sich auf Verjährung beruft oder eine Beweisaufnahme erforderlich ist; ferner bei Grundsatzfragen, über die noch nicht höchstrichterlich entschieden wurde.

Kontrollfragen

- Durch welche Verträge werden die Rechtsbeziehungen zwischen den Kreditinstituten und ihren Kunden geregelt? Nennen Sie Beispiele.
- Erläutern Sie die Pflichten der Bank aus einem Überweisungsvertrag.
- Was ist ein Anlageberatungsvertrag?
- Was beinhaltet die Pflicht zur anleger- und objektgerechten Beratung?
- Welche Rechtsfolgen können sich bei fehlerhafter Beratung ergeben? Nennen Sie die Anspruchsgrundlagen.
- Was sind Allgemeine Geschäftsbedingungen? Nennen Sie die Voraussetzungen, unter denen sie Bestandteil eines Vertrages werden.
- Welche inhaltlichen Beschränkungen für Allgemeine Geschäftsbedingungen ergeben sich aus dem Gesetz?
- Was sind die rechtlichen Folgen, wenn Klauseln nicht einbezogen oder unwirksam sind?
- Wer ist Unternehmer, wer Verbraucher im Sinne des bürgerlichen Rechts?
- Geben Sie Beispiele für Fernabsatzverträge.
- Wodurch wird der Verbraucher bei Fernabsatzverträgen besonders geschützt?

1.3.5   Darlehen und Verbraucherkreditgesetz

1. Zustandekommen und Inhalt des Darlehensvertrages

Das Gesetz unterscheidet zwischen **Geld-** und **Sachdarlehen**. Beide können **entgeltlich** (verzinslich) oder **unentgeltlich** (zinslos) gewährt werden. Der Darlehensnehmer erhält das Darlehen zu **Eigentum** und ist verpflichtet, den Geldbetrag bzw. Sachen gleicher Art, Güte und Menge zurückzuerstatten.

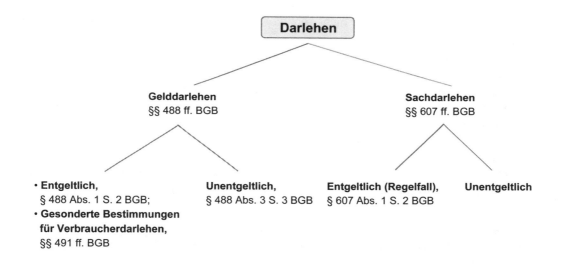

Abb.: Übersicht über Darlehensverträge

> Durch den **Darlehensvertrag** wird der **Darlehensgeber** verpflichtet, dem Darlehensnehmer einen Geldbetrag in der vereinbarten Höhe zur Verfügung zu stellen. Der **Darlehensnehmer** ist verpflichtet, einen geschuldeten Zins zu zahlen und bei Fälligkeit das zur Verfügung gestellte Darlehen zurückzuerstatten. (Gelddarlehen, § 488 Abs. 1)

- Der Darlehensvertrag kommt durch **Einigung der Parteien**, nicht erst durch Auszahlung der Darlehensvaluta, zustande. Er ist grundsätzlich nicht formbedürftig (Ausnahme: Verbraucherdarlehen, s. Abschnitt 3). Die Vereinbarung, dass Geld, welches aus einem anderen Rechtsgrund (z.B. Kaufvertrag) geschuldet wird, als Darlehen geschuldet sein soll (sog. Vereinbarungsdarlehen), ist nach § 311 Abs. 1 möglich.

- Die Parteien müssen vereinbaren, ob und in welcher Höhe **Zinsen** geschuldet werden. Die Zinszahlungspflicht ist wie die Pflicht zur Rückerstattung Hauptleistungspflicht des Darlehensnehmers. Die Höhe der Zinsen und die Fälligkeit kann grundsätzlich frei vereinbart werden. Zu beachten ist § 138 (s. zu Sittenwidrigkeit und Wucher Abschnitt 1.1.8). Ein ratenweise zu tilgendes Darlehen ist nichtig, wenn das vereinbarte Entgelt das marktübliche Entgelt um mehr als 100 % übersteigt; der Darlehensgeber kann die empfangene Darlehenssumme nach Bereicherungsrecht (vgl. hierzu Abschnitt 1.3.6) zurückfordern.

- Die Parteien können die Höhe der Zinsen in einem Zeitraum festlegen (**Zinsbindung**) oder vereinbaren, dass der Zinssatz verändert werden kann (**Zinsanpassung**). Die Fälligkeit der Zinsen wird in der Regel vertraglich festgelegt, so dass der Darlehensnehmer bei nicht rechtzeitiger Leistung ohne Mahnung in Verzug gerät.

  Vergütungen, die das Kreditinstitut aufgrund vertraglicher Vereinbarung z.B. für die Bereitstellung des Darlehens verlangt, sind keine Zinsen.

- Die **Valutierung** des Darlehens erfolgt in der Regel durch Gutschrift auf dem Konto des Darlehensnehmers; auch möglich ist z.B. die Abtretung einer Forderung des Darlehensgebers an den Darlehensnehmer oder die Zahlung an einen Dritten, sofern dies vereinbart ist.

- Eine häufige Art des Bankdarlehens ist der **Kontokorrentkredit**, der über das Girokonto des Darlehensnehmers abgewickelt wird und jederzeit innerhalb des vereinbarten Kreditrahmens in Anspruch genommen werden kann.

Beachten Sie: Auf welche Weise die Rückzahlung eines Darlehens einschließlich der Zinsen und Kosten **gesichert** werden kann, ist Gegenstand des Kreditsicherungsrechts. Nach den Sicherheiten für die von Kreditinstituten gewährten Darlehen unterscheidet man

- Personalkredit (gesichert aufgrund persönlicher Haftung, z.B. eines Bürgen)

- Realkredit (gesichert durch Grundpfandrecht)

- Lombardkredit (gesichert durch Pfandrecht an beweglichen Sachen, z.B. an Wertpapieren, oder durch Sicherungsübereignung).

(S. zum Kreditsicherungsrecht Kap. 2)

2. Beendigung des Darlehensvertrages

Mit der Beendigung des Vertrages wird das Darlehen zur Rückerstattung fällig.

Bei der **ordentlichen** (fristgemäßen) **Kündigung** ist zu unterscheiden:

- Ist **kein bestimmter Zeitpunkt** für die Rückerstattung vereinbart, können beide Vertragsparteien den Vertrag nach § 488 Abs. 3 mit einer **Frist** von drei Monaten ohne Angabe eines Kündigungsgrundes kündigen.

- Wenn eine **bestimmte Laufzeit** des Darlehens vereinbart ist, hat nur der Darlehensnehmer nach § 489 das Recht, den Vertrag zu kündigen. Die Voraussetzungen und Fristen richten sich danach, ob ein fester oder ein variabler Zinssatz vereinbart wurde.

 → Ein Vertrag, bei dem für einen bestimmten Zeitraum ein *fester Zinssatz* vereinbart ist, kann nach § 489 Abs. 1 ganz oder teilweise fristgerecht gekündigt werden,

 - wenn die Zinsbindung vor der für die Rückzahlung bestimmten Zeit endet und die Parteien keine neue Vereinbarung über den Zinssatz getroffen haben (Kündigungsfrist: ein Monat frühestens zum Ablauf der Zinsbindung),

 - nach Ablauf von sechs Monaten nach dem Empfang eines Verbraucherdarlehens, das nicht durch ein Grundpfandrecht abgesichert ist,

 - zehn Jahre nach dem Empfang des Darlehens.

 → Einen Darlehensvertrag mit *veränderlichem Zinssatz* kann der Darlehensnehmer jederzeit unter Einhaltung einer Frist von 3 Monaten kündigen, § 489 Abs. 2.

Die Kündigung des Darlehensnehmers gilt als nicht erfolgt, wenn er den geschuldeten Betrag nicht binnen zwei Wochen zurückzahlt.

Das Recht zur **außerordentlichen Kündigung** (aus wichtigem Grund) hat

- der **Darlehensgeber** nach § 490 Abs. 1 **fristlos**, wenn in den Vermögensverhältnissen des Darlehensnehmers oder in der Werthaltigkeit einer für das Darlehen gestellten Sicherheit eine wesentliche Verschlechterung eintritt oder einzutreten droht, durch die die Rückerstattung gefährdet wird,

- der **Darlehensnehmer** nach § 490 Abs. 2 mit einer Frist von **drei Monaten**, wenn es sich um einen Vertrag mit festem Zinssatz handelt, das Darlehen durch ein Grundpfandrecht gesichert ist und er ein berechtigtes Interesse an der Vertragsbeendigung hat.

Kündigt der Darlehensnehmer den Vertrag außerordentlich, hat er dem Darlehensgeber den Schaden zu ersetzen, der diesem aus der vorzeitigen Kündigung entsteht (**Vorfälligkeitsentschädigung**, § 490 Abs. 2, S.3). Der Schaden umfasst den Zinsmargenschaden, d.h. den aufgrund der vorzeitigen Vertragsbeendigung entgangenen Nettogewinn, und den Schaden aufgrund einer Verschlechterung des Zinses.

Über die genannten Gründe hinaus besteht nach § 314 das Recht zur **Kündigung aus wichtigem Grund** sowie nach § 313 wegen **Störung der Geschäftsgrundlage**. Ferner kann der Vertrag durch Aufhebungsvertrag beendet werden, der in der Regel mit der Verpflichtung zur Leistung einer Vorfälligkeitsentschädigung verbunden wird.

3. Verbraucherdarlehen

Um ein Verbraucherdarlehen handelt es sich, wenn ein **entgeltlicher Darlehensvertrag** über ein **Gelddarlehen** zwischen einem **Unternehmer** und einem **Verbraucher** geschlossen wird. Die §§ 491 ff. enthalten besondere Regelungen zum Schutz des Verbrauchers als Darlehensnehmer. (Zu Verbraucher und Unternehmer s. Abschnitt 1.3.4, Besondere Vertriebsformen.)

Beachten Sie: Die Regelungen über Verbraucherdarlehen sind auch auf *Existenzgründerkredite* bis 50.000 EUR anwendbar. Existenzgründer sind natürliche Personen, die den Darlehensvertrag zur Aufnahme einer gewerblichen oder selbstständigen beruflichen Tätigkeit abschließen.

Der Abschluss eines **Verbraucherkreditvertrages** setzt nach § 492 voraus:

- **Schriftform**: getrennte schriftliche Erklärungen genügen, nicht elektronisch
- **Mindestangaben** des Darlehensgebers, u.a.
  - den zur Auszahlung gelangenden Nettodarlehensbetrag,
  - den Gesamtbetrag aller Teilzahlungen einschließlich der Zinsen und Kosten,
  - die Art und Weise der Rückzahlung bzw. die Regelung der Vertragsbeendigung,
  - den Zinssatz und alle sonstigen Kosten des Darlehens,
  - den effektiven Jahreszins,
  - die Kosten einer Restschuld- oder sonstigen Versicherung,
  - zu bestellende Sicherheiten.

Wird die Schriftform nicht eingehalten oder fehlt eine der erforderlichen Angaben, ist der Vertrag nichtig. Formmängel werden nach § 494 Abs. 2 S.1 durch Empfang oder Inanspruchnahme des Darlehens **geheilt**. Die Formbedürftigkeit gilt auch für eine Vollmacht, die der Darlehensnehmer zum Abschluss eines Verbraucherkreditvertrages erteilt.

Dem Darlehensnehmer steht bei einem Verbraucherdarlehensvertrag ein **Widerrufsrecht**: nach §§ 495, 355 zu (s. Abschnitt 1.3.4, Unterabschnitt 4). Die fristgerechte Erklärung hat zur Folge, dass die bereits empfangenen Leistungen aus dem Darlehensvertrag zurückzugewähren sind. Der Darlehensnehmer muss die Darlehensvaluta zurückerstatten und braucht die vereinbarten Zinsen nicht zu zahlen.

Beachten Sie: Die Bestimmungen der §§ 492, 495 Abs. 1 gelten nicht für Verbraucherdarlehensverträge, die Überziehungskredite zum Gegenstand haben, da der Darlehensnehmer das Darlehen jederzeit ohne Einhaltung einer Kündigungsfrist zurückzahlen kann.

Kommt der Verbraucher mit Zahlungen in **Verzug**, die er aufgrund des Verbraucherdarlehens leisten muss, hat er den geschuldeten Betrag mit 5% über dem Basiszinssatz zu verzinsen, bei Immobiliendarlehen mit 2,5 %.

Ein **Teilzahlungsdarlehen**, das mindestens in drei Raten zu tilgen ist, kann der Darlehensgeber wegen Zahlungsverzugs kündigen, wenn der Darlehensnehmer mit mindestens zwei aufeinander folgenden Raten ganz oder teilweise *und* mindestens 10% des Nennbetrages des Darlehens oder des Teilzahlungspreises in Verzug ist und der Darlehensgeber angekündigt hat, das Darlehen nach Ablauf einer zweiwöchigen Frist insgesamt fällig zu stellen, § 498.

Finanzierungshilfen nach § 499 Abs. 1 sind Verträge mit Kreditfunktion, durch die ein Unternehmer einem Verbraucher einen Zahlungsaufschub oder eine sonstige Finanzierungshilfe gegen Entgelt, d.h. z.B. gegen Zinsen, Teilzahlungsaufschläge, Finanzierungsbeiträge, gewährt. Hierauf sind die wesentlichen Regelungen zum Verbraucherdarlehen entsprechend anzuwenden.

- Beim **Zahlungsaufschub** vereinbaren die Parteien, dass die Fälligkeit der Forderung auf einen späteren Zeitpunkt hinausgeschoben wird, wobei der Aufschub mindestens drei Monate beträgt. Beispiel: Teilzahlungsgeschäfte (§ 501).

- **Sonstige entgeltliche Finanzierungshilfen** sind z.B. das Finanzierungsleasing (§ 500), bei dem der Leasinggeber als Kreditgeber beteiligt ist.

Bei den sog. **verbundenen Geschäften** dient das Verbraucherdarlehen der Finanzierung eines weiteren Vertrages, den der Verbraucher zusammen mit dem Darlehensvertrag als wirtschaftliche Einheit betrachtet.

Ein Vertrag über die Lieferung einer Ware oder die Erbringung einer anderen Leistung und ein Verbraucherdarlehensvertrag sind verbunden, wenn das Darlehen **ganz oder teilweise** der **Finanzierung des anderen Vertrages dient** und beide Verträge eine **wirtschaftliche Einheit** bilden. (§ 358 Abs. 3 S. 1)

Der Widerruf bei verbundenen Geschäften hat zur Folge, dass auch der mit dem widerrufenen Vertrag **verbundene Vertrag rückabgewickelt** werden muss, §§ 358 Abs. 4, 357, 346. Der Verbraucher kann die Rückzahlung des Darlehens verweigern, soweit ihn Einwendungen aus dem mit dem Darlehen verbundenen Geschäft zur Verweigerung der Leistung berechtigen, § 359 S.1. Die Regelungen über verbundene Geschäfte sind auf kreditfinanzierte Anlagegeschäfte nicht anwendbar, §§ 491 Abs. 3 Nr. 2, 358 f..

Kontrollfragen

- Welche Verpflichtungen haben Darlehensgeber und Darlehensnehmer aus einem Vertrag über ein Gelddarlehen?
- Erläutern Sie, welche Kündigungsrechte dem Darlehensnehmer zustehen.
- Wie kommt ein Verbraucherdarlehensvertrag zustande? Nennen Sie die Voraussetzungen und die vertraglichen Pflichten der Parteien.
- Was sind die Rechtsfolgen eines rechtzeitigen Widerrufs beim Verbraucherkredit?
- Was ist ein verbundenes Geschäft? Geben Sie Beispiele.

1.3.6 Grundzüge des Bereicherungsrechts

Das Bereicherungsrecht dient dem Ausgleich ungerechtfertigter Vermögensverschiebungen.

> Wer durch die **Leistung** eines anderen oder **in sonstiger Weise** auf dessen Kosten **etwas ohne rechtlichen Grund erlangt**, ist ihm zur **Herausgabe** verpflichtet. (§ 812 Abs. 1 S. 1)

Die **Leistungskondiktion** nach § 812 Abs. 1 S.1, 1. Alternative führt dazu, dass eine Leistung, die ohne wirksamen Rechtsgrund erbracht wurde, rückgängig zu machen ist. Die Rückabwicklung mit Hilfe des Bereicherungsrechts ist erforderlich, da aufgrund des Abstraktionsprinzips die Wirksamkeit des Verfügungsgeschäfts unabhängig von der Wirksamkeit des Kausalgeschäfts ist (vgl. Abschnitt 1.1.3).

Die **Voraussetzungen** der Leistungskondiktion sind:
- Bereicherung des Schuldners („etwas erlangt")
- Durch die Leistung des Gläubigers
- Ohne rechtlichen Grund

Die **Bereicherung** des Schuldners besteht in der Erlangung eines Vermögensvorteils, einer Rechtsposition oder der Befreiung von Schulden.

Beispiele: Übergabe und Übereignung des Kaufpreises, Valutierung des Darlehens, Erwerb einer sog. Buchberechtigung durch unrichtige Grundbucheintragung

Leistung ist die bewusste und zweckgerichtete Mehrung fremden Vermögens.

Beispiele: Zahlung des Käufers zur Erfüllung der Kaufpreisforderung, Auszahlung der Darlehensvaluta an den Darlehensnehmer

Der **rechtliche Grund fehlt**, wenn der Anspruch, der durch die Leistung erfüllt werden sollte, nicht besteht.

Beispiele: Unwirksamkeit des Kaufvertrages wegen Anfechtung, Unwirksamkeit des Darlehensvertrages wegen Kündigung

Die **Eingriffskondiktion** nach § 812 Abs. 1 S.1, 2. Alternative setzt voraus, dass der Schuldner etwas **in sonstiger Weise**, d.h. nicht durch Leistung rechtsgrundlos erlangt hat. Dies geschieht in der Regel durch einen Eingriff in ein Recht des Gläubigers.

Beispiel: Eigentumsverletzung

Nach § 816 findet der Bereicherungsausgleich auch statt, wenn ein **Nichtberechtigter** über einen Gegenstand eine Verfügung trifft, die dem Berechtigten gegenüber wirksam ist.

Beispiel: A verkauft und übereignet das Notebook seines Bruders ohne dessen Wissen und Zustimmung an die gutgläubige G, die an A die vereinbarten 222 EUR in bar bezahlt und das Notebook an sich nimmt.

Die **Rechtsfolgen** eines Bereicherungsanspruchs sind:

→ Der Bereicherte muss nach § 818 Abs. 1 **herausgeben**, was er erlangt hat.

Beispiele: Rückübereignung der Kaufsache, Rückabtretung einer Forderung

→ Der Anspruch beinhaltet auch die Herausgabe der durch die Bereicherung gezogenen **Nutzungen**, d.h. der Früchte und Gebrauchsvorteile.

Beispiel: Zinsen

→ Ist die Herausgabe des Erlangten nicht möglich, muss der Bereicherungsschuldner nach § 818 Abs. 2 **Wertersatz** leisten, es sei denn dass er nicht mehr bereichert ist.

Beispiele: Der Empfänger hat die Sache verbraucht oder das Geld für eine Weltreise ausgegeben.

Beachten Sie: Beim Vertrag zu Gunsten Dritter hat die Leistung der Bank (Schuldner) an den begünstigten Dritten keinen Bestand, wenn im Zuwendungsverhältnis zwischen dem Gläubiger und dem Dritten kein wirksamer Rechtsgrund vorliegt. Der Gläubiger bzw. dessen Rechtsnachfolger können das an den Dritten Geleistete zurückfordern.

Kontrollfragen

- Erläutern Sie den Zweck des Bereicherungsrechts in eigenen Worten.
- Nennen Sie die Voraussetzungen der Leistungskondiktion und die Rechtsfolgen.

1.3.7 Grundzüge des Deliktsrechts

Lesen Sie vorab §§ 823 bis 826.

Das Deliktsrecht dient der Wiedergutmachung von Schäden aufgrund unerlaubter Handlungen. Die unerlaubte Handlung begründet ein **gesetzliches Schuldverhältnis**, aus dem der Schädiger dem Geschädigten schadensersatzpflichtig ist.

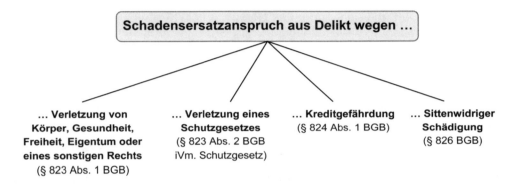

Abb.: Schadensersatzansprüche aus unerlaubter Handlung

- Der **Grundtatbestand nach § 823 Abs. 1** normiert die Haftung des Schädigers wegen schuldhafter Verletzung bestimmter persönlicher Rechtsgüter wie Leben, Körper, Gesundheit, Freiheit, Eigentum.

- Schadensersatzpflichtig ist auch, wer gegen ein **Gesetz verstößt**, das den **Schutz** eines anderen **bezweckt**. Schutzgesetz ist jede Rechtsnorm, die unmittelbar dem Schutz eines anderen dient.

  Beispiel: § 823 Abs. 2 BGB i.V.m. § 31 WpHG

- Nach § 826 ist jemand, der einem anderen **vorsätzlich in sittenwidriger Weise Schaden zufügt**, diesem ersatzpflichtig.

  Beispiel: Anlagebetrug.

Merke: Die Haftung wegen unerlaubter Handlung setzt voraus, dass den Schädiger ein **Verschulden** trifft.

Nach § 831 haftet der Geschäftsherr für schädigende Handlungen durch seine Verrichtungsgehilfen, die diese **in Ausführung ihrer Verrichtung** schuldhaft begehen. **Verrichtungsgehilfe** ist, wer **weisungsgebunden** eine Tätigkeit im Interesse des Geschäftsherrn ausübt. Für unerlaubte Handlungen, die Organe juristischer Personen, z.B. der Vorstand oder ein Vorstandsmitglied, in Ausübung ihrer Tätigkeit begehen, ist die juristische Person nach §§ 31, 89 verantwortlich.

Kontrollfragen

- Wozu dienen die deliktischen Ansprüche?
- Nennen Sie die Voraussetzungen des Schadensersatzanspruchs nach § 823 Abs. 1.
- Was ist ein Verrichtungsgehilfe? Welche Unterschiede zum Erfüllungsgehilfen fallen Ihnen auf?

1.3.8   Übungsfälle

Fall 1: V und K schließen einen Kaufvertrag über 60 Flaschen Wein. V ist der Ansicht, K müsse sich die Flaschen selbst abholen. K meint, V müsse liefern. Wer hat Recht?

Abwandlung: K überweist den Kaufpreis auf das auf der Rechnung angegebene Konto des V bei der B-Bank. V besteht darauf, dass K bar zahlt. Zu Recht?

Fall 2: Arm tritt seine Forderung gegen Bein an die C-Bank ab, ohne dies dem Bein mitzuteilen. Bein zahlt an Arm. Als die C-Bank von Bein Zahlung fordert, wendet er ein, dass er bereits an Arm gezahlt habe. Mit Recht?

Fall 3: Susi kauft bei Curt eine neue Stereoanlage zum günstigen Preis von 450 EUR. Als sie mit dem Abspielen ihrer Lieblings-CD beginnen will, stellt sie fest, dass der eingebaute CD-Player defekt ist. Sie setzt Curt eine Frist von zwei Wochen, um ihr ein einwandfreies Gerät zu liefern. Nach Verstreichen der Frist möchte Susi die Stereoanlage gegen Rückzahlung des Kaufpreises zurückgeben. Mit Recht?

Fall 4: Großonkel D will nach seinem Tod seinen Neffen Nick, Nuck und Nack sein Sparguthaben in Höhe von 300.000 EUR zu je einem Drittel zuwenden. Mit seiner Hausbank H schließt er einen Vertrag zu Gunsten Dritter auf den Todesfall und tritt seine Forderung gegen H an seine Neffen ab; die Neffen bestätigen mit ihrer Unterschrift auf dem Vertragsformular, dass sie die Schenkung annehmen. Nach dem Tod des D möchten die Erben B und G das Geld für sich und erklären den Widerruf der Schenkung. Die Neffen möchten wissen, ob sie von H die Auszahlung an sie verlangen können.

Fall 5: Rentner Eilig sendet am 15. 11. einen Überweisungsauftrag per Internet an die Z-Bank. Die Überweisung soll am 20.11. ausgeführt werden. Bei der Eingabe des Überweisungsbetrages unterläuft ihm ein Fehler, er gibt 551 EUR statt 515 EUR ein. Per Mouseclick erteilt er den Befehl „absenden" – und bemerkt in diesem Moment seinen Irrtum. Eilig sendet umgehend an Z eine weitere Mail, in der er seinen Irrtum erklärt und bittet, die Überweisung nicht auszuführen. Rechtslage?

Abwandlung: Wie ist es, wenn Eilig seinen Irrtum erst nach Ausführung der Überweisung an Hand der Abbuchung auf seinem Konto bemerkt und dann die zweite Mail sendet?

Fall 6: Hera möchte einen Kredit zum Ausbau ihrer Gartenlaube aufnehmen. Sie füllt das ihr übersandte Formular aus, unterschreibt an der dafür vorgesehenen Stelle und schickt es per Brief an die örtliche Niederlassung der Bank P, der sie aus langjähriger Geschäftsbeziehung bekannt ist. Bei ihrer darauf folgenden Recherche im Internet findet sie, dass eine Kreditaufnahme bei der X-Bank für sie günstiger wäre und beschließt, dieser den Vorzug zu geben. Ihr Entschluss, den Kreditantrag bei der Bank P zu widerrufen, gerät in Vergessenheit. Nach Ablauf von zwei Wochen erhält sie von P die schriftliche Kreditzusage, die sie zunächst irrtümlich für ein Schreiben der X-Bank hält. Als sie ebenfalls eine Zusage der X-Bank erhält, bemerkt sie ihren Irrtum. Hera möchte wissen, ob sie ihre Erklärung gegenüber P widerrufen kann. Sie erinnert sich, dass das Wort „Widerruf" bei ihrem letzten Besuch bei P gefallen war.

Lösungshinweise

Zu Fall 1: V hat Recht. Haben die Parteien über den Leistungsort keine Vereinbarung getroffen, so handelt es sich um eine Holschuld, § 269 Abs. 1. V muss die gekauften Flaschen zur Abholung bereithalten, K muss sie sich bei V abholen.

Abw.: Nein, K durfte den Kaufpreis überweisen, zumal V seine Kontoverbindung auf der Rechnung angegeben hatte. Teilt der Verkäufer seine Kontoverbindung auf der Rechnung mit, darf der Käufer davon ausgehen, dass er mit der Überweisung des Kaufpreises einverstanden ist. Der Zahlungsanspruch des V erlischt mit der Gutschrift auf seinem Konto.

Zu Fall 2: Ja, denn die Abtretung wurde nicht offengelegt. Bein ist durch Zahlung an den bisherigen Gläubiger frei geworden (§ 407 Abs.1). Die Bank muss sich an Arm halten.

Zu Fall 3: S verlangt nach §§ 437 Nr.2, 440, 323 Rückzahlung des Kaufpreises gegen Rückgabe der Stereoanlage. Der defekte CD-Player ist ein behebbarer Sachmangel (§ 434 Abs. 1 S. 2), da die übliche Verwendung der Anlage ohne den CD-Player zumindest eingeschränkt ist und sie nicht die Beschaffenheit aufweist, die bei Geräten gleicher Art üblich sind und die der Käufer erwarten kann. S hat dem C erfolglos eine angemessene Nachfrist gesetzt und kann nach § 323 vom Vertrag zurücktreten. Es entsteht ein Rückgewährschuldverhältnis, bei dem die Leistungen Zug um Zug zurückzugewähren sind.

Zu Fall 4: Der Anspruch aus dem Darlehensvertrag zwischen D und H als Vertrag zu Gunsten Dritter, §§ 488 Abs. 1 S. 2, 328 Abs. 1, ist gegeben, wenn der Vertrag wirksam ist und Nick, Nuck und Nack ein eigenes Forderungsrecht gegen H haben. Das Schenkungsversprechen des D wurde nicht notariell beurkundet, der Formmangel wurde jedoch nach § 518 Abs. 2 durch das Bewirken der versprochenen Leistung geheilt, indem D seinen Anspruch gegen H an seine Neffen abgetreten hat. Die Neffen können die Auszahlung an sie verlangen; die Erben können ihnen diese Rechtsposition nicht einseitig entziehen.

Zu Fall 5: Z ist verpflichtet, die von E beauftragte Überweisung auszuführen, wenn zwischen ihnen ein wirksamer Überweisungsvertrag (§ 676a) besteht. E hat seine diesbezügliche online-Erklärung abgesandt, der Zugang erfolgt mit Passieren der internen Schnittstelle der Z. Durch seine kurz darauf gesendete Erklärung konnte E den Überweisungsvertrag vor Beginn der für die Überweisung bestimmten Ausführungsfrist wirksam kündigen (§ 676 a Abs. 4). Z darf die Überweisung daher nicht ausführen.

<u>Abw.</u>: Nach Beginn der Ausführungsfrist könnte E nur kündigen, wenn die Kündigung dem Kreditinstitut des Begünstigten bis zu dem Zeitpunkt mitgeteilt wird, in dem der Überweisungsbetrag diesem zur Gutschrift auf dem Konto des Empfängers zur Verfügung gestellt wird (s. § 676 a Abs. 4 S. 1).

Zu Fall 6: Die Erklärung der H ist auf den Abschluss eines Verbraucherdarlehens nach § 491 gerichtet. H ist Verbraucher, da sie den Vertrag weder zu gewerblichen noch zu selbstständigen beruflichen Zwecken abschließt (§ 13); die Bank ist Unternehmer nach § 14, da sie in Ausübung ihrer gewerblichen Tätigkeit handelt. Nach §§ 495 Abs. 1, 355 steht dem Verbraucher ein Widerrufsrecht zu. Die Widerrufsfrist beträgt grundsätzlich zwei Wochen und beginnt nur, wenn der Unternehmer den Verbraucher über sein Widerrufsrecht belehrt hat. Die Belehrung muss in Textform (§ 126 b) erteilt werden. Da P die H nicht ordnungsgemäß schriftlich belehrt hat, kann H auch nach Ablauf von zwei Wochen ihre Erklärung widerrufen.

1.4 Recht der beweglichen Sachen

1.4.1 Grundbegriffe

Das BGB unterscheidet zwischen dem Recht der beweglichen und dem Recht der unbeweglichen Sachen.

1. Sachen

Sachen	
↙	↘
Bewegliche Sachen	**unbewegliche** Sachen

Abb.: Sachen

> **Sachen** im Sinne des BGB sind nur körperliche Gegenstände (vgl. § 90). **Tiere** sind keine Sachen (vgl. § 90a). **Vertretbare Sachen** sind bewegliche Sachen, die im Verkehr nach Zahl, Maß oder Gewicht bestimmt zu werden pflegen (vgl. § 91). **Verbrauchbare Sachen** sind bewegliche Sachen, deren bestimmungsgemäßer Gebrauch in dem Verbrauch oder in der Veräußerung besteht (vgl. § 92).

Im Unterschied zu **unbeweglichen** Sachen (Immobilien) versteht man unter **beweglichen** Sachen solche Gegenstände, die man – zumindest grundsätzlich – wegtragen könnte. **Keine Sachen** sind daher Gedanken, Ideen, Rechte, Patente, Glaube, Liebe oder Hoffnung. Auch **Wasser** ist, solange es im Ozean oder einem Fluss ist, kein körperlicher Gegenstand. Sobald dieses Wasser jedoch in eine Mineralwasserflasche gefüllt wird, ist die Mineralwasserflasche mit ihrem Inhalt eine (neue) Sache.

Als Faustregel können Sie davon ausgehen, dass alles, was mit einem Grundstück zu tun hat, dem Recht der unbeweglichen Sachen unterfällt, alles Übrige dem Recht der beweglichen Sachen.

2. Bestandteile

Bestandteile sind unselbstständige Teile einer Sache. **Wesentliche Bestandteile** einer Sache sind solche Teile, die nicht voneinander getrennt werden können, ohne dass sie zerstört oder in ihrem Wesen verändert werden. Wesentliche Bestandteile können nicht Gegenstand besonderer Rechte (sog. **dingliche** Rechte) sein (vgl. § 93).

Zu den **wesentlichen Bestandteilen** eines **Grundstücks** gehören die mit dem Grund und Boden fest verbundenen Sachen, insbesondere Gebäude, sowie ferner die Erzeugnisse des Grundstücks, solange sie mit dem Boden zusammenhängen (vgl. § 94).

Wesentliche Bestandteile sind also z.B. die Seiten eines Buches, die Bremstrommel eines LKW, die Fenster und Rahmen oder das Dachstuhlgebälk eines Hauses. Kein wesentlicher Bestandteil ist z.B. ein Schrank in einem Gebäude.

Keine wesentlichen Bestandteile von **Grundstücken** sind die sog. **Scheinbestandteile**, also solche Teile, die nur zu einem vorübergehenden Zweck mit dem Grund und Boden verbunden sind (vgl. § 95).

Ein Einfamilienhaus auf einem Grundstück ist wesentlicher Bestandteil des Grundstücks und kann nur gemeinsam mit dem Grundstück veräußert werden. Der auf dem Grundstück (nicht dauerhaft) abgestellte Wohncontainer ist hingegen ein Scheinbestandteil, der auch separat veräußert werden kann.

3. Zubehör

> **Zubehör** sind selbstständige bewegliche Sachen, die (ohne Bestandteile der Hauptsache zu sein) dem wirtschaftlichen Zweck der Hauptsache zu dienen bestimmt sind und zu ihr in einem dieser Bestimmung entsprechenden räumlichen Verhältnis stehen (vgl. §§ 97, 98).

Zubehör ist z.B. ein Zuchthengst auf einem Reiterhof. Einige Vorschriften des BGB nehmen Bezug auf das Zubehör, so erstreckt sich z.B. eine Hypothek auch auf das Zubehör (vgl. § 1120).

Kontrollfragen

- Was ist der Unterschied zwischen einer beweglichen und einer unbeweglichen Sache?
- Wann handelt es sich bei einer Sache um einen wesentlichen Bestandteil einer anderen Sache? Was versteht man unter Zubehör?

1.4.2   Besitz

> Unter **Besitz** wird die **tatsächliche Gewalt** oder **faktische** Sachherrschaft über eine Sache verstanden (vgl. §§ 854 ff.). Besitz setzt einen **Besitzwillen** voraus.

Hingegen regelt das **Eigentum** (vgl. §§ 903 ff.) die **rechtliche** Sachherrschaft über eine Sache. Besitz und Eigentum können übereinstimmen, jedoch auch auseinander fallen.

- Der **Erbe** erwirbt mit dem Tod des Erblassers den Besitz an allen zur **Erbmasse** gehörenden Gegenständen (**Erbenbesitz**, vgl. § 857).
- *Keinen* Besitz hat der **Besitzdiener** (vgl. § 855).

Es gibt verschiedene **Arten** von Besitz:

Eigenbesitz		**Fremdbesitz**
Ein Eigentümer besitzt seine eigene Sache selbst (z.B. der Eigentümer einer Eigentumswohnung bewohnt diese selbst).	Oder	Jemand besitzt etwas, das im Eigentum eines Dritten steht (z.B. der Mieter besitzt eine Wohnung, die dem Vermieter gehört).
unmittelbarer Besitz		**mittelbarer Besitz** (vgl. § 868)
Der Besitzer hat selbst den direkten Zugriff auf die Sache (er hält die Sache z.B. in der Hand).	Oder	Der Besitzer übt die Sachherrschaft durch einen anderen aus (z.B. der Mieter für den Vermieter); zwischen beiden besteht ein sog. **Besitzmittlungsverhältnis** (z.B. Mietverhältnis).
rechtmäßiger Besitz		**unrechtmäßiger Besitz**
Das Recht zum Besitz ergibt sich z.B. aus der Eigentümerstellung oder aus einer vertraglichen Berechtigung zur Nutzung des Besitzes (vgl. das oben genannte Beispiel der Mietwohnung)	Oder	Der Besitzer hat kein Recht zum Besitz (z.B. ein Dieb).

Abb.: Besitz

Wer dem Besitzer ohne dessen Willen den Besitz **entzieht** oder ihn im Besitz **stört**, handelt (sofern nicht das Gesetz die Entziehung oder die Störung gestattet) widerrechtlich (**verbotene Eigenmacht**); der Besitzer hat dann unter anderem ein **Selbsthilferecht** (vgl. §§ 858 ff.).

Die Ansprüche aus §§ 861, 862 bezeichnet man als **possessorische Ansprüche**.

Kontrollfragen

- Worin besteht der Unterschied zwischen Besitz und Eigentum?

- Welche verschiedenen Arten des Besitzes kennen Sie?

- Kann auch ein Dieb Besitz erlangen?

- Was versteht man unter verbotener Eigenmacht? Kann sich ein Besitzer dagegen zur Wehr setzen?

1.4.3 Eigentum

Bitte verdeutlichen Sie sich nochmals den Unterschied zwischen Verpflichtungs- und Verfügungsgeschäften.

> Der **Eigentümer** einer Sache kann, soweit nicht das Gesetz oder Rechte Dritter entgegenstehen, mit der Sache nach Belieben verfahren und andere von jeder Einwirkung ausschließen (vgl. § 903).

Im Unterschied zum Besitz versteht man unter **Eigentum** die **rechtliche** Herrschaft über eine Sache.

> Der Eigentümer kann von dem Besitzer die Herausgabe der Sache verlangen (**Herausgabeanspruch**; vgl. § 985). Der Besitzer kann die Herausgabe der Sache jedoch verweigern, wenn er oder der mittelbare Besitzer, von dem er sein **Recht zum Besitz** ableitet, dem Eigentümer gegenüber zum Besitz berechtigt ist (vgl. § 986).

- Ein **Recht zum Besitz**, das dem Herausgabeanspruch des Eigentümers entgegengehalten werden kann, ergibt sich z.B. aus einem Mietverhältnis oder einem Leihverhältnis zwischen Eigentümer und Besitzer.
- Die §§ 987 ff. enthalten spezielle Regelungen zu Ansprüchen auf Nutzungs-, Verwendungs- oder Schadensersatz in einem sog. **Eigentümer-Besitzer-Verhältnis**.

1. Arten des Eigentums

Das BGB geht grundsätzlich vom **Alleineigentum** aus, d.h. eine – natürliche oder juristische – Person ist alleiniger Eigentümer einer Sache.

Weitere Eigentumsformen sind

- das **Gesamthandseigentum**; das Eigentum an einer Sache steht mehreren Personen gemeinsam zu, wobei jeder für sich (auch) Eigentümer der ganzen Sache ist; z.B. bei der **Erbengemeinschaft** (vgl. §§ 2032 ff.);

- das **Bruchteilseigentum**; eine Sache gehört mehreren Eigentümern nach Bruchteilen (vgl. §§ 741 ff., 1008 ff.); jeder Anteil ist ideell, jeder Eigentümer kann über seinen Bruchteilsanteil verfügen.

  ➢ Eine besondere Form ist das **Wohnungseigentum**, bei dem mehrere Wohnungseigentümer eine Wohnungseigentümergemeinschaft bilden.

2. Gesetzlicher und rechtsgeschäftlicher Eigentumserwerb

Das Eigentum an einer Sache kann auf zwei Arten erworben werden, durch Rechtsgeschäft oder durch Gesetz.

Eigentumserwerb **Kraft Rechtsgeschäfts**	➢ **Grundstücke:** z.B. durch Einigung (Auflassung) und Eintragung (vgl. §§ 873, 925)
	➢ **Bewegliche Sachen:** z.B. durch Einigung und Übergabe (vgl. §§ 929 ff.)

Eigentumserwerb **Kraft Gesetzes**	➢ **Ersitzung** (vgl. §§ 900, 937)
	➢ **Verbindung, Vermischung, Verarbeitung** (vgl. §§ 946 ff.)
	➢ durch den **Finder** (vgl. § 973)
	➢ Erwerb infolge Erbschaft (**Gesamtrechtsnachfolge**, vgl. §§ 1922 ff.)

Abb.: Eigentumserwerb

*Bitte berücksichtigen Sie stets das **Abstraktionsprinzip**: Die rechtlichen Vorgänge im Zusammenhang mit dem (dinglichen) Eigentumserwerb sind immer strikt von dem zu Grunde liegenden schuldrechtlichen Rechtsverhältnis (z.B. Kaufvertrag) zu trennen.*

3. Erwerb vom Berechtigten

Der „Standardfall" des rechtsgeschäftlichen Eigentumserwerbs ist der rechtmäßige Erwerb des Eigentums an einer beweglichen Sache von dem Berechtigten durch Einigung und Übergabe.

> Zur **Übertragung** des Eigentums an einer beweglichen Sache ist erforderlich, dass der Eigentümer die Sache dem Erwerber **übergibt** (Besitzwechsel!) und beide ausdrücklich oder konkludent darüber **einig** sind, dass das Eigentum übergehen soll. Ist der Erwerber im Besitz der Sache, so genügt die Einigung über den Übergang des Eigentums (vgl. § 929).

Beispiel: Die Kundin legt an der Supermarktkasse eine Packung Müsli-Riegel auf das Band. Der Kassierer scannt den Preis, die Kundin bezahlt bar und nimmt die Ware mit. Die Kundin hat einvernehmlich Eigentum an der Ware, der Kassierer hat Eigentum an den Geldmünzen oder Geldscheinen erlangt.

> Ist der Eigentümer im Besitz der Sache, so kann die **Übergabe** dadurch **ersetzt** werden, dass zwischen ihm und dem Erwerber ein Rechtsverhältnis vereinbart wird, vermöge dessen der Erwerber den mittelbaren Besitz erlangt (**Besitzkonstitut**, vgl. § 930).

Beispiel: Der Kunde erwirbt einen großen sperrigen Gegenstand. Erwerber und Veräußerer sind sich darüber einig, dass das Eigentum auf den Erwerber übergehen soll. Der Erwerber verwahrt (vgl. §§ 688 ff.) die Sache jedoch noch einige Zeit für den Kunden bei sich, bis der Kunde eine Möglichkeit zum Abtransport der Sache gefunden hat.

Ist ein Dritter im Besitz der Sache, so kann die **Übergabe** dadurch **ersetzt** werden, dass der Eigentümer dem Erwerber den **Anspruch auf Herausgabe der Sache abtritt** (vgl. § 931).

Beispiel: Der Eigentümer einer seit langen Jahren an den Mieter vermieteten Eigentumswohnung verkauft die Wohnung an einen Dritten. Der Eigentumserwerb findet dann durch Abtretung des Herausgabeanspruches statt, da der Erwerber wegen des laufenden Mietverhältnisses z.B. keine Schlüssel für die Wohnung erhält. Der Erwerber ist jedoch berechtigt, ab dem sog. Nutzen-Lasten-Wechsel sämtliche Rechte eines Eigentümers geltend zu machen und die Wohnung vom Mieter herauszuverlangen, wenn das Mietverhältnis beendet ist.

Merke: Die **Einigung** über den Eigentumsübergang, die zwei übereinstimmende Willenserklärungen voraussetzt, ist bei jeder Art der Übereignung erforderlich!

4. Erwerb vom Nichtberechtigten

Alle besprochenen Arten des Eigentumsüberganges setzen voraus, dass der Veräußerer auch tatsächlich zur Veräußerung der verkauften Sache berechtigt ist. Unter bestimmten Umständen kann jedoch auch beim Erwerb von einem **Nichtberechtigten** (also z.B. einem Nicht-Eigentümer) wirksam Eigentum erworben werden.

Dies ist zum einen der Fall, wenn der wahre Eigentümer die Übereignung **genehmigt** (vgl. § 185). Zum anderen gibt es die Möglichkeit des gutgläubigen Eigentumserwerbs vom Nichtberechtigten.

Durch eine nach § 929 vorgenommene Veräußerung wird der Erwerber auch dann Eigentümer, wenn die Sache nicht dem Veräußerer gehört, es sei denn, dass der Erwerber zu der Zeit, zu der er dass Eigentum erwerben würde, nicht in **gutem Glauben** ist (vgl. § 932).

- Ein **gutgläubiger Erwerb** setzt voraus, dass dem Erwerber nicht bekannt oder infolge grober Fahrlässigkeit unbekannt ist, dass die Sache nicht dem Veräußerer gehört (vgl. §§ 932 Abs. 1 und Abs. 2, 276 Abs. 2). Gutgläubigkeit ist z.B. nicht gegeben, wenn notwendige Papiere, die üblicherweise vorgelegt zu werden pflegen (z.B. der Kfz-Brief) nicht übergeben werden können oder wenn die Übergabe der Sache unter merkwürdigen Umständen zustande kommt.

- Je nach „regulärem" **Übereignungstatbestand** gibt es eine entsprechende Vorschrift für den **gutgläubigen Erwerb**. Zu beachten ist jedoch immer folgendes:

Der Erwerb des Eigentums aufgrund der §§ 932 bis 934 tritt nicht ein, wenn die Sache dem Eigentümer (oder – falls der Eigentümer nur mittelbarer Besitzer war – dem Besitzer) **gestohlen** worden, **verloren** gegangen oder sonst **abhanden** gekommen war. Dies gilt nicht für Geld, Inhaberpapiere oder Sachen, die im Wege öffentlicher Versteigerung veräußert werden. (vgl. § 935).

Übersicht

	Erwerbs-vorgang	Erwerb vom Berechtigten	(gutgläubiger) Erwerb vom Nichtberechtigten	
		(Veräußerer ist zur Veräußerung berechtigt, er ist z.B. Eigentümer und das Eigentum ist unbelastet)	(Veräußerer ist zur Veräußerung **nicht** berechtigt, z.B. weil die Sache noch unter Eigentumsvorbehalt eines Dritten steht)	
Veräußerer ist Eigentümer und Besitzer, der Besitz soll übergehen	Einigung und **Übergabe**	§ 929	§ 932 ←	**Sperrvorschrift § 935**
Veräußerer ist Eigentümer und Besitzer, will den Besitz auch behalten	Einigung und **Besitzkonstitut**	§ 930	§ 933 ←	kein gutgläubiger Erwerb bei abhanden gekommenen Gegenständen!
Veräußerer ist Eigentümer, aber (zur Zeit) nicht Besitzer	Einigung und **Abtretung des Herausgabe-anspruchs**	§ 931	§ 934 ←	

Abb.: Rechtsgeschäftlicher Eigentumserwerb

Erwirbt ein Dritter gutgläubig Eigentum, verbleibt dem ursprünglichen Eigentümer anstelle seines ehemaligen Eigentums unter anderem ein **Anspruch** gegen den Veräußerer auf **Herausgabe des erzielten Erlöses** (vgl. § 816 Abs. 1 Satz 1).

Kontrollfragen

- Auf welche Weise kann gesetzlich und rechtsgeschäftlich Eigentum vom Berechtigten erworben werden?
- Wie vollzieht sich der Erwerb vom Nichtberechtigten?
- Was verstehen Sie unter Einigung im Sinne von § 929?
- Wonach wird beurteilt, ob ein Erwerber in gutem Glauben handelt?

1.4.4   Übungsfälle

Fall 1: Hat ein Bauherr Besitz an den Sachen eines Bauhandwerkers?

Fall 2: Student Siegfried verleiht seinem Freund Frank für eine Spritztour am Wochenende sein Cabrio. Siegfried weist Frank ausdrücklich darauf hin, dass er den Wagen unbedingt am Sonntagabend zurück bräuchte, da er am Montag damit zur Uni fahren möchte. Frank, von der Stärke des Porsches und der Romantik des Wochenendes überwältigt, vergisst die Zeit und bringt den Wagen erst am Montagabend zurück. Besitzverhältnisse?

Fall 3: Sieglinde hat ein Stipendium für ein Austauschsemester in den USA erhalten. Da sie ihre Wohnung während dieses Zeitraums nicht nutzlos leer stehen lassen möchte, vermietet sie diese mit sämtlichen Möbeln für sechs Monate an Udo unter; Sieglinde selbst behält einen Schlüssel für die Wohnung. Wer hat welchen Besitz?

Fall 4: Rudi wird nachts um 2.00 Uhr in der Kneipe „Zum letzten Pils" von einem Unbekannten angesprochen, ob er nicht einen neuen Flachbildfernseher erwerben wolle. Da der Unbekannte in großen Geldnöten sei, könne er den Fernseher sehr billig für nur 20 EUR erwerben. Bedingung sei allerdings, dass der Kaufpreis unverzüglich und in bar gezahlt werden müsse. Rudi bezahlt und erhält das Gerät, das dem Verkäufer jedoch nicht gehörte. Kann Rudi sich als neuen Eigentümer bezeichnen?

Abwandlung: Wer hat welche Ansprüche gegen Rudi, wenn dieser das Gerät beschädigt?

Fall 5: Valentin verkauft eine Puppe an Maria und gibt sie ihr. Später stellt sich heraus, dass Valentin bei Kaufvertragsabschluss ständig geistig umnachtet war (und es immer noch ist). Valentin will seine Puppe zurück. Anspruchsgrundlage?

Lösungshinweise

Zu Fall 1: Wohl nicht, weil es ihm insoweit an einem entsprechenden Besitzwillen fehlen dürfte.

Zu Fall 2: F war bis Sonntagabend rechtmäßiger Fremdbesitzer (der das Recht zum Besitz aufgrund des mit S geschlossenen Leihvertrages erworben hatte). Am Montagmorgen, nach Ablauf des Leihvertrages, war F hingegen unrechtmäßiger Fremdbesitzer.

Zu Fall 3: Während der sechs Monate bleibt S (mittelbarere) Besitzerin, U ist unmittelbarer Besitzer.

Zu Fall 4: Einigung und Übergabe gemäß § 929 sind erfolgt. Da der Veräußerer jedoch nicht der Eigentümer war, kommt allenfalls ein gutgläubiger Eigentumserwerb nach § 932 in Betracht. Fraglich ist, ob R gutgläubig war. Aufgrund der Gesamtumstände des Geschäfts – Flachbildfernseher pflegt man nicht unbedingt nachts in schummerigen Kneipen zu kaufen, schon gar nicht zu einem so geringen Preis – kann nicht von einem guten Glauben des R gemäß § 929 Abs. 2 ausgegangen werden. R hat den Flachbildfernseher daher weder rechtmäßig noch gutgläubig erworben und ist somit nicht Eigentümer geworden.

Abwandlung: Der wahre Eigentümer des Flachbildfernsehers hat gegen R einen Anspruch auf Herausgabe gemäß § 985. R hat ihm gegenüber kein Recht zum Besitz, weil zwischen ihnen keine schuldrechtlichen Beziehungen bestehen. Wegen der Beschädigung des Gerätes haftet R dem wahren Eigentümer nach §§ 990, 989 auf Schadensersatz (sehen Sie sich bitte genau die Anspruchsvoraussetzungen an und prüfen Sie diese der Reihe nach durch!). Daneben sind keine Ansprüche aus Delikt oder Bereicherungsrecht gegeben. Der wahre Eigentümer kann ferner von dem unrechtmäßigen Veräußerer den Kaufpreis nach § 816 Abs. 1 herausverlangen (sofern er ihn jemals findet).

Zu Fall 5: Anspruchsgrundlage könnte § 985 sein. V hat das Eigentum wegen § 104 nicht an M verloren und ist daher Eigentümer geblieben, weil die für eine Übereignung nach § 929 notwendige Einigung nichtig war. M ist Besitzerin, sie hat aber kein Recht zum Besitz, weil der Kaufvertrag wegen § 104 ebenfalls nichtig ist. Weitere Anspruchsgrundlage ist § 812 Abs. 1 Satz 1, 1. Alt. (Leistungskondiktion), weil M die Puppe ohne rechtlichen Grund erlangt hat und daher an V herausgeben muss.

1.5　Grundstücksrecht

Beschaffen Sie sich von Ihrer Immobilienabteilung einen aktuellen (und vollständigen) Grundbuchauszug eines Grundstückes, für das Ihr Kreditinstitut eine Finanzierung vorgenommen hat und lesen sich diesen Grundbuchauszug durch.

1.5.1　Funktion und Aufbau des Grundbuchs

1. Funktion des Grundbuchs

Das **Grundbuch** ist das Register aller in Deutschland belegenen Grundstücke, aus dem unter anderem die Eigentumsverhältnisse und die Belastungen eines Grundstücks zu ersehen sind. Das Grundbuch wird in Deutschland bei den Amtsgerichten geführt, wobei oft ein Grundbuchamt für mehrere Amtsgerichtsbezirke zuständig ist.

Im Gegensatz zum Handelsregister ist das **Grundbuch kein öffentliches Register**.

Die **Einsichtnahme** in das Grundbuch setzt ein **berechtigtes Interesse** voraus, sie ist daher generell nur über einen Notar oder durch den Eigentümer selbst möglich. Es reicht z.B. nicht aus, Einsicht erhalten zu wollen, weil man beabsichtigt, ein bestimmtes Grundstück zu erwerben. Ein berechtigtes Interesse ist jedoch gegeben, wenn man z.B. Schadensersatzansprüche aus § 836 gegen den Eigentümer eines Grundstücks geltend machen kann.

2. Aufbau des Grundbuchs

Das Grundbuch besteht aus dem Vorblatt, dem Bestandsverzeichnis, sowie den Abteilungen I bis III.

Vorblatt	Auf dem **Vorblatt** ist das Amtsgericht, bei dem das Grundbuch geführt wird, sowie die Blattnummer erkennbar. Sie benötigen diese Angaben unter anderem, wenn Sie einen aktuellen Grundbuchauszug anfordern wollen. Zudem ist – zumindest bei neueren Ausdrucken – meistens in einer Zeile am Fuße des Vorblattes das Datum des Ausdruckes angegeben, so dass Sie prüfen können, ob der Auszug, der Ihnen vorliegt, aktuell genug ist.
Bestandsverzeichnis	Im **Bestandsverzeichnis** ist die **Lage** des Grundstückes (Straßenangabe und Hausnummer, **Gemarkung**, die **Flur**, das **Flurstück**, die **Nutzungsart** sowie die **Fläche** des Grundstückes angegeben. \
Sie benötigen diese Angaben unter anderem, wenn Sie ein Sachverständigengutachten über den Wert des Grundstückes in Auftrag geben wollen oder wenn Sie sich in natura einen Überblick über das Grundstück verschaffen möchten. \
Gerade bei nicht bebauten Grundstücken können Sie die genaue Lage des Grundstückes oftmals nur unter Zuhilfenahme einer Flurkarte (diese erhalten Sie beim zuständigen Katasteramt) in Verbindung mit der Flurbezeichnung feststellen.
Abteilung I	In **Abteilung I** ist der Name des/der Eigentümer, deren Verhältnis zueinander und der Grund der Eintragung zu erkennen. Wichtig für Sie ist hier zum Beispiel, ob das Grundstück einer Person allein oder möglicherweise mehreren Personen gemeinschaftlich gehört. Sie müssten dann z.B. Vollstreckungsmaßnahmen gegen alle Eigentümer ausbringen.
Abteilung II	In **Abteilung II** sind alle **Belastungen** des Grundstückes (mit Ausnahme von Grundpfandrechten) eingetragen. Dies sind unter anderem Wege- und Leitungsrechte, Nutzungsbeschränkungen, Vorkaufsrechte oder eine Auflassungsvormerkung zugunsten eines Dritten etc. Am Schluss der Abteilung II ist (regelmäßig) ggf. der **Vermerk über eine evtl. Anordnung der Zwangsverwaltung bzw. Zwangsversteigerung** eingetragen. Daraus lässt sich ersehen, ob eine Zwangsversteigerung bevorsteht.
Abteilung III	In **Abteilung III** sind die **Grundpfandrechte** wie Hypotheken, Zwangssicherungshypotheken oder Grundschulden eingetragen.

Abb.: Aufbau des Grundbuchs

Kontrollfragen

- Wann können Sie ein Grundbuch einsehen?
- Wie ist das Grundbuch aufgebaut?
- Was ist in der II. und was in der III. Abteilung eines Grundbuches eingetragen?

1.5.2 Eintragungsverfahren und Eintragungsgrundsätze

Grundsätzlich werden Eintragungen im Grundbuch nur auf **Antrag** des Berechtigten vorgenommen (**Antragsgrundsatz**).

Es muss daher derjenige, der eingetragen werden oder zu dessen Gunsten etwas eingetragen werden soll, dies beantragen; außerdem muss derjenige, der im Grundbuch als Eigentümer oder Berechtigter verzeichnet ist, der Eintragung zustimmen (**Bewilligungsgrundsatz**).

Bewilligung und **Beantragung** bedürfen der **notariellen** Form. Nur in sehr seltenen Fällen erfolgen Eintragungen im Grundbuch von Amts wegen, z.B. im Fall der Berichtigung des Grundbuches wegen Unrichtigkeit.

Beispiel: Nach dem Tod seines Vaters beantragt Sohn S einen Erbschein, der ihn als Alleinerben ausweist. Er verschweigt dabei, dass er noch eine nichteheliche Halbschwester hat. Aufgrund des antragsgemäß erteilten (wenngleich inhaltlich falschen) Erbscheins lässt S das Haus seines Vaters anschließend (allein) auf ihn umschreiben. Später kommt die Sache heraus; der Erbschein wird wegen Unrichtigkeit eingezogen und ein neuer Erbschein erteilt, der S und seiner Halbschwester jeweils zur Hälfte als Erben ausweist. In diesen Fällen wird das Nachlassgericht regelmäßig eine sog. **Kontrollmitteilung** an das Grundbuchamt senden, welches von Amts wegen die Eintragung im Grundbuch berichtigt, damit S dies nicht „versehentlich" vergisst und das Haus ohne Mitwirkung seiner Halbschwester veräußert.

Regelungen zum Grundbuchrecht sind in der **Grundbuchordnung (GBO)** niedergelegt.

Kontrollfragen

- Wer muss zur Änderung einer Eintragung im Grundbuch Erklärungen abgeben?
- Welcher Form unterliegen diese Erklärungen?

1.5.3 Erwerb und Übertragung von Grundstücksrechten

Im Gegensatz zu beweglichen Sachen wird das Eigentum an Immobilien durch Auflassung und Eintragung übertragen.

1. Erwerb vom Berechtigten

Zur **Übertragung** des **Eigentums** an einem **Grundstück**, zur **Belastung** eines Grundstücks mit einem Recht sowie zur Übertragung oder Belastung eines solchen Rechts ist die **Einigung** des Berechtigten und des anderen Teils über den Eintritt der Rechtsänderung und die **Eintragung** der Rechtsänderung in das Grundbuch erforderlich, soweit nicht das Gesetz ein anderes vorschreibt (vgl. § 873).

Die zur Übertragung des Eigentums an einem Grundstück nach § 873 erforderliche **Einigung** des Veräußerers und des Erwerbers (**Auflassung**) muss bei gleichzeitiger Anwesenheit beider Teile vor einer zuständigen Stelle erklärt werden. Zur Entgegennahme der Auflassung ist, unbeschadet der Zuständigkeit weiterer Stellen, jeder **Notar** zuständig. Eine Auflassung, die unter einer Bedingung oder einer Zeitbestimmung erfolgt, ist unwirksam (vgl. §§ 925, 925a, 311b).

Bei Verkauf und Übereignung eines Grundstücks wird in der Regel zunächst der (schuldrechtliche) **Kaufvertrag** geschlossen, welcher **formbedürftig** ist (vgl. § 311 b). Die (dingliche) **Eigentumsübertragung** erfolgt durch (formbedürftige) **Auflassung** und **Eintragung** im Grundbuch (vgl. §§ 873, 925).

In der Praxis wird die Auflassung in einem Grundstückskaufvertrag nicht immer gleich mitbeurkundet. Insbesondere in den Fällen, in denen Teilungen etc. erforderlich sind, wird die Auflassung oft erst in einer zweiten Stufe nachgeholt. Erst mit der vollendeten Eintragung im Grundbuch kann der Erwerber jedoch darauf vertrauen, dass das Grundstück auch wirklich in sein Eigentum übergegangen ist.

2. Erwerb vom Nichtberechtigten

Ebenso wie bei beweglichen Sachen ist auch bei Grundstücken der Erwerb vom Nichtberechtigten (also vom Nichteigentümer) möglich. Anders als bei den beweglichen Sachen trägt jedoch nicht der Besitz die Eigentumsvermutung in sich (vgl. § 1006) und dient als Anknüpfungspunkt für den gutgläubigen Erwerb, sondern die Eintragung im Grundbuch.

Das Grundbuch genießt **öffentlichen Glauben**

> Zugunsten desjenigen, welcher ein Recht an einem Grundstück durch Rechtsgeschäft erwirbt, **gilt der Inhalt des Grundbuchs als richtig**, es sei denn, dass ein **Widerspruch** gegen die Richtigkeit eingetragen oder die Unrichtigkeit dem Erwerber **bekannt** ist (vgl. §§ 892, 891).

> Ist zu dem Erwerb des Rechts die Eintragung erforderlich, so ist für die **Kenntnis** des Erwerbers die **Zeit** der **Stellung des Antrags auf Eintragung** oder, wenn die nach § 873 erforderliche Einigung erst später zustande kommt, die Zeit der Einigung maßgeblich (vgl. § 892 Abs. 2).

3. Widerspruch und Berichtigungsanspruch

- Wegen der **Legitimationswirkung des Grundbuchs** muss sorgfältig darauf geachtet werden, dass das Grundbuch die wahre Rechtslage wiedergibt.

- Bei **Unrichtigkeit** des Grundbuchs besteht zum einen die Möglichkeit, einen **Widerspruch** eintragen zu lassen (vgl. §§ 899, 894), um einen gutgläubigen Erwerb zu verhindern (vgl. § 892).

- Ferner besteht ein **Berichtigungsanspruch**.

> Steht der **Inhalt** des Grundbuchs mit der **wirklichen** Rechtslage nicht im Einklang, so kann derjenige, dessen Recht nicht oder nicht richtig eingetragen oder durch die Eintragung einer nicht bestehenden Belastung oder Beschränkung beeinträchtigt ist, die **Zustimmung** zu der **Berichtigung** des Grundbuchs von demjenigen verlangen, dessen Recht durch die Berichtigung betroffen wird (vgl. § 894).

Kontrollfragen

- Wie wird das Eigentum an Grundstücken übertragen?
- Was versteht man unter einer Auflassung, wo ist diese gesetzlich geregelt und welche Form ist dafür erforderlich?
- Kann ein Grundstück auch von einem Nichteigentümer erworben werden und wenn ja, wie?
- Was ist die Grundbuchberichtigung, welche Voraussetzungen hat sie und wer kann sie verlangen?
- Was versteht man unter einem Widerspruch im Zusammenhang mit dem Grundbuch? Wer kann aufgrund welcher Voraussetzungen einen Widerspruch eintragen lassen?

1.5.4 Vormerkung

Zwischen der Beurkundung eines Grundstückskaufes und dem Zeitpunkt, an dem der Erwerber im Grundbuch eingetragen wird, vergehen regelmäßig mehrere Monate. Die Finanzierung muss geklärt werden, es müssen Belastungen gelöscht werden, das Grundstück muss übergeben und der Kaufpreis gezahlt werden. Um den Käufer davor zu schützen, dass während dieses Übergangszeitraums anderweitige Verfügungen über das Grundstück vorgenommen werden, lässt man regelmäßig eine sog. **Auflassungsvormerkung** zugunsten des Käufers im Grundbuch eintragen.

Die **Auflassungsvormerkung** sichert den **schuldrechtlichen** Anspruch aus dem Kaufvertrag auf die **dingliche** Übertragung des Eigentums am Grundstück.

> Zur **Sicherung** des Anspruchs auf Einräumung oder Aufhebung eines Rechts an einem Grundstück oder an einem das Grundstück belastenden Recht kann eine **Vormerkung** in das Grundbuch eingetragen werden. Die Eintragung einer Vormerkung ist auch zur Sicherung eines künftigen oder eines bedingten Anspruchs zulässig. (vgl. § 883).

> Die **Vormerkung** ist **akzessorisch**, so dass sie mit dem Anspruch, für den sie bestellt wurde, besteht oder untergeht; sie ist abhängig vom Bestand des gesicherten Anspruchs.

> Eine **Verfügung**, die **nach** der Eintragung der Vormerkung über das Grundstück oder das Recht getroffen wird, ist **insoweit unwirksam**, als sie den Anspruch vereiteln oder beeinträchtigen würde (vgl. § 883 Abs. 2).

Veräußert der Grundstückseigentümer also nach Eintragung der Vormerkung das Grundstück erneut, so kann derjenige, zu dessen Gunsten die Vormerkung eingetragen wurde, gleichwohl die Auflassung und Eintragung als Eigentümer verlangen.

Kontrollfragen

- Wozu dient die Vormerkung?
- Welche Voraussetzungen hat die Vormerkung?
- Welche Wirkungen hat die Vormerkung?

1.5.5 Rangverhältnisse

Von Bedeutung ist der **Rang** eines Rechts insbesondere dann, wenn bei einem Verkauf oder der Zwangsversteigerung eines Grundstückes der Erlös nicht ausreicht, um alle Gläubiger zu befriedigen. In diesen Fällen fällt regelmäßig der hintere Rang aus. Daher sind erstrangige Gläubiger in der Lage, bessere Konditionen für Darlehen zu gewähren als nachrangige Gläubiger.

Das **Rangverhältnis** unter mehreren Rechten, mit denen ein Grundstück belastet ist, bestimmt sich, wenn die Rechte in derselben Abteilung des Grundbuchs eingetragen sind, nach der Reihenfolge der Eintragungen. Sind die Rechte in verschiedenen Abteilungen eingetragen, so hat das unter Angabe eines früheren Tages eingetragene Recht den Vorrang; Rechte, die unter Angabe desselben Tages eingetragen sind, haben gleichen Rang (vgl. § 879).

Das **Rangverhältnis** kann **nachträglich geändert** werden. Zur Rangänderung ist die **Einigung** des zurücktretenden und des vortretenden Berechtigten und die **Eintragung** der Änderung in das Grundbuch erforderlich (vgl. § 880).

Bewirkt ein Nichtberechtigter eine Rangänderung, wird sie gegenüber einem gutgläubigen Dritten so behandelt, als habe der wirklich Berechtigte sie vorgenommen (vgl. §§ 893, 892).

Kontrollfragen

- Wann sind die Rangverhältnisse von Bedeutung?
- Kann man einen einmal eingetragenen Rang verändern und wenn ja, wie?

1.5.6 Erbbaurecht

In Fällen, in denen ein Grundstück nicht verkauft werden kann oder soll, kann ein Erbbaurecht bestellt werden.

Ein **Grundstück** kann in der Weise **belastet** werden, dass demjenigen, zu dessen Gunsten die Belastung erfolgt, das veräußerliche und vererbliche Recht zusteht, auf oder unter der Oberfläche des Grundstücks ein Bauwerk zu haben (**Erbbaurecht**).

Das in der **Erbbaurechtsverordnung (ErbbRVO)** geregelte Erbbaurecht wird auch als **grundstücksgleiches Recht** bezeichnet.

Auf das **Erbbaurecht** finden die sich auf **Grundstücke** beziehenden Vorschriften (mit Ausnahme der §§ 925, 927, 928 BGB), sowie die Vorschriften über Ansprüche aus dem Eigentum entsprechende Anwendung, soweit sich nicht aus der **Erbbaurechtsverordnung** etwas anderes ergibt (vgl. § 11 ErbbRVO).

Eine **Übertragung** des Erbbaurechts, die unter einer **Bedingung** oder einer **Zeitbestimmung** erfolgt, ist **unwirksam**. Auf einen **Vertrag**, durch den sich der eine Teil **verpflichtet**, ein **Erbbaurecht** zu bestellen oder zu erwerben, findet der § 311b Abs. 1 BGB entsprechende Anwendung (vgl. § 11 ErbbRVO).

Für die Bestellung des Erbbaurechts kann ein Entgelt in Form von wiederkehrenden Leistungen (**Erbbauzins**) vereinbart werden, auf das die Vorschriften über **Reallasten** entsprechende Anwendung finden (vgl. § 9 ErbbRVO, 1105 ff. BGB).

Ein Erbbaurecht wird regelmäßig für eine Dauer von 99 Jahren bestellt, woraufhin der Erbbauberechtigte ein separates Grundbuchblatt – das **Erbbaugrundbuch** – angelegt bekommt. Er kann auf dem Grundstück ein Haus errichten und dieses auch finanzieren; im Erbbaugrundbuch sind auch Belastungen eintragbar. Das Gebäude wird jedoch (in Abweichung von § 94) nicht wesentlicher Bestandteil des Grundstücks.

Bei Ablauf des Erbbaurechts – also im Regelfall nach 99 Jahren – wird entweder nach vorher vereinbarten Regelungen oder nach den gesetzlichen Regelungen der Erbbauverordnung geklärt, wie verfahren wird. Zum Inhalt des Erbbaurechts gehören auch eine Verpflichtung des Erbbauberechtigten, das Erbbaurecht beim Eintreten bestimmter Voraussetzungen auf den Grundstückseigentümer zu übertragen (**Heimfall**, vgl. § 2 Nr. 4 ErbbRVO).

Kontrollfragen

- Was ist ein Erbbaurecht? Wo ist es geregelt?
- Was ist der Erbbauzins? Wie wird er behandelt?
- Was versteht man unter dem Heimfall?

1.5.7 Dienstbarkeiten

Grunddienstbarkeit	Nießbrauch	beschränkte persönliche Dienstbarkeit	Dauerwohnrecht, Dauernutzungsrecht
§§ 1018 - 1029	§§ 1030 - 1089	§§ 1090 - 1093	§§ 31 ff. WEG
z.B. Wegerecht		z.B. Wohnungsrecht	

bezogen auf Grundstück   *bezogen auf Person*

Abb.: Dienstbarkeiten

1. Grunddienstbarkeit

> Ein **Grundstück** kann zugunsten des jeweiligen Eigentümers eines anderen Grundstücks in der Weise **belastet** werden, dass dieser das Grundstück in einzelnen Beziehungen benutzen darf oder dass auf dem Grundstück gewisse Handlungen nicht vorgenommen werden dürfen oder dass die Ausübung eines Rechts ausgeschlossen ist, das sich aus dem Eigentum an dem belasteten Grundstück dem anderen Grundstück gegenüber ergibt (**Grunddienstbarkeit**; vgl. 1018).

Grunddienstbarkeiten entstehen durch Einigung und Eintragung auf dem Grundbuchblatt des belasteten Grundstücks (vgl. § 873) in der II. Abteilung. Die Grunddienstbarkeit wird Bestandteil (§ 96) des belasteten (oder auch herrschenden Grundstücks) und kann nur gemeinsam mit dem Grundstück übertragen werden.

Beispiele für Grunddienstbarkeiten sind Wegerechte, Bebauungsbeschränkungen, Hochspannungs- oder Rohrleitungsrechte.

2. Nießbrauch

> Eine **bewegliche Sache** oder ein **Grundstück** kann in der Weise **belastet** werden, dass derjenige, zu dessen Gunsten die Belastung erfolgt, berechtigt ist, die **Nutzungen** der Sache zu ziehen (**Nießbrauch**; vgl. § 1030).

Der Nießbrauch an beweglichen Sachen wird nach § 1032 bestellt, bei Grundstücken findet § 873 Anwendung.

Der Nießbraucher darf die **Nutzungen** aus der Sache ziehen (z.B. die auf dem Grundstück wachsenden Früchte ernten).

Gleichzeitig muss er die Sache z.B. erhalten (vgl. § 1041), versichern (vgl. § 1045) und die öffentlichen Lasten tragen (vgl. § 1047). Der Nießbrauch wird als Belastung in der II. Abteilung des Grundbuchs eingetragen.

3. Beschränkte persönliche Dienstbarkeit

Ein **Grundstück** kann in der Weise belastet werden, dass eine natürliche oder juristische **Person** oder eine rechtsfähige Personengesellschaft, zu deren Gunsten die Belastung erfolgt, berechtigt ist, das Grundstück in einzelnen Beziehungen zu benutzen (**beschränkte persönliche Dienstbarkeit**; vgl. § 1090).

Eine beschränkte persönliche Dienstbarkeit entsteht nach § 873; sie kann nicht übertragen werden (vgl. § 1092). Über eine beschränkte persönliche Dienstbarkeit kann z.B. erreicht werden, dass ein Grundstück nur zu bestimmten Zwecken oder nur in einer bestimmten Art und Weise (Denkmalschutz) genutzt werden darf.

Die beschränkte persönliche Dienstbarkeit wird als Belastung in der II. Abteilung des Grundbuchs eingetragen.

Als beschränkte persönliche Dienstbarkeit kann auch das Recht bestellt werden, ein Gebäude oder einen Teil eines Gebäudes unter Ausschluss des Eigentümers als Wohnung zu benutzen (**Wohnungsrecht**; vgl. §§ 1093, 1031 ff.).

4. Dauerwohnrecht

Ein **Grundstück** kann in der Weise **belastet** werden, dass derjenige, zu dessen Gunsten die Belastung erfolgt, berechtigt ist, unter Ausschluss des Eigentümers eine bestimmte **Wohnung** in einem auf dem Grundstück errichteten oder zu errichtenden Gebäude zu **bewohnen** oder in anderer Weise zu nutzen (**Dauerwohnrecht**; vgl. § 31 WEG).

Das Dauerwohnrecht entsteht nach § 873; es ist veräußerlich und vererblich (vgl. § 33 WEG). Das Dauerwohnrecht wird als Belastung in der II. Abteilung des Grundbuchs eingetragen.

Kontrollfragen

- Welche Arten von Dienstbarkeiten gibt es? Nennen Sie die Voraussetzungen und Beispiele.

- Wie wird ein Nießbrauch oder eine beschränkte persönliche Dienstbarkeit im Grundbuch eingetragen?

1.5.8   Wohnungseigentum

Um das Miteinander mehrerer Eigentümer in einem Haus zu regeln, gibt es das ausführliche **Wohnungseigentumsgesetz** (WEG), zu dem in der Praxis viel Rechtsprechung ergangen ist.

	Wohnungseigentum	

Wohnung:	Sonstige Räume:
Wohnungseigentum	**Teileigentum**
Sondereigentum an der Wohnung	Sondereigentum an den sonstigen Räumen
Miteigentumsanteil am Gemeinschaftseigentum	Miteigentumsanteil am Gemeinschaftseigentum

Nach Maßgabe des **WEG** kann an Wohnungen das **Wohnungseigentum**, an nicht zu Wohnzwecken dienenden Räumen eines Gebäudes das **Teileigentum** begründet werden. **Wohnungseigentum** ist dabei das **Sondereigentum** an einer Wohnung in Verbindung mit dem **Miteigentumsanteil** an dem gemeinschaftlichen Eigentum, zu dem es gehört. **Teileigentum** ist das Sondereigentum an nicht zu Wohnzwecken dienenden Räumen eines Gebäudes in Verbindung mit dem Miteigentumsanteil an dem gemeinschaftlichen Eigentum, zu dem es gehört. **Gemeinschaftliches Eigentum** sind das Grundstück sowie die Teile, Anlagen und Einrichtungen des Gebäudes, die nicht im Sondereigentum oder im Eigentum eines Dritten stehen, z.B. eine Tiefgarage (vgl. § 1 WEG).

Wohnungseigentum wird nach den Vorschriften über den Erwerb unbeweglicher Gegenstände erworben; das Wohnungseigentum kann auch belastet werden.

Für eine Eigentumswohnung wird ein gesondertes Grundbuchblatt angelegt, das sog. **Wohnungseigentumsblatt**.

Rechte und Pflichten der Wohnungseigentümer sind stets in der sog. **Teilungserklärung** geregelt.

Kontrollfragen

- Was ist Wohneigentum und wo ist es geregelt?

- Welche verschiedenen Arten von Eigentum gibt es bei Wohnungseigentum?

- Was ist eine Teilungserklärung?

1.5.9 Übungsfälle

Fall 1: Ariane möchte ihr Grundstück an Bernd veräußern. Beide schließen einen notariellen Kaufvertrag, und im Grundbuch wird eine Vormerkung eingetragen. Vor Eintragung von Bernd als Eigentümer im Grundbuch wird Ariane von Vetter Fritz bekniet, ihm doch das Grundstück zu überlassen, er habe sich das schon immer so sehr gewünscht. Ariane wird weich und veräußert das Grundstück notariell an Fritz, der auch ordnungsgemäß als Eigentümer im Grundbuch eingetragen wird. Bernd findet das nicht lustig und fragt, ob er selbst noch Anspruch auf das Eigentum an dem Grundstück hat.

Fall 2: Irma lässt sich zu ihren Gunsten am Grundstück des Eduard ein dingliches Vorkaufsrecht eintragen (vgl. §§ 1094 ff., 1098, 463 ff.). Worum geht es dabei?

Fall 3: Donald hat für den Bau seines Hauses vor einigen Jahren ein Darlehen von seinem wohlhabenden Onkel aufgenommen, der dafür als Sicherung eine Grundschuld am Grundstück an erster Rangstelle erhalten hat. Als Donald Jahre später eine Firma gründen will, ist die Bank bereit, ein Darlehen zu gewähren, möchte jedoch als Sicherheit nur eine Grundschuld erster Rangstelle akzeptieren. Was kann Donald tun?

Lösungshinweise

Zu Fall 1: B könnte gegen A einen Anspruch aus Kaufvertrag auf Verschaffung des Eigentums an dem Grundstück haben. Zwar ist das Grundstück auf F übertragen worden, diese Verfügung ist jedoch wegen der eingetragenen Vormerkung gemäß § 883 Abs. 2 gegenüber B unwirksam. B hat also gegen A einen Anspruch auf eine notarielle Auflassungserklärung und Zustimmung zur Eintragung von B im Grundbuch, sowie ferner darauf, dass F der Eintragung von B als Eigentümer im Grundbuch zustimmt (vgl. § 888).

Zu Fall 2: Wenn E das Grundstück veräußert, hat I das Recht, das Grundstück des E zu denselben Bedingungen zu erwerben, wie der Käufer/ Erwerber.

Zu Fall 3: Mit Zustimmung des Berechtigten (Onkel) sowie des Eigentümers (Donald) und auf Antrag des Begünstigten (Bank) kann ein sog. **Rangwechsel** eingetragen werden, so dass der Onkel mit seinem Darlehen an die zweite Stelle rückt und die Bank die begehrte erste Sicherheit erhält.

1.6 Familienrecht

Lesen Sie bitte die angegebenen Paragrafen jeweils vollständig, also insbesondere mit allen Absätzen und wiederholen Sie bitte außerdem die Kapitel zu Geschäftsfähigkeit und (rechtsgeschäftlicher) Vertretung.

1.6.1 Eheliches Güterrecht

1. Ehe und Ehewirkungen

Die Ehe wird vor einem (deutschen) Standesbeamten geschlossen (vgl. §§ 1310 ff.) und durch eine Heiratsurkunde dokumentiert. Zu den Folgewirkungen der Eheschließung gehört unter anderem die sog. Schlüsselgewalt als eine Art Sonderform der Vertretungsmacht.

In einem gemeinsamen Haushalt ist jeder Ehegatte berechtigt, Geschäfte zur angemessenen Deckung des Lebensbedarfs der Familie zu besorgen (sog. **Schlüsselgewalt**). Durch solche Geschäfte werden **beide** Ehegatten berechtigt und verpflichtet, es sei denn, dass sich aus den Umständen etwas anderes ergibt (vgl. § 1357).

Der Lebensbedarf der Familie bestimmt sich nach den Verhältnissen der Ehegatten und dem Lebenszuschnitt der Familie, wie er nach außen in Erscheinung tritt. Zur angemessenen Bedarfsdeckung gehört die Beschaffung von Lebensmitteln und Hausrat, sowie Verträge zur Versorgung der Ehewohnung mit Strom und Gas, die Beauftragung von Handwerkern für Reparaturarbeiten an gemeinsam benutztem Gut oder auch die Aufnahme kleinerer Kredite.

2. Güterstände

Die Regelung vermögensrechtlicher Beziehungen im ehelichen Güterrecht erfolgt durch gesetzliche und vertragliche **Güterstände**. Es gibt die Güterstände der **Zugewinngemeinschaft**, der **Gütertrennung** und der **Gütergemeinschaft**. Eigentums- und Vertretungsverhältnisse der Ehegatten und deren Folgen unterscheiden sich je nach dem Güterstand. **Gesetzlicher Güterstand**, in dem die Ehepartner ohne besonderen Ehevertrag leben, ist die **Zugewinngemeinschaft** (vgl. § 1363 Abs. 1).

a) Zugewinngemeinschaft

- Jeder Ehegatte verwaltet sein Vermögen selbstständig mit gewissen Einschränkungen (vgl. §§ 1363, 1364). Das Vermögen der Eheleute wird *nicht* gemeinschaftliches Vermögen; dies gilt auch für Vermögen, das ein Ehegatte nach der Eheschließung erwirbt.
- Die **Zustimmung** des anderen Ehepartners ist jedoch notwendig (sonst: s. §§ 1365 Abs. 2, 1366 bis 1368!)
  - zu einer **Verfügung** (vgl. § 1365 Abs. 1 Satz 2) über das **eigene Vermögen als Ganzes**, wobei Vermögen auch ein einzelner Gegenstand oder ein Grundstück sein kann, maßgeblich ist, ob darin ungefähr 85 - 90 % des gesamten Vermögens verkörpert sind; der Dritte muss jedoch davon positive Kenntnis haben;
  - zu einer **Verpflichtung zur Verfügung** (vgl. §§ 1365 Abs. 1 Satz 1, 311 b Abs. 3) über das **eigene Vermögen als Ganzes;**
  - zu einer **Verfügung** über **eigene Gegenstände** des **ehelichen Haushalts** (vgl. § 1369; z.B. ein gemeinsamer PKW, der nicht nur der beruflichen Nutzung dient).
- Bei Beendigung der Zugewinngemeinschaft erfolgt ein **Zugewinnausgleich** (vgl. § 1363 Abs. 2 Satz 2, 1378 Abs. 3; bei Tod eines Ehepartners vgl. § 1371).

Zugewinn ist der Betrag, um den das **Endvermögen** eines Ehepartners das **Anfangsvermögen** übersteigt (vgl. §§ 1373 bis 1375, 1384). Übersteigt der Zugewinn des einen Ehepartners den Zugewinn des anderen Ehepartners, so steht die Hälfte des Überschusses dem anderen als **Ausgleichsforderung** zu (vgl. § 1378).

b) Gütertrennung

- Die Ehegatten können ihre güterrechtlichen Verhältnisse durch notariellen Vertrag (**Ehevertrag**) regeln, insbesondere auch nach der Eingehung der Ehe den Güterstand aufheben oder ändern (vgl. §§ 1408, 1410). Schließen die Ehegatten den gesetzlichen Güterstand aus oder heben sie ihn auf, so tritt **Gütertrennung** ein, falls sich nicht aus dem Ehevertrag etwas anderes ergibt. Das gilt auch, wenn der Ausgleich des Zugewinns oder der Versorgungsausgleich ausgeschlossen oder die Gütergemeinschaft aufgehoben wird (vgl. § 1414).
- Haben die Ehegatten den gesetzlichen Güterstand ausgeschlossen oder geändert, so können sie hieraus einem **Dritten** gegenüber Einwendungen gegen ein Rechtsgeschäft, das zwischen einem von ihnen und dem Dritten vorgenommen worden ist, nur herleiten, wenn der **Ehevertrag** im **Güterrechtsregister** des zuständigen Amtsgerichts eingetragen oder **dem Dritten bekannt** war, als das Rechtsgeschäft vorgenommen wurde (vgl. § 1412).
- Jeder Ehepartner behält und verwaltet sein Vermögen selbstständig, es gibt keine Zustimmungsbedürftigkeit für Rechtsgeschäfte und keinen Zugewinnausgleich.

c) Gütergemeinschaft

- Durch notariellen Ehevertrag kann auch der Güterstand der Gütergemeinschaft vereinbart werden (vgl. auch §§ 1408 ff., 1415 ff.).
  Dadurch entstehen verschiedene Vermögensmassen:

Gesamtgut	Sondergut	Vorbehaltsgut
gemeinschaftliches Vermögen zur gesamten Hand; es wird im Zweifel von beiden Ehepartnern verwaltet (vgl. §§ 1416, 1419 bis 1421, §§ 1450 ff.) und haftet in der Regel für Schulden jedes Ehepartners (vgl. §§ 1437, 1438; 1459, 1460)	nicht durch Rechtsgeschäft übertragbar (vgl. § 1417), z.B. gesetzliche Rentenansprüche	ausdrücklich vom gemeinsamen Vermögen ausgenommen (vgl. § 1418 und § 1412; Eintrag im Güterrechtsregister!)

Abb.: Gütergemeinschaft

- Verwaltet kraft Ehevertrages nur ein Ehepartner das Gesamtgut, bedarf es zu Verfügungen über das Gesamtgut im Ganzen der **Zustimmung** des Ehepartners (vgl. §§ 1423, 1424).
- In der Praxis wird die Gütergemeinschaft heute kaum noch verwendet.

Kontrollfragen

- Wie wird die Verfügung definiert? Worin unterscheidet sich die Zustimmung von der Genehmigung? Welches sind die einschlägigen Paragrafen?
- Was bewirkt die Schlüsselgewalt?
- Welche Güterstände kennen Sie und wodurch sind sie gekennzeichnet?
- Was ist Zugewinn, wie wird er berechnet?
- Was versteht man unter dem Zugewinnausgleich und wie wird er berechnet?

1.6.2 Elterliche Vermögenssorge für minderjährige Kinder

- Die **Eltern** haben das Recht und die Pflicht, für ein **minderjähriges** Kind zu sorgen. Diese elterliche Sorge umfasst die **Personensorge** und die **Vermögenssorge** (vgl. § 1626 Abs. 1), sie steht bei verheirateten Eltern beiden Elternteilen *gemeinsam* (vgl. § 1629 Abs. 1) zu, beide Elternteile sind dann gesetzlicher Vertreter des Kindes.

- Stirbt ein Elternteil (Nachweis durch Sterbeurkunde), steht die elterliche Sorge dem überlebenden Elternteil zu (vgl. § 1680). Das Familiengericht kann die elterliche Sorge auf einen Elternteil allein übertragen (vgl. § 1628).

- Sind die Eltern bei der Geburt des Kindes **nicht miteinander verheiratet**, hat die Mutter die elterliche Sorge allein (vgl. § 1626a), sofern nicht die Eltern vor einem Notar oder dem Jugendamt eine gemeinsame Sorgeerklärung abgegeben haben (vgl. §§ 1626b bis 1626e; 1680).

- Die **Vermögenssorge** beinhaltet die Verwaltung, Verwertung und Vermehrung des Kindesvermögens und die rechtliche Vertretung des Kindes, soweit die Vermögenssorge reicht (vgl. auch §§ 1666, 1667).

- Leben die Eltern, denen die elterliche Sorge gemeinsam zusteht, **dauerhaft getrennt** (vgl. § 1671), hat der Elternteil, bei dem sich das Kind gewöhnlich aufhält, die Befugnis zur alleinigen Entscheidung in Angelegenheiten des täglichen Lebens (vgl. § 1687), bei der Vermögenssorge ist insbesondere das Taschengeld oder die Verwaltung kleinerer Geldgeschenke davon umfasst.

- Zum **Schutz des Kindesvermögens** bedürfen die Sorgeberechtigten für bestimmte Rechtsgeschäfte der Genehmigung des Familiengerichts (vgl. §§ 1643, 1821, 1822). Für die in § 1822 Nr. 8 bis 10 bezeichneten Rechtsgeschäfte kann das Familiengericht eine allgemeine Ermächtigung erteilen (vgl. § 1825).

- Zum **Schutz des Kindes** ist seine Haftung auf das bei Volljährigkeit vorhandene Vermögen beschränkt (vgl. § 1629 a).

- Bei **verheirateten** Minderjährigen behält der Sorgerechtsinhaber, also in der Regel die Eltern, die Vermögenssorge (vgl. § 1633), sofern nicht durch Ehevertrag ein Verwaltungsrecht des Ehegatten begründet wurde (vgl. §§ 1411, 1421), es ist jedoch der Überschuss aus den Einkünften des Kindesvermögens herauszugeben (vgl. § 1649 II 2).

Kontrollfragen

- Was ist die elterliche Sorge und wem steht sie zu?

- Welche Geschäfte dürfen die Sorgeberechtigten nicht allein tätigen?

- Wie können Eltern bei der Ausübung ihrer Sorgepflichten überwacht werden?

1.6.3   Grundzüge der Vormundschaft, Betreuung und Pflegschaft

Vormundschaft	Pflegschaft	Betreuung
↓	↙ ↘	↓
Minderjährige		Volljährige

Abb.: Vormundschaft, Pflegschaft, Betreuung

1. Vormundschaft (§§ 1773 ff.)

- Ein <u>Minderjähriger</u> erhält durch das Vormundschaftsgericht einen Vormund, wenn er z.B. wegen Todes der Eltern nicht unter elterlicher Sorge steht oder wenn die Eltern weder in den die Person noch in den das Vermögen betreffenden Angelegenheiten zur Vertretung des Minderjährigen berechtigt sind.
- Das **Vormundschaftsgericht** überwacht und kontrolliert den Vormund, ihm ist der Vormund rechenschaftspflichtig (vgl. §§ 1839 ff.).
- Der **Vormund** darf das Vermögen des Mündels nicht für sich verwenden und unterliegt voll dem **Genehmigungsvorbehalt** der §§ 1821, 1822. Das zum Vermögen des Mündels gehörende Geld ist verzinslich anzulegen (vgl. § 1806), wobei die Art der Anlegung gesetzlich vorgeschrieben ist (vgl. §§ 1807, 1809: Sperrvermerk) und der Genehmigung durch das Vormundschaftsgericht bedarf (vgl. §§ 1810, 1811).
- Der Vormund bedarf der **Genehmigung** auch für Verfügungen über Forderungen jeder Art und Höhe (vgl. § 1812), sofern nicht ein Ausnahmetatbestand greift (vgl. § 1813). Der Vormund kann beispielsweise *ohne* Genehmigung handeln, wenn Geld zurückgezahlt wird, das der Vormund selbst angelegt hat (vgl. § 1813 I Nr. 3) oder wenn es um Zinsen des Mündelvermögens geht (vgl. § 1813 I Nr. 4). **Genehmigungsfrei** sind ferner Geschäfte bis zu einer gewissen Grenze (vgl. § 1813 I Nr. 2), wobei umstritten ist, ob bei Abhebungen die einzelne Abhebung nicht größer als 3.000 EUR sein darf oder ob Abhebungen generell nur genehmigungsfrei zulässig sind, sofern der Kontostand nicht mehr als 3.000 EUR beträgt.
- Ist das Jugendamt Vormund, ist es von den Beschränkungen der §§ 1809, 1810 befreit (vgl. §§ 1857a, 1852).

2. Betreuung

- Kann ein <u>Volljähriger</u> aufgrund einer psychischen Krankheit oder einer körperlichen, geistigen oder seelischen Behinderung seine Angelegenheiten ganz oder teilweise nicht besorgen, so bestellt das Vormundschaftsgericht auf seinen Antrag oder von Amts wegen für ihn einen **Betreuer** für den Aufgabenkreis, für den eine Betreuung erforderlich ist (vgl. § 1896). Der Aufgabenkreis ergibt sich aus der **Bestallungsurkunde** des Betreuers. In seinem Aufgabenkreis vertritt der Betreuer den Betreuten gerichtlich und außergerichtlich, er ist dessen gesetzlicher Vertreter (vgl. § 1902). Für den Betreuer gelten die wesentlichen Vorschriften der Vormundschaft entsprechend (vgl. § 1908i). Über § 1908i Abs. 2 gilt § 1857a, z.B. die Befreiung vom Genehmigungsvorbehalt bei der Geldanlage, wenn der Vater oder die Mutter zum Betreuer ernannt wurde.
- Sofern der Betreute aufgrund einer psychischen Erkrankung seinen Willen nicht frei bestimmen kann, ordnet das Vormundschaftsgericht einen **Einwilligungsvorbehalt** des Betreuers an (vgl. § 1903), so dass die Wirksamkeit eines Rechtsgeschäfts dann, wie bei einem beschränkt Geschäftsfähigen, von der Einwilligung des Betreuers abhängt, sofern nicht eine geringfügige Angelegenheit des täglichen Lebens betroffen ist oder das Rechtsgeschäft zu einem lediglich rechtlichen Vorteil für den Betreuten führt (vgl. § 1903 Abs. 3). Sofern der Betreute **geschäftsunfähig** ist, gilt ohnehin § 104 (siehe auch § 105a).

3. Pflegschaft (§§ 1909 ff.)

Pflegschaften können für <u>Minderjährige</u> und auch für <u>Volljährige</u> angeordnet werden, wenn für bestimmte Angelegenheiten Bedarf an spezieller gesetzlicher Vertretung besteht. Auf die Pflegschaft finden die Bestimmungen über die Vormundschaft entsprechende Anwendung (vgl. § 1915).

- Die **Ergänzungspflegschaft** (vgl. § 1909) umfasst Angelegenheiten, an deren Besorgung die Eltern oder der Vormund verhindert sind, weil sie beispielsweise mit dem Kind einen Vertrag schließen wollen, der nach §§ 1629 Abs. 2, 1795, 181 unwirksam wäre, weil er dem Kind nicht einen lediglich rechtlichen Vorteil (vgl. § 107) bringt. Ein **Ergänzungspfleger** ist auch dann zu bestellen, wenn der Minderjährige im Wege der Erbfolge Vermögen erwirbt, der Erblasser jedoch angeordnet hat, dass die Eltern das Vermögen nicht verwalten sollen (vgl. §§ 1638, 1909).
- **Abwesenheitspflegschaft** (vgl. § 1911)
- **Pflegschaft für unbekannte Beteiligte** (vgl. § 1913)

Kontrollfragen

- Wie gestaltet sich die rechtliche Vertretung beim Minderjährigen? Wie gestaltet sich die rechtliche Vertretung beim Volljährigen?
- Was unterscheidet die Vormundschaft von der Betreuung?
- Wann wird eine Pflegschaft angeordnet?

1.6.4   Übungsfälle

Fall 1: Die Eheleute Max und Florentine heiraten. Sie vereinbaren zunächst notariell Gütertrennung, später vereinbaren sie privatschriftlich, dass zwischen ihnen eine Zugewinngemeinschaft gelten soll. Die Eheleute werden geschieden. Florentine wünscht nun den Zugewinnausgleich, während Max sich auf die Gütertrennung beruft. Wer hat Recht?

Fall 2: Die Eheleute Martin und Fiona leben im gesetzlichen Güterstand. Nach der Scheidung soll der Zugewinnausgleichsanspruch berechnet werden. Martin hatte bei Beginn der Ehe ein Vermögen von 30.000 EUR, am Ende der Ehe sind es 60.000 EUR. Fiona ist ohne eigenes Vermögen in die Ehe gestartet, bei Scheidung hat sie ein Vermögen von 20.000 EUR. Wie hoch ist der Zugewinnsausgleichsanspruch?

Fall 3: Ehemann Mauschulus ist Alleineigentümer eines Hauses. Er verfügt ferner über ein Bankguthaben in Höhe von 15.000 EUR. Mauschulus will neu heiraten und sich deshalb von seiner derzeitigen Ehefrau Furia scheiden lassen. Im Vorgriff darauf und weil er der Furia nichts gönnt, verkauft Mauschulus das Haus für 235.000 EUR an den gutgläubigen Konrad. Furia erfährt noch vor Übereignung des Hauses an Konrad vom Hausverkauf und fragt, ob sie diesen noch rechtzeitig verhindern kann.

Fall 4: Ehefrau Frieda kauft einen kostbaren Orientteppich bei Valentin und nimmt den Teppich mit nach Hause. Sie verspricht Valentin die Zahlung des Kaufpreises durch ihren Ehemann Marvin. Der lehnt jedoch die Zahlung ab und verweist auf das niedrige Einkommen der Familie. Valentin verlangt den Kaufpreis von Marvin. Zu recht?

Fall 5: Der achtjährige Benjamin bekommt von seiner verstorbenen Erbtante ein Pferd vermacht. Weil Benjamins Eltern Tiere hassen, veräußern sie das Tier an Benjamins Großmutter, die weit entfernt im Ausland lebt und dort das Pferd zukünftig hält. Benjamin, ein Pferdenarr, ist empört und will wissen, ob das alles einfach so geht.

Lösungshinweise

Zu Fall 1: Der Abschluss von Eheverträgen ist auch während der Ehe möglich. Die Zugewinngemeinschaft kann grundsätzlich privatschriftlich begründet werden. Eine Aufhebung der Gütertrennung ist jedoch wegen der Wirkung gegenüber Dritten nur notariell (§ 1410 BGB) möglich. Die Gütertrennung wurde also nicht aufgehoben, daher muss kein Zugewinnausgleich erfolgen. Max hat also Recht.

Zu Fall 2: Anspruchsgrundlage ist § 1378 Absatz 1. Der Zugewinn beträgt bei Martin 30.000 EUR (60.000 EUR minus 30.000 EUR), bei Fiona sind es 20.000 EUR (20.000 EUR minus 0 EUR). Die Differenz in Höhe von 10.000 EUR (30.000 EUR minus 20.000 EUR) wird geteilt. Der Ausgleichsanspruch der Fiona beträgt also 5.000 EUR.

Zu Fall 3: Wegen § 1365 könnte die Einwilligung der F zum Hausverkauf nötig sein, wenn M über sein Vermögen im Ganzen verfügt hat. Das Gesamtvermögen des M beträgt 250.000 EUR (235.000 EUR plus 15.000 EUR), nach dem Hausverkauf bliebe das Bankguthaben in Höhe von 15.000 EUR übrig, also weniger als 10 %. § 1365 wäre also grundsätzlich anwendbar, Rechtssprechung schränkt jedoch die Anwendbarkeit ein und fordert zusätzlich, dass Erwerber weiß, dass Veräußere verheiratet ist und über sein Vermögen als ganzes verfügt; Konrad weiß aber nichts, so dass § 1365 nicht eingreift; Furia kann den Hausverkauft also nicht verhindern, weil das Geschäft auch ohne ihre Zustimmung wirksam ist.

Zu Fall 4: Kaufpreisanspruch V gegen M aus Kaufvertrag in Verbindung mit § 433 Abs. 2? Aber nicht M, sondern F hat mit V den Kaufvertrag abgeschlossen; F hat nicht explizit als Stellvertreterin des M gehandelt. § 1357 greift nicht bei Luxusgegenständen, es sei denn, ihre Anschaffung ist zwischen den Eheleuten besprochen worden, hier aber nicht. Marvin ist aus dem Geschäft nicht verpflichtet, Valentin muss sich daher an Frieda halten.

Zu Fall 5: Die Eltern von B sind seine gesetzlichen Vertreter (vgl. § 1626), jedoch nicht für alle Arten von Rechtsgeschäften (vgl. §§ 1629 Abs. 2, 1795 Nr. 1, 1589). Hier hätte ein Ergänzungspfleger (vgl. § 1909) bestellt werden müssen, weil die Eltern keine Vertretungsmacht für das Rechtsgeschäft hatten. Die Veräußerung ist also unwirksam.

1.7 Erbrecht

Lesen Sie bitte sämtliche angegebenen Paragrafen jeweils vollständig, also insbesondere mit allen Absätzen.

1.7.1 Gesetzliche und gewillkürte Erbfolge

> Im deutschen Erbrecht gilt die sog. **Gesamtrechtsnachfolge** (vgl. § 1922), das heißt der bzw. die Erben erben alles oder nichts. Es gibt – anders als in anderen Rechtssystemen – nicht die Möglichkeit, bestimmte Positionen der Erbschaft anzunehmen oder andere auszuschlagen.

Wegen der unterschiedlichen Voraussetzungen ist zunächst festzustellen, ob die gesetzliche oder die gewillkürte Erbfolge eingreift.

1. Gewillkürte Erbfolge

Grundsätzlich besteht in Deutschland **Testierfreiheit**. Das heißt, der Erblasser kann denjenigen bzw. diejenigen Personen als Erben einsetzen, die er dafür würdig hält (vgl. §§ 1937, 2302). Erben können nur (natürliche oder juristische) Personen sein, insbesondere ist es nicht zulässig, Tiere als Erben einzusetzen.

Erbe ist außerdem nur, wem das Vermögen oder ein Bruchteil dessen hinterlassen wurde. Werden dem Bedachten lediglich einzelne Gegenstände zugewendet, liegt keine Erbschaft sondern ein **Vermächtnis** vor (vgl. §§ 2087 ff., 1939) und der Vermächtnisnehmer hat einen schuldrechtlichen Anspruch gegen den oder die Erben auf Herausgabe (vgl. § 2174).

Die sog. **gewillkürte Erbfolge** greift regelmäßig dann ein, wenn der Erblasser in Ausübung seiner Testierfreiheit vor seinem Tod eine wirksame letztwillige Verfügung getroffen hat (vgl. § 1937).

> **Letztwillige Verfügungen** sind das **Testament** (vgl. § 2231) oder (in der Praxis eher selten) der **Erbvertrag** (vgl. §§ 1941, 2274 ff.).

In Notfällen kann ein sog. **Nottestament** errichtet werden (vgl. §§ 2249 ff.).

Bei der Ermittlung der Erbfolge ist daher immer zuerst zu prüfen, ob eine **(wirksame!) letztwillige Verfügung** vorliegt.

* Eine **wirksame** letztwillige Verfügung setzt zum einen voraus, dass sie **formwirksam** ist, d.h. entweder vor einem Notar ein **notarielles** Testament (vgl. §§ 2231, 2232) oder ein **Erbvertrag** errichtet wurde oder der Erblasser ein **vollständig selbst geschriebenes Testament** hinterlassen hat (vgl. §§ 2231, 2247). Bei Verstoß gegen das Formerfordernis ist die letztwillige Verfügung **nichtig** (vgl. § 125).
* Zum anderen muss der Erblasser zur Zeit der Errichtung **testierfähig** gewesen sein (vgl. § 2229 Abs. 4).
* Eine letztwillige Verfügung kann nachträglich **angefochten** werden, wenn z.B. der Erblasser durch eine Drohung gezwungen wurde, ein bestimmtes Testament zu machen (vgl. §§ 2078 ff.). Eine Anfechtung ist ferner möglich, wenn sich ein Erbe als erbunwürdig erwiesen hat (vgl. §§ 2339 ff.).

Der Erblasser hat die Möglichkeit, zeitlich nacheinander **Vorerben** und **Nacherben** einzusetzen (vgl. §§ 2100 ff., 2112 ff.), um so die Erbfolge in einer bestimmten Reihenfolge festzulegen.

2. Gesetzliche Erbfolge

Liegt eine letztwillige Verfügung nicht vor, ist sie unwirksam, zerstört (vgl. § 2255) oder wird sie einfach (absichtlich oder unabsichtlich) nicht gefunden, greift die **gesetzliche Erbfolge** ein (vgl. §§ 1923 ff.).

Das Gesetz teilt die Verwandten des Erblassers in verschiedene **Ordnungen** ein (vgl. §§ 1924 – 1929).

Gesetzliche Erben der **ersten Ordnung** sind die **Abkömmlinge** des Erblassers, wobei ein zur Zeit des Erbfalls lebender Abkömmling die durch ihn mit dem Erblasser verwandten Abkömmlinge von der Erbfolge ausschließt. An die Stelle eines zur Zeit des Erbfalls nicht mehr lebenden Abkömmlings treten die durch ihn mit dem Erblasser verwandten Abkömmlinge (Erbfolge nach **Stämmen**); Kinder erben zu gleichen Teilen (vgl. § 1924).

Generell lassen sich also folgende Grundsätze feststellen, die zur Ermittlung der gesetzlichen Erbfolge kombiniert angewendet werden müssen:

Ordnungsprinzip	Erbfolge nach unten („das Blut fließt nach unten"): Hat der Erblasser Kinder, schließen diese die Eltern etc. von der Erbfolge aus (vgl. §§ 1930, 1924 Abs. 1).
Erbrecht nach Stämmen; Repräsentationsprinzip	Ist ein Erbe vorverstorben (z.B. ein Kind), treten dessen Abkömmlinge (also z.B. die Enkelkinder) an seine Stelle (vgl. § 1924 Abs. 3); jedes Kind des Erblassers bildet einen Stamm.
Gleichberechtigungs- grundsatz	Mehrere Erben erben im Regelfall zu gleichen Teilen (vgl. § 1924 Abs. 4).
Ehegattenerbrecht	Neben den Kindern oder Eltern ist der (erbrechtlich nicht mit dem Erblasser verwandte!) Ehegatte unabhängig vom ehelichen Güterstand erbberechtigt (vgl. § 1931). Bestand Zugewinngemeinschaft erhöht sich der Erbteil um ein weiteres Viertel (vgl. § 1371).

Abb.: Grundsätze der gesetzlichen Erbfolge

- **Beispiel**: Die unverheiratete Erblasserin stirbt und hinterlässt drei Töchter. Die Töchter sind Erben erster Ordnung. Sie bilden jede einen Stamm. Alle Töchter erben zu gleichen Teilen, also erbt jede Tochter zu 1/3.

- **Abwandlung**: Eine der Töchter (T1) war bereits vor der Erblasserin verstorben; sie hat zwei Söhne (S 1 und S 2) hinterlassen. Die beiden anderen Töchter der Erblasserin (T2 und T 3) haben je ein Kind (K2 und K3). Es erben dann T 2 und T 3 jeweils 1/ 3; beide schließen, da sie leben, ihr Kind von der Erbfolge aus (vgl. § 1924 Abs. 2). T 1 hätte ebenfalls zu 1/ 3 geerbt, sie war jedoch schon verstorben. An ihre Stelle treten ihre Kinder S1 und S2 (vgl. § 1924 Abs. 3), die beide zu gleichen Teilen erben (vgl. § 1924 Abs. 4), also je zu 1/6.

3. Pflichtteilsanspruch

Ist ein **Abkömmling** des Erblassers durch Verfügung von Todes wegen von der Erbfolge ausgeschlossen, so kann er von dem Erben den **Pflichtteil** verlangen. Der Pflichtteil besteht in der **Hälfte** des Wertes des gesetzlichen Erbteils. Das gleiche Recht steht den **Eltern** und dem **Ehegatten** des Erblassers zu, wenn sie durch Verfügung von Todes wegen von der Erbfolge ausgeschlossen sind (vgl. § 2303).

Der **Pflichtteilsanspruch** ist ein ausschließlich auf Geld gerichteter Erbersatzanspruch gegen den Erben.

Beispiel: Die unverheiratete Erblasserin stirbt und hinterlässt drei Töchter. Eine Tochter ist im Testament enterbt worden. Würde die gesetzliche Erbfolge eingreifen, betrüge der Erbanteil jeder Tochter 1/3. Der Pflichtteilsanspruch der enterbten Tochter beträgt davon die Hälfte, also im Ergebnis den Wert von 1/6 in Geld. Der Erbanteil ihrer Schwestern erhöht sich um je 1/12 auf insgesamt je 5/12.

Kontrollfragen

- Wann liegt gesetzliche, wann gewillkürte Erbfolge vor?
- Ist ein maschinenschriftliches, handschriftlich unterzeichnetes Testament wirksam?
- Was bedeutet Testierfreiheit? Was bedeutet Testierfähigkeit?
- Nach welchen Regeln wird die gesetzliche Erbfolge ermittelt?
- Wie erbt ein überlebender Ehegatte?
- Worauf ist der Pflichtteilsanspruch gerichtet?

1.7.2 Nachlassforderungen und Nachlassverbindlichkeiten

Erben übernehmen einen Nachlass, wie er steht und liegt (**Gesamtrechtsnachfolge"**).

Stellt ein Erbe die **Überschuldung** des Nachlasses fest, kann er innerhalb von sechs Wochen nach Kenntnis seines Erbes die Erbschaft (in notarieller Form) ausschlagen; die Nicht-Ausschlagung der Erbschaft gilt automatisch als Annahme (vgl. §§ 1942 ff.).

Der Erbe muss auch für die Verbindlichkeiten des Nachlasses aufkommen (vgl. § 1967); er hat daher gegebenenfalls Vermögenswerte zu verkaufen, um die **Nachlassschulden** regulieren zu können. Stellt sich erst nach Annahme der Erbschaft eine **Überschuldung** des Nachlasses heraus, kann der Erbe die Beschränkung der Erbenhaftung auf den Nachlass erklären. Soweit die Gläubiger darauf bestehen, besteht die Möglichkeit, für einen überschuldeten Nachlass eine **Nachlassinsolvenz** zu beantragen bzw. durchzuführen (vgl. §§ 1980 ff.).

Kontrollfragen

- Innerhalb welcher Frist kann ein Erbe die Erbschaft ausschlagen?
- Welche Möglichkeiten der Haftungsbeschränkung stehen dem Erben zu?

1.7.3 Erbengemeinschaft

Erben mehrere Personen gemeinsam, so bilden sie eine sog. **Erbengemeinschaft** (vgl. §§ 2032 ff.), eine besondere Form der **Gesamthandsgemeinschaft** (vgl. §§ 2038, 2033).

- Über einen konkreten **Nachlassgegenstand** können die Erben nur **gemeinschaftlich** verfügen (vgl. § 2040), über den jeweiligen **Anteil am Nachlass** kann jeder Erbe allein verfügen (vgl. § 2033).
- Ziel der Erbengemeinschaft ist in der Regel die **Auseinandersetzung**, also die Verteilung des Nachlasses an die einzelnen Erben (vgl. §§ 2042 ff.), sei es durch Zuweisung einzelner Nachlassgegenstände an bestimmte Erben, sei es durch Veräußerung des Nachlasses und Verteilung des Erlöses an die Erben.

Kontrollfragen

- Was ist eine Erbengemeinschaft?
- Was versteht man unter der Erbauseinandersetzung?

1.7.4 Erbenlegitimation

Der Erbe legitimiert sich entweder durch ein **notarielles** Testament des Erblassers nebst **gerichtlichem Eröffnungsprotokoll** (ein handschriftliches Testament nebst Eröffnungsprotokoll reicht dazu nicht aus!) oder durch einen **Erbschein** (vgl. §§ 2353 ff.).

Nach dem Tod eines Erblassers wird also in aller Regel ein sog. **Erbscheinsantrag** zu stellen sein. In diesem Zusammenhang sind eventuell vorhandene Testamente vorzulegen.

Liegt ein notarielles Testament nebst **Eröffnungsprotokoll** vor, darf eine Bank darüber hinaus nicht noch die Vorlage eines Erbscheins verlangen.

Oft ist zumindest einem der Erben eine Vollmacht des Erblassers über den Tod hinaus erteilt worden. In diesen Fällen kann der Erbe agieren, ohne die Erteilung des Erbnachweises abwarten zu müssen. Die übrigen Erben können die Vollmacht allerdings widerrufen.

Kontrollfragen

- Was ist ein Erbschein?

- Nach einem Erbfall liegt ein notarielles Testament nebst Eröffnungsprotokoll vor. Muss darüber hinaus ein Erbschein beantragt werden?

1.7.5 Testamentsvollsteckung

Bei der gewillkürten Erbfolge hat der Erblasser die Möglichkeit, die **Testamentsvollstreckung** anzuordnen (§§ 2197 ff.). Dieses bietet sich in der Regel dann an, wenn entweder zum Zeitpunkt des Todes noch minderjährige Kinder vorhanden sind oder mehrere Personen erbberechtigt sind, die nicht miteinander harmonieren.

Zum **Aufgabenbereich des Testamentsvollstreckers** gehört insbesondere die ordnungsgemäße Abwicklung des Nachlasses, namentlich die Verwertung und Aufteilung in dem durch den Erblasser erwünschten Sinn (vgl. §§ 2203 ff.). Der Testamentsvollstrecker erhält für seine Tätigkeit eine Vergütung, die aus dem Nachlass zu entnehmen ist (vgl. § 2221).

Kontrollfragen

- Wann ist die Anordnung einer Testamentsvollstreckung sinnvoll?
- Wie wird eine Testamentsvollstreckung angeordnet?
- Welche Aufgaben hat ein Testamentsvollstrecker?

1.7.6 Übungsfälle

Fall 1: Eleonore (E) hat die Angewohnheit, ihr Testament wöchentlich zu ändern und gerade diejenigen Personen zu bedenken, die sich in der vergangenen Woche gut um sie gekümmert haben. Da es ein umfangreiches Testament mit zahlreichen Feinheiten ist, hat sie dieses als Textdokument auf ihrem Rechner gespeichert. Sie tauscht dann nur noch die begünstigten Personen aus, druckt das Ganze aus und unterschreibt es mit der Hand. Eines Tages stirbt E. Wer erbt?

Fall 2: Erblasserin E hat eine Tochter (T) und einen Sohn (S) hinterlassen. Mit S hatte sie schon seit Jahren kein Wort mehr gesprochen. Sie setzt daher ein Testament auf, in dem T als Alleinerbin eingesetzt ist. Der Nachlass besteht aus einer gut gelegenen Villa im Wert von 1.000.000 EUR . Wer erbt was?

Fall 3: Der verheiratete Edelbert macht ein Testament, in dem er sein geliebtes Eheweib Friedgunde zur Alleinerbin einsetzt; leider ist Edelbert da schon ziemlich geistig umnachtet. Edelbert stirbt und die trauernde Friedgunde fragt an, wie viel sie und die gemeinsamen Kinder Kobald und Kobold vom Erbe erben werden.

Abwandlung: Die Eheleute lebten in Gütertrennung.

Fall 4: Erblasserin Emilia hinterlässt ihren Gatten Gustav, ihre Mutter Marta, einen Haufen Geld und kein Testament. Wer erbt was?

Abwandlung: Emilia ist unverheiratet und hinterlässt eine Schwester und ihre (Emilias) Tochter.

Lösungshinweise

Zu Fall 1: Die testamentarische Erbfolge setzt voraus, dass das Testament formwirksam ist. Nach § 2247 muss ein privatschriftliches Testament vollständig mit der Hand geschrieben sein, es reicht nicht aus, dass es nur mit der Hand unterschrieben ist. Daher ist das Testament der E unwirksam, so dass die gesetzlichen Erben zum Zuge kommen, ansonsten erbt der Fiskus (vgl. § 1936).

Zu Fall 2: Ohne Testament wären T und S je zu ½ Miteigentümer der Villa geworden (und hätte diese als Erbengemeinschaft auch nur gemeinsam verkaufen können). So hat S einen Pflichtteilsanspruch, der sich auf die Hälfte des Wertes des gesetzlichen Erbteils bezieht. S kann daher von T Zahlung von 250.000 EUR verlangen.

Zu Fall 3: E war leider schon nicht mehr testierfähig, so dass kein wirksames Testament besteht und die gesetzliche Erbfolge eingreift. Mangels anderer Angaben ist davon auszugehen, dass die Eheleute im gesetzlichen Gütestand der Zugewinngemeinschaft gelebt haben. F erbt also ¼ (vgl. § 1931) plus ¼ (§ 1371) gleich ½. Die Kinder erben den Rest, nämlich je ¼.

Abwandlung: Wegen § 1931 Abs. 4 erben F und die Kinder zu je 1/3.

Zu Fall 4: Mangels anderer Angaben ist davon auszugehen, dass die Eheleute im gesetzlichen Gütestand der Zugewinngemeinschaft gelebt haben. M ist Erbin zweiter Ordnung. Neben ihr erbt G ½ (vgl. § 1931 Abs. 1) plus ¼ (vgl. § 1971), also insgesamt ¾. M erbt den Rest, also ¼.

Abwandlung: Die Schwester erbt nichts, die Tochter erbt alles (vgl. §§ 1930, 1924 Abs. 1).

2 Grundzüge des Kreditsicherungsrechts

2.1 Überblick

Bei der Kreditvergabe besteht grundsätzlich die Gefahr, dass der Kreditnehmer den Kredit nicht zurückzahlen kann. Der Kreditgeber hat folglich ein Interesse daran, seine Ansprüche zusätzlich zu sichern. Hierzu gibt es verschiedene Möglichkeiten:

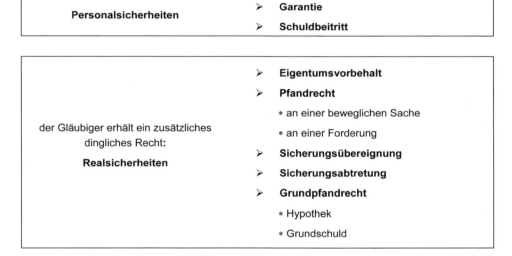

Abb.: Kreditsicherheiten

- Banken können für ihre Ansprüche aus der bankmäßigen Geschäftsverbindung jederzeit – selbst wenn die Ansprüche noch bedingt oder noch nicht fällig sind – von dem Kunden Sicherheiten (auch solche akzessorischer Art) verlangen (vgl. Nr. 13, 19 AGB/ Banken).

2.2 Bürgschaft

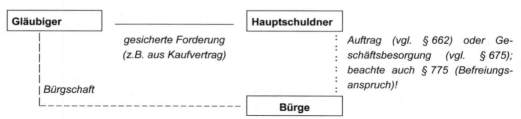

Abb.: Bürgschaft

2.2.1 Begründung und Arten

1. Begründung

> Durch den **Bürgschaftsvertrag** verpflichtet sich der **Bürge** gegenüber dem Gläubiger eines Dritten, für die Erfüllung der Verbindlichkeit des Dritten einzustehen (vgl. § 765).

- Die Bürgschaftserklärung muss **schriftlich** erteilt, also grundsätzlich eigenhändig unterschrieben werden (vgl. §§ 766, 126). Das Formerfordernis dient dem Schutz des Bürgen, es soll ihn warnen und sein Risiko eingrenzen.
- **Erteilung** ist die Entäußerung der Originalurkunde gegenüber dem Gläubiger. Die schriftliche Erklärung muss den Gläubiger und den Hauptschuldner ausweisen, die Hauptschuld wenigstens in hinreichend klaren Umrissen bezeichnen (z.B. alle bestehenden Verbindlichkeiten aus einem bestimmten Vertragsverhältnis, vgl. § 765 Abs. 2) und den Willen erkennen lassen, für fremde Schuld einzustehen.
- Unterzeichnet der Bürge nur eine **Blanketturkunde** und ermächtigt er Dritte dazu, diese Urkunde auszufüllen, so bedarf die Ermächtigung der Schriftform des § 766.
- Der **Formmangel** macht die Bürgschaft **nichtig** (vgl. § 125), sofern er nicht dadurch geheilt wird, dass der Bürge die Hauptverbindlichkeit erfüllt (vgl. § 766 Satz 3). Die Bürgschaft des **Kaufmanns** ist formfrei wirksam, wenn sie im Rahmen seines **Handelsgeschäfts** (vgl. §§ 350, 343, 344 HGB) erfolgt.
- Der Bürge hat ein Widerrufsrecht nach § 312, wenn er Verbraucher ist und die Bürgschaft in einer Haustürsituation begründet worden ist.

- Der Bürgschaftsvertrag zwischen einem Kreditinstitut und einem privaten Bürgen kann **sittenwidrig** (vgl. § 138 Abs. 1) sein, wenn der Verpflichtungsumfang die finanzielle Leistungsfähigkeit des dem Hauptschuldner persönlich nahe stehenden (emotional verbundenen) Bürgen krass überfordert, weil der Bürge voraussichtlich noch nicht einmal die laufenden Zinsen der Hauptschuld aufbringen kann.

2. Arten der Bürgschaft

- Kreditbürgschaft: sichert ein laufendes Darlehen
- Kontokorrentbürgschaft: sichert die sich aus laufender Rechnung ergebenden Forderungen (vgl. §§ 355 ff. HGB)
- Nachbürgschaft: ein Nachbürge steht für die Verpflichtung eines Erstbürgen ein
- Ausfallbürgschaft: der Bürge steht für das ein, was der Gläubiger trotz sorgfältiger Geltendmachung und Durchsetzung seiner Forderung vom Hauptschuldner nicht erlangen konnte
- Gewährleistungsbürgschaft: sichert Mängelhaftungsansprüche (in Geld) im Werkvertragsrecht, Besteller muss aber den Sicherungseinbehalt zuvor an den Unternehmer ausgezahlt haben
- Höchstbetragsbürgschaft: betragsmäßige Begrenzung
- Bürgschaft auf erstes Anfordern: der Bürge muss bei Vorliegen der formalen Voraussetzungen grundsätzlich zahlen, ohne dass es auf die materielle Rechtslage ankommt (Ausnahme: offensichtlich keine materielle Berechtigung des Gläubigers); extrem risikoreiche Form der Bürgschaft, nicht per AGB vereinbar
- siehe ferner: Kreditauftrag (vgl. § 778) → *keine* Bürgschaft, da die Verpflichtung zur Kreditgewährung im eigenen wirtschaftlichen Interesse des Auftraggebers liegt; Haftung des Auftraggebers nur *wie* ein Bürge
- Bankbürgschaft (Aval): z.B. Mietkautionsbürgschaft oder Gewährleistungsbürgschaft für Bankkunden gegenüber Dritten durch die Bank

2.2.2 Rechte und Pflichten der Beteiligten, Sicherungszweck

Der Bürge hat gegenüber dem Gläubiger in der vereinbarten Form für die Hauptschuld einzustehen, in der Regel besteht eine Zahlungspflicht.

> Die Bürgschaft ist **akzessorisch**, d.h. sie ist eine von Entstehung und Erlöschen, Umfang, Zuordnung und Durchsetzbarkeit der Hauptschuld dauernd abhängige Hilfsschuld.

Für die Verpflichtung des Bürgen ist der jeweilige Bestand der Hauptverbind-lichkeit maßgebend. Ein Rechtsgeschäft, das der Hauptschuldner nach Über-nahme der Bürgschaft vornimmt (z.B. die Erweiterung des gesicherten Kre-dits), kann die Verpflichtung des Bürgen nicht erweitern (**Verbot der Fremd-disposition**, vgl. § 767).

- Auf vertragliche Nebenansprüche (z.B. Zinsen) erstreckt sich die Bürgschaft nur bei entsprechender Vereinbarung.
- Eine **Klausel**, wonach sich die Bürgschaft auf alle bestehenden und künftigen Ver-bindlichkeiten des Schuldners aus einer Geschäftsbeziehung – und nicht nur auf bestimmt bezeichnete Ansprüche bezieht, ist ungewöhnlich und damit nach § 305c Abs. 1 unwirksam. Eine **Klausel**, wonach sich die Bürgschaft über die Ansprüche, die Anlass für die Verbürgung waren („**Anlasskredit**") und bei denen der Gläubiger ein aktuelles Sicherungsbedürfnis hat, hinaus auf alle (nicht näher definierten) An-sprüche des Gläubigers gegen den Hauptschuldner bezieht (sog. **weite Zweckab-rede**; **Globalbürgschaft**), ist wegen § 307 Abs. 2 wegen unangemessener Be-nachteiligung unwirksam, wenn der Kreis der künftigen Forderungen nicht von An-fang an klar abgesteckt und für den Bürgen erkennbar ist (vgl. § 767 S. 3: Verbot der Fremddisposition). Bürgschaften von Geschäftsführern für ihre Gesellschaft werden davon nicht erfasst, weil die Geschäftsführer über den Bestand der Haupt-schuld und künftige Entwicklungen informiert sind und darauf in der Regel Einfluss nehmen können. In den Fällen der Unwirksamkeit von Klauseln (Individualabreden können wirksam sein!) nach § 305c oder § 307 bleibt die Bürgschaft für die Schuld bestehen, die erkennbar Anlass zur Eingehung war; dies gilt auch für eine Höchst-betragsbürgschaft.
- Der **Bürge** kann die dem **Hauptschuldner** zustehenden **Einreden** (z.B. Zurück-behaltungsrecht oder Verjährung) geltend machen und verliert eine Einrede nicht dadurch, dass der Hauptschuldner auf sie verzichtet (vgl. § 768).
- Der **Bürge** kann **selbst** die **Einrede der Verjährung** der Bürgschaft erheben.
- Verbürgen sich **mehrere (gleichstufig)** für dieselbe Verbindlichkeit, haften sie auch dann als **Gesamtschuldner**, wenn sie die Bürgschaft nicht gemeinschaftlich übernehmen (vgl. § 769), wobei in der Regel abweichende Vereinbarungen ge-troffen werden.
- Der Bürge kann die Befriedigung des Gläubigers verweigern, solange der Haupt-schuldner ein Anfechtungsrecht – oder sonstiges Gestaltungsrecht (z.B. Rücktritts-recht) – hat (**Einrede der Gestaltbarkeit**, vgl. § 770 Abs. 1) oder sich der Gläubi-ger durch Aufrechnung gegen eine fällige Forderung des Hauptschuldners befrie-digen kann (**Einrede der Aufrechenbarkeit** vgl. § 770 Abs. 2).

- Der Bürge kann die Befriedigung des Gläubigers verweigern, solange der Gläubiger nicht die Zwangsvollstreckung gegen den Hauptschuldner ohne Erfolg versucht hat (**Einrede der Vorausklage**); erhebt der Bürge diese Einrede, ist die Verjährung des Anspruchs des Gläubigers gegen den Bürgen gehemmt (vgl. § 771). Dies gilt nicht in den Fällen des § 773 , z.B. bei einer **selbstschuldnerischen Bürgschaft** (der Gläubiger kann sofort den Bürgen in Anspruch nehmen, ohne sich zunächst an den Hauptschuldner wenden zu müssen; **Kaufleute** bürgen wegen § 349 HGB stets **selbstschuldnerisch**!) oder in der Insolvenz des Hauptschuldners.

2.2.3 Abgrenzung zu Schuldbeitritt, Schuldübernahme, Garantie

1. Schuldbeitritt (Schuldmitübernahme)

Beim Schuldbeitritt tritt zusätzlich zu dem Schuldner ein weiterer Schuldner hinzu, beide haften als Gesamtschuldner (vgl. §§ 421 ff.). Der vertragliche Schuldbeitritt ist Verpflichtungsvertrag (vgl. § 311 Abs. 1). Er begründet eine eigene, nicht akzessorische (vgl. § 425) Haftung des Beitretenden, der – im Gegensatz zum Bürgen – auch ein eigenes wirtschaftliches Interesse an der Erfüllung der Verbindlichkeit hat; im Zweifel wird jedoch eine (fremdnützige) Bürgschaft angenommen. Die Schuld des Beitretenden bestimmt sich nach dem Inhalt der Hauptschuld zum Zeitpunkt des Beitritts; § 417 betreffend Einwendungen/ Einreden des Hauptschuldners gilt entsprechend. Grundsätzlich herrscht kein Formzwang, es sei denn, das Verpflichtungsgeschäft als solches ist formbedürftig (z.B. bei einer Schenkung). Auf den Schuldbeitritt eines Verbrauchers sind die §§ 491 bis 507 anzuwenden, unabhängig davon, ob ein Verbraucherdarlehen oder ein gewerblicher Kredit gesichert werden soll.

2. Schuldübernahme

Die Schuldübernahme (vgl. §§ 414 ff.) führt zu einer Auswechselung des Schuldners (Gegenstück zur Abtretung), wenn der Gläubiger einverstanden ist. Der Gläubiger erhält also nicht einen zusätzlichen Schuldner. Durch die Schuldübernahme erlöschen alle akzessorischen Sicherungsrechte (vgl. § 418), z.B. eine Bürgschaft oder ein Pfandrecht.

3. Garantie

Die Garantie ist ein Verpflichtungsvertrag eigener Art, in dem sich der Garant verpflichtet, für den Eintritt eines bestimmten Erfolges einzustehen oder die Gefahr eines künftigen Schadens zu übernehmen; der Garant haftet auch für alle „nicht typischen Zufälle".

Bei einer Forderungsgarantie besteht keine Akzessorietät zu der gesicherten Forderung, der Garant haftet also – anders als der Bürge – unabhängig vom Fortbestand der gesicherten Schuld. Der Garantievertrag ist grundsätzlich formfrei wirksam (aber beachte § 311 b).

Bankgarantie: Zwischen Auftraggeber und der Bank besteht ein **Garantieauftrag** (Geschäftsbesorgungsvertrag). Zwischen dem Auftraggeber und dem Dritten (Begünstigten) besteht ein **Vertrag mit Bankgarantieklausel**. Zwischen der Bank und dem Dritten (Begünstigten) besteht ein **Garantievertrag (Garantieerklärung)**, in der Regel ist dabei Zahlung auf erstes Anfordern vereinbart.

- Häufig auch: Konstruktion über eine **Rückgarantie** mit Einschaltung einer **zweiten** Bank am Sitz des Begünstigten; die zweite Bank gibt die Garantieerklärung ab, zahlt aus und erwirbt einen Aufwendungsersatzanspruch gegen die erste Bank, verstärkt durch Übernahme einer Rückgarantie seitens der ersten Bank.

2.2.4 Ende der Bürgschaft

- Die Bürgschaft endet bei **Erlöschen der Hauptschuld** (vgl. § 767), **Wechsel** des Hauptschuldners bei befreiender Schuldübernahme (vgl. § 418), **Erlöschen der Bürgschaftsschuld** (z.B. durch Erfüllung), **Kündigung** der Bürgschaft oder **Zeitablauf** (vgl. § 777). Bei Tod des Bürgen geht die Bürgschaft auf die Erben über.

- Soweit der Bürge den Gläubiger befriedigt, also die Bürgschaftsschuld erfüllt, hat er **Rückgriffsansprüche** gegen den Hauptschuldner, denn die Forderung des Gläubigers gegen den Hauptschuldner geht auf den Bürgen über (**Legalzession**; vgl. § 774 Abs. 1); Mitbürgen (und nach der Rechtsprechung auch sonstige dingliche Sicherungsgeber) haften einander nur nach § 426. Der Forderungsübergang erfasst auch abhängige Nebenrechte, wie z.B. Zinsen (vgl. §§ 412, 401). **Selbstständige Sicherungsrechte** wie z.B. das Vorbehaltseigentum, gehen nicht kraft Gesetzes über, der Gläubiger ist jedoch analog §§ 774, 401 zur Übertragung auf den Bürgen verpflichtet. Zum anderen stehen dem Bürgen gegen den Hauptschuldner Aufwendungsersatzansprüche (vgl. §§ 675, 683, 684, 670) aus dem zwischen ihnen bestehenden Rechtsverhältnis zu.

- Wenn der Gläubiger ein mit der Hauptforderung verbundenes Sicherungsrecht vorsätzlich aufgibt, so wird der Bürge von der Bürgschaft in dem Umfang frei, in dem er nach § 774 für das aufgegebene Recht Ersatz erhalten hätte (vgl. § 776). Auf die Einwendung aus § 776 kann der Bürge verzichten, ein genereller Verzicht im Rahmen von AGB ist jedoch gemäß § 307 unwirksam.

- Der Bürge kann vor Befriedigung der Bürgschaft gegen den Hauptschuldner unter bestimmten Voraussetzungen einen **Befreiungsanspruch** (vgl. §§ 775, 257) haben, z.B. wenn sich die Vermögensverhältnisse des Hauptschuldners wesentlich verschlechtert haben.

- Der Bürge kann die Bürgschaft gegenüber dem Gläubiger **aus wichtigem Grund kündigen** (vgl. § 314). Die Bürgschaft beschränkt sich dann auf die bis zur Wirksamkeit der Kündigung begründeten Verbindlichkeiten (bei Kontokorrentbürgschaft: Tagessaldo oder der Rechnungsabschluss, sofern er niedriger ist).

Kontrollfragen

- Wovon ist die Bürgschaft abzugrenzen?
- Welche Arten von Bürgschaften kennen Sie?
- Was versteht man unter einer Globalbürgschaft?
- Welche Einreden kann ein Bürge erheben?
- Wann ist eine Bürgschaft sittenwidrig?
- Was geschieht, wenn der Bürge den Gläubiger befriedigt hat?

2.2.5 Übungsfälle

Fall 1: Eine notarielle Bürgschaftsurkunde wird per Fax an den Gläubiger übermittelt. Ist die Bürgschaft wirksam?

Fall 2: Der 6 ¾ Jahre alte Peter verkauft dem sechsjährigen Emil für 20 EUR ein Computerspiel und übergibt es ihm auch. Emils erwachsener Bruder Frieder erklärt schriftlich gegenüber Peter, dass er für Emils Schuld in Höhe von 20 EUR bürgt. Hat Peter einen Anspruch auf den Kaufpreis?

Fall 3: Gloria und Sigrid schließen einen wirksamen Kaufvertrag, wobei sich Berta für die Kaufpreisschuld der Sigrid wirksam verbürgt. Sigrid erklärt später, sie könne leider nicht zahlen. Gloria fordert daraufhin Berta „zu einer unverzüglichen Zahlung" auf. Muss Berta dieser Aufforderung nachkommen?
Abwandlung 1: B ist Kauffrau und S ihre beste Kundin. Ändert sich etwas?
Abwandlung 2: G hat die S bei Abschluss des Kaufvertrages arglistig getäuscht.
Abwandlung 3: B zahlt an G. Welche Ansprüche hat B dann?

Fall 4: Ehemann Michel benötigt einen Kredit über 100.000 EUR für sein Geschäft. Die Bank wünscht Bürgen. Ehefrau Flora und Sohn Siegfried bürgen bei der Bank selbstschuldnerisch und schriftlich für den Kredit. Flora und Siegfried haben beide kein Vermögen. Flora ist eine geschäftsunerfahrene Hausfrau, Siegfried arbeitet mit im Geschäft, das er später übernehmen soll. Das Geschäft des Michel geht pleite. Kann die Bank Flora und Siegfried in Anspruch nehmen?

Lösungshinweise

Zu Fall 1: Nein! zwar ist die Schriftform gewahrt, die Bürgschaftserklärung wurde aber nicht erteilt, also im Original dem Gläubiger ausgehändigt.

Zu Fall 2: Ansprüche aus Kaufvertrag kann Peter nicht geltend machen, weil beide Vertragspartner geschäftsunfähig sind (vgl. §§ 104, 105) und weder § 107 noch § 110 eingreifen. Fraglich ist, ob Peter aus der Bürgschaft ein Anspruch gegen Frieder zusteht. Jedoch besteht ohne eine wirksame Forderung auch keine (akzessorische!) Bürgschaft. Peter hat also keinen Anspruch auf den Kaufpreis.

Zu Fall 3: G könnte gegen B einen Anspruch aus der Bürgschaft haben. B kann sich jedoch mit der Einrede der Vorausklage (vgl. § 771) verteidigen, solange kein Fall des § 773 vorliegt und G noch nicht versucht hat, das Geld im Wege der Zwangsvollstreckung bei S beizutreiben.

Abwandlung 1: B ist Kauffrau, daher gelten §§ 349, 343, 344 HGB! B hat selbstschuldnerisch gebürgt (vgl. § 773 Abs. 1 Nr. 1) und muss sofort zahlen.

Abwandlung 2: Der Kaufvertrag ist anfechtbar (vgl. § 123), daher kann B innerhalb der Anfechtungsfrist (vgl. § 124) die Einrede der Anfechtbarkeit geltend machen (vgl. § 770 Abs. 1).

Abwandlung 3: Die Forderung der G gegen S geht dann auf B über (vgl. § 774 Abs. 1). Außerdem hat B gegen S einen Anspruch aus Geschäftsbesorgungsvertrag (vgl. §§ 670, 675).

Zu Fall 4: Anspruchsgrundlage: § 765.

Der Bürgschaftsvertrag könnte jedoch wegen § 138 sittenwidrig sein. Bei **S** ist § 1618 a zu beachten; danach verletzen Eltern gegenüber Kinder ihre Pflichten, wenn das Kind finanziell noch unselbstständig und nicht ausreichend leistungsfähig ist. S arbeitet zwar im Betrieb mit und ihm ist eine spätere Übernahme des Betriebs in Aussicht gestellt. Dies spielt aber keine Rolle, weil von einer ausreichenden Leistungsfähigkeit nur dann auszugehen wäre, wenn schon jetzt absehbar wäre, dass S erheblich Gewinnaussichten hat, was nicht der Fall ist. Bei **F** ergibt sich die Sittenwidrigkeit aus einer krassen finanziellen Überforderung, denn die F ist nicht in der Lage, auch nur die laufenden Zinsen zu tilgen, sie hat auch keinen unmittelbaren Vorteil aus dem Darlehen wie z.B. einen Miteigentumsanteil. Der Bürgschaftsvertrag ist daher als sittenwidrig und damit als nichtig anzusehen. Die Bank kann also F und S nicht in Anspruch nehmen.

2.3 Pfandrecht an beweglichen Sachen und Rechten

> Eine **bewegliche Sache** oder ein **Recht** kann zur Sicherung einer Forderung in der Weise mit einem beschränkt dinglichen Recht (**Pfandrecht**) belastet werden, dass der Gläubiger berechtigt ist, Befriedigung durch Verwertung der Sache oder des Rechts zu suchen (vgl. §§ 1204 ff., 1273 ff.), wenn die zu Grunde liegende Forderung nicht erfüllt wird.

2.3.1 Arten

- **Gesetzliche** Pfandrechte entstehen, sobald die im Gesetz bestimmten Voraussetzungen vorliegen. Die Vorschriften über vertragliche Pfandrechte finden auf sie entsprechende Anwendung (vgl. § 1257).

  Vermieterpfandrecht (vgl. §§ 562 ff.): Der Vermieter hat für seine Forderungen aus dem Mietverhältnis ein Pfandrecht an den eingebrachten Sachen des Mieters, sofern diese der Pfändung unterliegen (z.B. Pfandrecht der Bank am Schließfachinhalt wegen Forderung aus dem Schließfach-Mietvertrag).

  Pfandrecht des Gastwirts (vgl. § 704)

  Werkunternehmerpfandrecht (vgl. § 647): Der Unternehmer hat für seine Forderungen aus dem Vertrag ein Pfandrecht an den von ihm hergestellten oder ausgebesserten beweglichen Sachen des Bestellers, wenn sie bei der Herstellung/ Ausbesserung in seinen Besitz gelangt sind.

- **Vertragliche** Pfandrechte entstehen aufgrund vertraglicher Vereinbarung oder über Allgemeine Geschäftsbedingungen.

  AGB-Pfandrecht der Banken: Lombard-Darlehen werden durch Pfandrechte an beweglichen Sachen gesichert.

2.3.2 Pfandrecht an beweglichen Sachen

1. Begründung

- Das vertragliche Pfandrecht an einer beweglichen Sache (**Faustpfandrecht**) wird dadurch bestellt, dass der Eigentümer die Sache dem Pfandrechtsgläubiger übergibt und sich beide darüber einig sind, dass dem Gläubiger das Pfandrecht zustehen soll. Die Übergabe kann bei nur mittelbarem Besitz des Eigentümers an der Sache dadurch ersetzt werden, dass der mittelbare Besitz auf den Gläubiger übertragen wird und dem Besitzer die Verpfändung angezeigt wird (vgl. § 1205 Abs. 2); anstelle der Übergabe kann auch die Einräumung von Mitbesitz für den Gläubiger erfolgen (vgl. § 1206). Die Übergabe kann **nicht** (wie bei § 930) dadurch erfolgen, dass der Eigentümer Besitzmittler des Gläubigers wird, denn der Gläubiger muss das Pfand immer in den Händen haben.

- Die Verpfändung ist eine **Verfügung**, also ein **dingliches** Rechtsgeschäft.

- Eine Bank hat am Schließfachinhalt auch bei Mitverschluss **keinen** Mitbesitz, daher wird am Inhalt **kein** Pfandrecht nach Nr. 14 AGB/ Banken begründet.

- Nur ein **vertragliches** Pfandrecht kann von einem Nichteigentümer gutgläubig erworben werden (vgl. §§ 1207, 932 ff.). **Gesetzliche** Pfandrechte können nur nach § 366 Abs. 3 HGB gutgläubig erworben werden, sonst nicht.

- Inhaberpapiere (s. § 793) werden wie bewegliche Sachen verpfändet (vgl. § 1293), Pfandrechte an Orderpapieren entstehen durch Einigung und Übergabe des indossierten Papiers.

2. Übertragung

- Mit der Übertragung einer Forderung geht ein dafür bestehendes Pfandrecht über (vgl. § 1250 und § 401). Das Pfandrecht ist **akzessorisch**, d.h. es entsteht und besteht nicht ohne die Hauptforderung.

3. Erlöschen

- Das Pfandrecht erlischt mit der Forderung, für die es besteht (vgl. § 1252).

- Es erlischt ferner bei Rückgabe des Pfandes an den Verpfänder oder den Eigentümer (vgl. § 1253), grundsätzlich auch dann, wenn das Pfandrecht mit dem Eigentum in einer Person zusammentrifft (vgl. § 1256), bei rechtsgeschäftlicher Aufhebung (vgl. § 1255) und bei Schuldübernahme der Forderung ohne Einwilligung des Eigentümers (vgl. § 418).

- Das Pfandrecht kann auch dadurch untergehen, dass ein Dritter in gutem Glauben an die Lastenfreiheit Besitz und Eigentum an dem belasteten Gegenstand erwirbt (vgl. §§ 936, 935).

- Die Befriedigung des Pfandgläubigers aus dem Pfand erfolgt bei beweglichen Sachen durch Verkauf, sobald **Pfandreife** eingetreten, die Forderung also fällig ist (vgl. § 1228). Nach **Verkaufsandrohung** und **Wartefrist** erfolgt entweder ein freihändiger Verkauf (vgl. § 1221) oder die öffentliche **Versteigerung** (vgl. §§ 1233 ff.). Bei einer rechtmäßigen Veräußerung gebührt der Erlös dem Gläubiger. Ein unrechtmäßig veräußertes Pfand (vgl. §§ 1242, 1244) kann gutgläubig erworben werden (vgl. §§ 1244, 932 ff.).

2.3.3 Pfandrecht an Rechten

- **Gegenstand** des Pfandrechts kann nur ein übertragbares (vgl. § 1274 Abs. 2) und durch Zwangsvollstreckung oder Einziehung verwertbares Vermögensrecht sein, dessen Verpfändung nicht gesetzlich ausgeschlossen (vgl. §§ 1274 Abs. 2, 399, 400) ist, z.B. eine Forderung oder der Anspruch auf Auszahlung eines Kontoguthabens gegen eine Bank (vgl. §§ 700, 488).

- Die **Bestellung** des Pfandrechts erfolgt nach den für die Übertragung des Rechts geltenden Vorschriften (vgl. § 1274), gegebenenfalls in Verbindung mit einer Übergabe (vgl. §§ 1205, 1206, z.B. bei der Verpfändung von Namenspapieren) oder einer Eintragung im Grundbuch (vgl. § 873, z.B. Verpfändung einer Buchgrundschuld). Die Verpfändung einer durch bloßen Abtretungsvertrag übertragbaren Forderung muss dem Schuldner der Forderung zwingend angezeigt werden um wirksam zu sein (vgl. § 1280).

- Die **Pfandverwertung** erfolgt aufgrund eines vollstreckbaren Titels nach den Regeln der Zwangsvollstreckung (vgl. § 1277), z.B. durch Pfändung und Überweisung.

Kontrollfragen

- Wozu dient ein Pfandrecht?
- Welche Arten von Pfandrechten gibt es? Nennen Sie Beispiele!
- Wie wird ein Pfandrecht bestellt und übertragen?

2.3.4   Übungsfälle

Fall 1: Sabine hat Gerd zur Sicherung einer Schuld ein Pfandrecht an ihrem Fahrrad eingeräumt. Dann begleicht Sabine die Forderung vollständig.

Schicksal der Forderung? Schicksal des Pfandrechts?

Fall 2: Karla erhält von Gero einen Kredit. Zur Sicherung der Schuld bestellt Peter ein Pfandrecht an seinem Fahrrad. Da Karla nicht zahlen kann, zahlt Peter an Gero.

Schicksal der Forderung? Schicksal des Pfandrechts?

Fall 3: Carola stellt ihrer Freundin Manuela für deren Diplomarbeit ihren Laptop zur Verfügung. Manuela nimmt das Gerät mit nach Hause, übergibt es jedoch anderntags als Pfand an Dora, bei der sie noch Schulden hat und die nicht weiß oder wissen kann, wem das Gerät eigentlich gehört. Hat Dora eine Sicherheit für ihren Anspruch erlangt?

Abwandlung: Manuela ließ seinerzeit den Laptop bei Carola einfach mitgehen, ohne das diese es bemerkte.

Lösungshinweise

Zu Fall 1: Die Forderung erlischt durch Erfüllung (vgl. § 362). Das Pfandrecht fällt mit dem Eigentum zusammen und erlischt (vgl. § 1256).

Zu Fall 2: Die Forderung geht auf Peter über (vgl. § 1225), ebenso das Pfandrecht (vgl. § 1250).

Zu Fall 3: D hat ein Pfandrecht erlangt. Es wurde wirksam bestellt (vgl. § 1205) und die Tatsache, dass der Laptop der M nicht gehörte, konnte nicht verhindern, dass die D gutgläubig ein Pfandrecht erlangt hat (vgl. §§ 1207, 932).

Abwandlung: Da der Laptop der C ohne ihr Wissen abhanden gekommen ist, verhindert § 935 den gutgläubigen Erwerb des Pfandrechts durch D.

2.4 Eigentumsvorbehalt *siehe S. 73/74*

2.4.1 Einfacher Eigentumsvorbehalt

> Hat sich der Verkäufer einer **beweglichen Sache** das Eigentum bis zur Zahlung des Kaufpreises vorbehalten, so ist im Zweifel anzunehmen, dass das Eigentum unter der **aufschiebenden Bedingung** (vgl. § 158 Abs. 1) vollständiger Zahlung des Kaufpreises übertragen wird (**Eigentumsvorbehalt**, vgl. § 449).

- Die Vereinbarung eines **Eigentumsvorbehalts** dient der Absicherung des Verkäufers vor allem bei Kaufverträgen mit Ratenzahlung: Das Eigentum soll erst dann übergehen, wenn der Kaufpreis vollständig gezahlt worden ist.

- Der Eigentumsvorbehalt ist im Gesetz nicht zwingend vorgesehen. Im Regelfall ist es möglich, eine Sache zu erwerben und Eigentümer zu werden, ohne dass z.B. der Kaufpreis zu diesem Zeitpunkt schon vollständig gezahlt ist (Abstraktionsprinzip!).

- Ein Eigentumsvorbehalt muss – spätestens bei Übergabe der Sache – wirksam **vereinbart** werden. Üblicherweise geschieht dies im Wege Allgemeiner Geschäftsbedingungen (AGB), deren Einbeziehung und Wirksamkeit dann im einzelnen genau überprüft werden muss.

- Aufgrund des Eigentumsvorbehalts kann der Verkäufer die Sache nur herausverlangen, wenn er zuvor vom Vertrag zurückgetreten ist (vgl. §§ 449 Abs. 2, 323, 324, 346).

- Der Eigentumsvorbehalt **erlischt**, wenn an der Sache durch einen anderen Erwerber Eigentum erworben wird oder wenn der Veräußerer auf den Eigentumsvorbehalt verzichtet.

2.4.2   Verlängerter Eigentumsvorbehalt

Der einfache Eigentumsvorbehalt sichert den Verkäufer nicht dagegen, dass aus der unter Eigentumsvorbehalt verkauften Sache eine neue Sache hergestellt wird, an welcher dann der Hersteller Eigentum erlangt, wobei gleichzeitig das Eigentum des Verkäufers untergeht (vgl. § 950).

Mit einem **verlängerten Eigentumsvorbehalt** sichert sich der Eigentumsvorbehaltsverkäufer auch das Eigentum an den Sachen, die aus der ursprünglich verkauften Sache hergestellt werden, bzw. die Rechte an den daraus entstehenden Forderungen. Dies setzt jedoch voraus, dass der Eigentumsvorbehaltsverkäufer vorab in eine Weiterverarbeitung eingewilligt hat (vgl. § 185 Abs. 1) bzw. dass der Käufer die zukünftig entstehenden Forderungen schon vorher an den Verkäufer abtritt (vgl. § 398).

2.4.3   Anwartschaftsrecht

Beim Kauf unter Eigentumsvorbehalt wird der Käufer regelmäßig noch nicht sofort (Voll-) Eigentümer. Er erwirbt das Eigentum an der Sache vielmehr sukzessive Zug um Zug gegen Zahlung der monatlichen Raten. Durch die aufschiebend bedingte Übereignung entsteht das sog. **Anwartschaftsrecht**, wenn und weil die vom Käufer erlangte Rechtsposition durch den Verkäufer nicht mehr einseitig zerstört werden kann (vgl. §§ 160 ff.).

- Das Anwartschaftsrecht ist ein selbstständiges dingliches Recht, das grundsätzlich ebenfalls wie bewegliche Sachen gemäß § 929 ff. übertragen und gutgläubig erworben werden kann.

- Bei Verletzung des Anwartschaftsrechts kann der Inhaber Schadensersatzansprüche z.B. nach § 823 Abs. 1 haben, weil das Anwartschaftsrecht als sonstiges Recht im Sinne von § 823 Abs. 1 angesehen wird.

- Grundsätzlich erlischt das Anwartschaftsrecht und das Volleigentum entsteht, sobald der Eigentumsvorbehaltskäufer den Kaufpreis vollständig gezahlt hat.

Kontrollfragen

- Was versteht man unter einem Eigentumsvorbehalt?
- Wie entsteht ein Eigentumsvorbehalt?
- Was ist der Unterscheid zwischen einem einfachen und einem verlängerten Eigentumsvorbehalt?

2.4.4　Übungsfälle

Fall 1: Karl kauft unter Eigentumsvorbehalt einen Fernseher von Varus. Nachdem Karl acht Kaufpreisraten gezahlt hat, möchte er den Fernseher weiterverkaufen. Er tritt daher alle Rechte am Fernseher an Dora ab und verpflichtet sich, die zwei letzten Raten noch selbst an Varus zu zahlen. Wie vollzieht sich der Eigentumsübergang?

Fall 2: Nora verkauft Lilja einen funkelnagelneuen Kühlschrank und erwähnt beiläufig, dass sie noch beim Händler die Raten abstottere. Lilja erhält den Kühlschrank, zahlt an Nora den vereinbarten Kaufpreis und wähnt sich nun als Eigentümerin des Kühlschranks. Zu recht?

Fall 3: Kunibert kauft auf Raten von Valeria die Ritterrüstung ihres verstorbenen Gatten und schleppt die Rüstung gleich nach einer kleinen Anzahlung auf seine Burg. Die Rechnung kommt am nächsten Tag per Brieftaube und enthält den Hinweis auf einen Eigentumsvorbehalt. Wer ist Eigentümer der Ritterrüstung?

Lösungshinweise

Zu Fall 1: Mit Zahlung der letzten Kaufpreisrate geht das Eigentum unmittelbar von V auf D über, denn K hatte bereits sein Anwartschaftsrecht auf D übertragen und damit alle Rechte an dem Fernseher verloren. Die auf D übertragene Anwartschaft ist bei Bedingungseintritt (vollständige Kaufpreiszahlung) bei D zum Vollrecht Eigentum erstarkt.

Zu Fall 2: Dann müsste der Verkäufer sein Eigentum an Lilja verloren haben. Aus der Äußerung von Nora über die Ratenzahlung lässt sich jedoch schließen, dass der Kühlschrank – wie in diesen Fällen üblich – nur unter Eigentumsvorbehalt gekauft war. Dann konnte Nora kein Eigentum übertragen, weil sie es mangels vollständiger Kaufpreiszahlung noch gar nicht selbst erworben hatte. Fraglich ist, ob Lilja eventuell das Eigentum an dem Kühlschrank gutgläubig erworben hat (§§ 929, 932). Dem dürfte jedoch § 932 Abs. 2 entgegenstehen, weil neue Sachen von Händlern heute praktisch ausschließlich unter Eigentumsvorbehalt verkauft werden, was auch Lilja wissen müsste. Das Eigentum an dem Kühlschrank hat also nach wie vor der Händler.

Zu Fall 3: Wohl der Ritter Kunibert, denn der Eigentumsvorbehalt kommt erst nach der Übergabe der Rüstung (vgl. § 130) und damit zu spät: Es hat bereits eine unbedingte Übereignung nach § 929 stattgefunden.

2.5 Sicherungsübereignung

Bitte verdeutlichen Sie sich nochmals genau, was Akzessorietät bedeutet.

2.5.1 Wesen und Begründung

[handschriftlich: abstrakt ↑   treuhänderisch]

> Die **Sicherungsübereignung** ist eine der sog. **fiduziarischen** Sicherheiten, bei denen zwar im **Außenverhältnis** eine dingliche Übertragung von Sachen oder Rechten erfolgt, der Erwerber jedoch im **Innenverhältnis** als **Treuhänder** fungiert und verpflichtet ist, von dem erworbenen Gegenstand nur in einer bestimmten Art und Weise Gebrauch zu machen.

- Die **Sicherungsübereignung** ist ein gesetzlich als solches nicht geregeltes Rechtsinstitut, das sich erst in den letzten Jahrzehnten etabliert und das ursprünglich im BGB vorgesehene und dort umfangreich ausgestaltete Pfandrecht fast völlig verdrängt hat. Denn das gesetzliche Pfandrecht ist gemäß §§ 1205 ff. als Faustpfandrecht ausgestattet und erfordert, dass die Pfandsache sich in den Händen des Pfandgläubigers befindet, was wiederum bedeutet, dass der Schuldner damit nicht arbeiten kann.

- Bei der **Sicherungsübereignung** vereinbaren der Veräußerer und der Erwerber (meistens ein Kreditinstitut oder ein Lieferant), dass zur Sicherung einer Forderung (z.B. Darlehen) zwar das Eigentum an einer Sache oder an einer Sachgesamtheit auf den Gläubiger übergehen, die Sache jedoch z.B. in den Geschäftsräumen des Schuldners verbleiben soll. Der Veräußerer wird als **Sicherungsgeber**, der Erwerber als **Sicherungsnehmer** bezeichnet. In der Regel erfolgt die Übereignung im Wege eines **Besitzkonstituts** (vgl. § 930).

- Im Gegensatz zum Pfandrecht ist die Sicherungsübereignung **nicht akzessorisch**, sie ist also grundsätzlich **unabhängig** von der gesicherten Forderung. Eine Verbindung von schuldrechtlicher Forderung und dinglicher Übereignung findet ausschließlich über einen **Sicherungsvertrag** statt, der auch die Grundlage für das für § 930 notwendige **Besitzmittlungsverhältnis** darstellt.

- Beispiel: Eine Maschinenfabrik beabsichtigt, eine neue Presse zu erwerben und den Kauf über eine Bank zu finanzieren; die Presse soll als Sicherheit dienen. Zwischen dem Unternehmen und der Bank wird daher ein Sicherungsvertrag geschlossen, nach dem die Maschine in das Eigentum der Bank übergeht, aber bis auf weiteres in den Geschäftsräumen des Unternehmens verbleibt (vgl. § 930), der damit weiter im Rahmen des normalen Geschäftsbetriebes produzieren soll.

2.5.2 Sicherungsvertrag

- In einem (zweiseitigen) **Sicherungsvertrag**, der die Verbindung zwischen schuldrechtlicher Forderung und dinglicher Übereignung darstellt, müssen das **Sicherungsgut** und der **Sicherungszweck** hinreichend genau bestimmt werden.

- Da es sich um eine Form der Übereignung handelt, gilt – wie im gesamten Sachenrecht – der **sachenrechtliche Bestimmtheitsgrundsatz:** Die zu übereignende Sache ist nach **äußeren Abgrenzungsmerkmalen** so zu bestimmen, dass eine Person, welche die zwischen den Parteien bestehenden Vereinbarungen kennt, ohne Befragen weiterer Personen klar erkennen kann, welche Sache gemeint ist. Bei **Sachgesamtheiten**, wie z.B. einem Warenlager, kann es für die Bestimmbarkeit ausreichen, dass sich die Übereignung auf sämtliche, in einem bestimmten Raum (Lageskizze!) befindlichen Gegenstände bezieht (sog. **Raumsicherungsvertrag**) oder dass von der Übereignung diejenigen Sachen erfasst werden sollen, die in geeigneter Weise gekennzeichnet worden sind (sog. **Markierungsvertrag**). Nicht tauglich sind daher Bezeichnungen wie z.B. „die Hälfte meines Warenlagers" (welche?), hingegen ist eine Beschreibung „alle im Raum XY lagernden Motoren" ausreichend bestimmt.

- Im **Sicherungsvertrag** wird regelmäßig auch der **Sicherungszweck** der Sicherungsübereignung beschrieben. Im Regelfall ist der Zweck die Absicherung eines bestimmten Darlehens, welches zum Zwecke der Anschaffung des Sicherungsgutes gewährt wurde (**enger Sicherungszweck**), gegen die Leistungsunfähigkeit des Schuldners. Bei einer sog. weiten Zweckbestimmung (**weiter Sicherungszweck**) sollen sämtliche gegenwärtigen und künftigen Ansprüche aus dem Verhältnis zwischen Gläubiger und Schuldner gesichert werden.

- Ferner werden im Sicherungsvertrag z.B. Regelungen zur ordnungsgemäßen Verwaltung (auch Versicherung), Verwertung und zur Freigabe des Sicherungsgutes getroffen. Der Sicherungsgeber ist in der Regel verpflichtet, etwaige Eigentumsvorbehalte am Sicherungsgut vorab durch Kaufpreiszahlung zu beseitigen.

- Der Sicherungsvertrag kann grundsätzlich formfrei und auch stillschweigend geschlossen werden, wenn sich aus den Umständen ergibt, dass von den Parteien eine Sicherungsübereignung gewollt war.

2.5.3 Übersicherung

Probleme ergeben sich, wenn der Wert des Sicherungsgutes den Wert der abgesicherten Forderung übersteigt.

1. Anfängliche Übersicherung

Wenn schon bei Abschluss des Sicherungsvertrages der Wert des Sicherungsgutes den Wert der abgesicherten Forderung um mehr als 200 % übersteigt, liegt eine **anfängliche Übersicherung** vor, die den Sicherungsvertrag **nichtig** macht (vgl. § 138), so dass er als Grundlage für die Sicherungsübereignung entfällt.

2. Nachträgliche Übersicherung

Ein **Missverhältnis** zwischen dem Wert des Sicherungsgutes und dem Wert der gesicherten Forderung kann auch erst nachträglich dadurch entstehen, dass z.B. in ein sicherungsübereignetes Warenlager immer mehr Gegenstände gelangen, so dass sich der Wert des Sicherungsgutes erhöht.

Wenn der bei Verwertung der Sache zu erzielende Erlös (Sicherungswert) die gesicherte Forderung um mehr als 110 % übersteigt, bzw. wenn der geschätzte aktuelle Verkehrswert (hilfsweise der Einkaufs- oder Herstellungspreis) 150 % der gesicherten Forderung beträgt, tritt eine **nachträgliche Übersicherung** ein. Die endgültig nicht mehr benötigten überschüssigen Sicherheiten sind dem Sicherungsgeber dann unverzüglich zurückzugewähren, damit sie z.B. als neues Sicherungsmittel wieder eingesetzt werden können. Diese **Freigabeverpflichtung** folgt aus der Rechtsnatur des Sicherungsvertrages als Treuhandverhältnis.

2.5.4 Beendigung

Die Sicherungsübereignung endet entweder durch Erreichen des Sicherungszwecks infolge vollständiger Rückzahlung z.B. des Darlehens oder – im Falle der nicht planmäßigen Darlehensrückführung bei fälliger Forderung – durch die Verwertung des Sicherungsguts (Verkauf oder Versteigerung nach Wartefrist und Androhung).

Ist der Sicherungszweck (also die Rückzahlung des Darlehens) erreicht, hat der Sicherungsgeber gegenüber dem Sicherungsnehmer einen **schuldrechtlichen** Anspruch auf **Rückübereignung** des Sicherungsgutes, sofern nicht von Anfang an eine Konstruktion gewählt wurde, wonach die Sicherungsübereignung **auflösend bedingt** (vgl. § 158 Abs. 2) durch die Erfüllung der Forderung erfolgte (mit Eintritt der Bedingung wird die Übereignung dann hinfällig und das Eigentum fällt an den Sicherungsgeber zurück).

Kontrollfragen

- Warum hat die Sicherungsübereignung heute in der Praxis eine so große Bedeutung?
- Wo ist die Sicherungsübereignung gesetzlich geregelt?
- Was versteht man unter dem sachenrechtlichen Bestimmtheitsgrundsatz? Was ist ein Raumsicherungsvertrag?
- Welchen Anspruch hat der Sicherungsgeber nach Wegfall des Sicherungszwecks?

2.5.5 Übungsfälle

Fall 1: Theo übereignet der Bank zur Sicherheit für einen Kredit das Eigentum an dem in seinem Keller lagernden Wein. Ist die Übereignung wirksam?

Fall 2: Nadine erhält einen Bankkredit zur Anschaffung eines Autos. Das Auto dient der B-Bank als Sicherungseigentum, verbleibt aber bei Nadine. Weil Nadine noch mehr Geld benötigt, übereignet sie das Auto abermals zur Sicherheit, diesmal an die C-Bank; der Wagen verbleibt bei Nadine. Hat die C-Bank (Sicherungs-)Eigentum erworben?

Lösungshinweise

Zu Fall 1: Ja, wenn sich in einem von T genutzten Keller ausschließlich Weinflaschen befinden, die als solche klar erkennbar sind und dem T gehören.

Zu Fall 2: Nein, denn nach der Übereignung an B hatte N das Eigentum verloren und konnte es nicht nochmals übertragen. Eine Übereignung an C käme allenfalls im Wege des gutgläubigen Erwerbs von der Nichtberechtigten in Betracht. Da sich die Übereignung nach § 930 richtete, könnte ein gutgläubiger Erwerb nur über § 933 erfolgen. Dieser scheitert aber am Erfordernis der Übergabe vom Erwerber an den Veräußerer, denn weder B noch C hatten je unmittelbaren Besitz am Auto, das ja immer bei N verblieb.

2.6 Sicherungsabtretung

Wiederholen Sie bitte das Kapitel über die Abtretung von Forderungen.

2.6.1   Wesen und Begründung der Sicherungsabtretung

Die Sicherungsabtretung oder **Sicherungszession** ist das Äquivalent zur Sicherungs-übereignung, mit dem Unterschied, dass die Sicherungsabtretung die **Abtretung von Forderungen** zum Gegenstand hat.

Viele der Ausführungen zur Sicherungsübereignung, insbesondere zum Sicherungs-vertrag und auch zur Übersicherung, gelten sinngemäß für die Sicherungsabtretung.

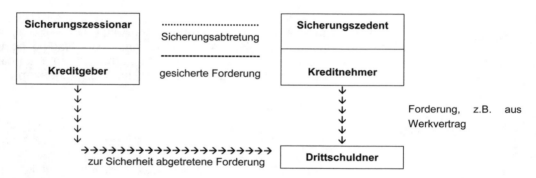

Abb.: Sicherungsabtretung

Beispiel: Eine Maschinenfabrik hat einen großen Auftrag erhalten. Um das notwendige Material beschaffen zu können, nimmt das Unternehmen bei der Bank ein Darlehen auf. Als Sicherheit tritt das Unternehmen seine ihm gegen einen Dritten zustehenden Ansprüche in Höhe des Darlehensbetrages an die Bank ab.

• Der **Sicherungszedent**, dem eine Forderung gegen einen Dritten zusteht, tritt diese Forderung an den **Sicherungszessionar** (in der Regel eine Bank) ab (vgl. §§ 398, 399, 400). Auf diese Weise wird z.B. eine Darlehenschuld zwischen dem Sicherungszedenten als Darlehensschuldner und dem Sicherungszessionar als Darlehensgläubiger abgesichert. Die Forderung steht nach der Abtretung im Au-ßenverhältnis vollständig dem Sicherungszessionar zu (beachte auch § 401).

Im Innenverhältnis ist der Sicherungszessionar jedoch aufgrund des zwischen beiden bestehenden **Sicherungsvertrages** verpflichtet, von der Abtretung nur in einer bestimmten Art und Weise Gebrauch zu machen; gleichzeitig behält der Sicherungszedent in der Regel das Recht, die Forderung im eigenen Namen geltend zu machen.

- Die abgetretene Forderung und der Drittschuldner müssen genau bestimmt sein. Ausreichend ist zum Beispiel die Abtretung aller Forderungen oder aller künftigen aus einem bestimmten Geschäft entstehenden Forderungen (sog. **Globalzession**) oder die Abtretung von Forderungen entsprechend zu übergebender Listen, wobei die Abtretung erst mit der Übergabe der Liste jeweils wirksam wird (sog. **Mantelzession**).

- Im Regelfall wird es sich bei der Sicherungsabtretung zunächst um eine sog. **verdeckte (stille) Abtretung** handeln, die gegenüber dem Dritten nicht offen gelegt wird. Erst wenn der Sicherungszedent mit der Zahlung der Darlehensraten in Verzug gerät, erfolgt die Offenlegung der Abtretung gegenüber dem Dritten.

- Probleme entstehen, wenn eine **Globalzession** (als typisches Sicherungsmittel der Banken) auf einen **verlängerten Eigentumsvorbehalt** (als typisches Sicherungsmittel der Lieferanten) trifft. Insoweit gilt grundsätzlich das – im gesamten Sachenrecht gültige – **Prioritätsprinzip**, wonach die zeitlich frühere Verfügung der zeitlich späteren Verfügung über denselben Gegenstand vorgeht. Eine Globalzession wird jedoch dann als unwirksam nach § 138 betrachtet, wenn sie sich auch auf Forderungen erstreckt, die üblicherweise von einem verlängerten Eigentumsvorbehalt erfasst werden. Hintergrund ist, dass die (in der Regel zeitlich frühere) Globalzession den Zedenten (bei der späteren Vereinbarung des verlängerten Eigentumsvorbehalts) ansonsten zur Täuschung gegenüber dem Eigentumsvorbehaltsverkäufer verleiten würde. Die Globalzession ist in derartigen Fällen nur dann nicht unwirksam, wenn der Globalzessionar (in der Regel eine Bank) im Wege eines **dinglichen (Teil)Verzichts** auf die Abtretung der Forderungen verzichtet, die üblicherweise als Lieferantensicherheiten dienen.

- Ist die **gesicherte** Forderung **erfüllt**, muss die Sicherung vom Zessionar freigegeben, also die Forderung gegen den Dritten (so sie noch besteht) an den Zedenten zurückabgetreten werden.

Kontrollfragen

- Wie wird die Sicherungsabtretung begründet?
- Wie wird der Schuldner einer sicherungsabgetretenen Forderung vor dem Risiko der Doppelzahlung geschützt?
- Was versteht man unter dem Prioritätsprinzip?

2.6.2   Übungsfälle

Fall 1: Im Rahmen einer Sicherungsabtretung wird die abzutretende Forderung wie folgt beschrieben. „Abgetreten werden alle Ansprüche gegen den Drittschuldner Dösig in Höhe der noch offenen Forderungen der Bank.". Ist das hinreichend bestimmt?

Abwandlung: Die abzutretende Forderung wird wie folgt beschrieben. „Abgetreten wird der pfändbare Teil des Arbeitseinkommens des Dösig gegen den jeweiligen Arbeitgeber." Ist das hinreichend bestimmt?

Fall 2: Zur Sicherung eines Bankdarlehens tritt Unternehmer Udo eine Forderung gegen Xaver an die Bank ab. Da Udo jedoch weiteres Geld benötigt, tritt er die Forderung gegen Xaver tags darauf ein weiteres Mal ab, diesmal an Zacharias, der ihm ebenfalls ein Darlehen gewährt. Xaver, der nur die Abtretung an Zacharias kennt, zahlt an diesen. Die Bank fragt nach ihren Rechten.

Lösungshinweise

Zu Fall 1: Es fehlt an einer hinreichenden Bestimmtheit, weil für Dösig nicht erkennbar ist, ob seine Schuld nun von der Abtretung erfasst wird oder nicht; er kennt ja die Forderungen der Bank und ihre Höhe nicht.

Abwandlung: Die Forderung ist ausreichend bestimmt. Das pfändbare Arbeitseinkommen lässt sich nach den gesetzlichen Bestimmungen berechnen und der Drittschuldner kennt im übrigen seine Arbeitgeber (hoffentlich) auch.

Zu Fall 2: Die Bank könnte Rechte aus der ersten Abtretung zu ihren Gunsten haben. Voraussetzung einer wirksamen Abtretung ist, dass der Abtretende zu dieser Abtretung berechtigt ist. Im Falle einer Doppelabtretung ist der Abtretende spätestens bei Vornahme der zweiten Abtretung nicht mehr befugt, über die abgetretene Forderung verfügen zu können, da er sie bereits einmal abgetreten hatte, die zweite Abtretung ist daher regelmäßig unwirksam. Hat in der Zwischenzeit dennoch ein Dritter, dem die zweite Abtretung vor der ersten Abtretung angezeigt worden war, an den zweiten Zessionar geleistet, gilt diese Zahlung gemäß §§ 408, 407 als schuldbefreiend auch gegenüber dem ersten Zessionar. Im Ergebnis hat die Bank einen Ausgleichsanspruch gegen Z aus § 816 Abs. 2.

2.7 Grundpfandrechte

2.7.1 Begriff und Arten

Grundpfandrechte sichern eine Forderung dadurch, dass der Gläubiger des Grundpfandrechts das Recht erhält, im Sicherungsfall das belastete Grundstück zu verwerten. Im BGB geregelte Grundpfandrechte sind die Hypothek (vgl. §§ 1113 ff.), die Grundschuld (vgl. §§ 1191 ff.) und die (in der Praxis ungebräuchliche) Rentenschuld (vgl. § 1199).

Aufgrund der sog. Akzessorietät der Hypothek – der strengen Abhängigkeit des Grundpfandrechts von einer konkreten zu Grunde liegenden Forderung – ist die Hypothek in der Praxis durch die flexiblere (Sicherungs-)Grundschuld verdrängt worden.

Kontrollfragen

- Welche Grundpfandrechte gibt es?

2.7.2 Hypothek

> Ein **Grundstück** kann in der Weise **belastet** werden, dass an denjenigen, zu dessen Gunsten die Belastung erfolgt, eine bestimmte Geldsumme zur Befriedigung wegen einer ihm zustehenden Forderung aus dem Grundstück zu zahlen ist (**Hypothek**). Die Hypothek kann auch für eine künftige oder eine bedingte Forderung bestellt werden (vgl. § 1113).

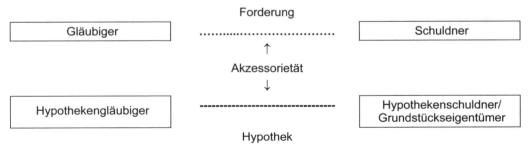

Abb.: Hypothek

1. Entstehung

- Die (dingliche) Hypothek, die eine wirksame (schuldrechtliche) Forderung voraussetzt (vgl. § 1113) entsteht durch **Einigung**, **Eintragung** im Grundbuch (vgl. §§ 873, 1115) und Übergabe des **Hypothekenbriefes** (**Briefhypothek**), sofern die Brieferteilung nicht ausgeschlossen wurde (dann **Buchhypothek**, vgl. §§ 1116, 1117).

- Die Hypothek ist **akzessorisch**, sie kann daher grundsätzlich nicht von der Forderung getrennt werden (vgl. § 1153 Abs. 2).

- Der Schuldner der Forderung und der Eigentümer des Grundstücks, an dem die Hypothek bestellt wird, müssen nicht notwendig dieselbe Person sein.

2. Übertragung

> Mit der **Übertragung** der **Forderung** geht die Hypothek auf den neuen Gläubiger über. Die Forderung kann nicht ohne die Hypothek, die Hypothek kann nicht ohne die Forderung übertragen werden. Zur Abtretung der Forderung ist die Erteilung der Abtretungserklärung in schriftlicher Form und die Übergabe des Hypothekenbriefs erforderlich, bei der Buchhypothek muss die entsprechende Eintragung im Grundbuch erfolgen (vgl. §§ 1153, 1154, 398).

- Eine Hypothek kann **gutgläubig** rechtsgeschäftlich erworben werden (vgl. § 1138, 892), wenn der gutgläubige Dritte auf einen unrichtigen Grundbuchinhalt vertraut und der Hypothekenbrief nichts Gegenteiliges erkennen lässt (vgl. § 1140).

- Besteht die ursprünglich zu Grunde liegende Forderung nicht (mehr), wird sie für den gutgläubigen Erwerb fingiert (vgl. § 1138); der Dritte, der eine hypothekarisch gesicherte Forderung abgetreten erhält, die eigentlich nicht oder nicht mehr existiert, erwirbt eine forderungslose Hypothek. Für die streng akzessorische **Sicherungshypothek**, die z.B. zu Gunsten eines Bauunternehmers zur Sicherung seiner Ansprüche eingetragen werden kann (vgl. § 648) gilt § 1138 nicht (vgl. §§ 1184, 1185), ein gutgläubiger Erwerb ist daher ausgeschlossen, wenn die Forderung nicht besteht.

3. Einreden

Gegen die Hypothek können Einreden geltend gemacht werden (vgl. §§ 1137, 1169), z.B. wenn zwischen Gläubiger und Eigentümer nachträglich ein Verzicht auf die Vollstreckung vereinbart wurde. Wird die Hypothek von einem neuen Gläubiger erworben, muss sich dieser die Einreden ebenfalls entgegenhalten lassen (vgl. § 1157).

4. Erlöschen

- Tilgt der Schuldner, der gleichzeitig Eigentümer des belasteten Grundstücks ist, die gesicherte Forderung (vgl. § 362), wird die Hypothek zu einer Eigentümergrundschuld (vgl. §§ 1163, 1177). Befriedigt der Eigentümer, der nicht gleichzeitig persönlicher Schuldner ist, den Gläubiger, gehen Forderung und Hypothek auf ihn über (vgl. §§ 1143, 401, 412, 1153).

- Kann der Schuldner nicht zahlen, muss der Eigentümer des belasteten Grundstücks die Zwangsvollstreckung in das Grundstück und die Gegenstände, auf die sich die Hypothek erstreckt (vgl. §§ 1120 ff.) dulden (vgl. § 1147); hat sich der Gläubiger befriedigt, erlischt die Hypothek (vgl. § 1181).

Kontrollfragen

- Was ist eine Hypothek? Welche Formen gibt es?
- Wie entsteht eine Hypothek? Wie wird sie übertragen?
- Welche Ansprüche hat der Gläubiger?

2.7.3 Grundschuld

> Ein **Grundstück** kann in der Weise **belastet** werden, dass an denjenigen, zu dessen Gunsten die Belastung erfolgt, eine bestimmte Geldsumme aus dem Grundstück zu zahlen ist (**Grundschuld**; vgl. § 1191). Auf die Grundschuld finden die Vorschriften über die Hypothek entsprechende Anwendung, soweit sich nicht daraus ein anderes ergibt, dass die Grundschuld nicht eine Forderung voraussetzt (vgl. § 1192).

| Grundschuldgläubiger | --------------------------------- | Grundschuldschuldner/ Grundstückseigentümer |

Grundschuld

Abb.: Grundschuld

Die Grundschuld ist **kein akzessorisches** Sicherungsrecht, sie ist grundsätzlich unabhängig von einer etwa zu sichernden Forderung.

1. Entstehung

- Die Grundschuld entsteht durch **Einigung**, **Eintragung** im Grundbuch (vgl. § 873) und Übergabe des **Grundschuldbriefes** (**Briefgrundschuld**), sofern die Brieferteilung nicht ausgeschlossen wurde (**Buchgrundschuld**, vgl. §§ 1192, 1116, 1117).

- Eine Grundschuld kann auch als sog. **Eigentümergrundschuld** bestellt werden (vgl. § 1196) bzw. ist eine Grundschuld Eigentümergrundschuld, solange der Erwerbstatbestand für eine Fremdgrundschuld unvollständig ist (z.B. weil der Brief noch nicht übergeben wurde (vgl. §§ 1163, 1192).

2. Übertragung

- Die Grundschuld kann abgetreten werden, wobei eine Einigung zwischen altem Grundpfandrechtsgläubiger und neuen Grundpfandrechtsgläubiger erforderlich ist; soweit es sich um eine Briefgrundschuld handelt, ist die Übergabe des Briefes erforderlich (vgl. §§ 1154, 398).

- Eine Grundschuld kann gutgläubig einredefrei durch einen Dritten erworben werden, wenn das Grundbuch den Veräußerer des Grundstücks als Eigentümer ausweist und sich auch aus einem etwa vorhandenen Brief keine Anhaltspunkte für die Unrichtigkeit des Grundbuchs ergeben (vgl. §§ 1140, 1192, 892).

3. Einreden

Gegen die Grundschuld kann der Schuldner z.B. einwenden, dass die Grundschuld nicht wirksam entstanden ist.

4. Erlöschen

- Verzichtet der Gläubiger auf die Grundschuld, wird sie zur Eigentümergrundschuld (vgl. § 1168). Löst der Grundstückseigentümer die Grundschuld durch Zahlung ab, so erwirbt er die Grundschuld als Eigentümergrundschuld und diese erlischt dann (vgl. §§ 1178, 1192). Zahlt ein ablösebefugter Dritter, erwirbt er die Grundschuld (vgl. §§ 268 Abs. 3, 1150, 1192).

- Die Verwertung der Grundschuld erfolgt im Wege der Zwangsversteigerung des belasteten Grundstücks, wobei sich der Gläubiger in Höhe der bestellten Grundschuld an dem Erlös befriedigt.

- Der Schuldner muss die Verwertung dulden (vgl. §§ 1147, 1192). In der Regel unterwirft sich der Schuldner jedoch in der notariellen Urkunde über die Bestellung der Grundschuld der Zwangsvollstreckung in sein Vermögen (vgl. §§ 794 Nr. 5, 800 ZPO), so dass der Gläubiger dann aus dieser Urkunde klagen kann.

Kontrollfragen

- Was ist eine Grundschuld? Welche Formen gibt es?
- Wie entsteht eine Grundschuld? Wie wird sie übertragen?

2.7.4 Sicherungsgrundschuld

Abb.: Sicherungsgrundschuld

> Die **Sicherungsgrundschuld** ist eine reguläre Grundschuld mit der Besonderheit, dass die ansonsten nicht akzessorische Grundschuld durch eine schuldrechtliche **Sicherungsvereinbarung** mit der zu sichernden **Forderung** verbunden wird.

1. Entstehung

- Die Sicherungsgrundschuld entsteht als Grundschuld wie die reguläre Grundschuld.
- Der **Sicherungsvertrag** kann grundsätzlich formfrei und sogar stillschweigend geschlossen werden, wenn sich aus den Umständen ergibt, dass eine Sicherungsgrundschuld gewollt ist. Im Sicherungsvertrag ist die Verpflichtung des Schuldners geregelt, eine Grundschuld zu bestellen; ferner wird die zu sichernde Forderung bestimmt und z.B. geregelt, dass die Grundschuld bei Erreichen des Sicherungszweck an den Grundstückseigentümer zurückübertragen wird.

- Die Sicherungsgrundschuld kann wegen **anfänglicher Übersicherung** schon bei Eingehung des Sicherungsvertrages nach § 138 Abs. 1 nichtig sein, wenn eine Gesamtwürdigung der Umstände eine Sittenwidrigkeit ergibt. Eine **nachträgliche Übersicherung** kann dadurch entstehen, dass die gesicherte Forderung z.B. durch Tilgung teilweise oder ganz erlischt und dadurch den Wert der Grundschuld übersteigt, was zu einem Rückgewähranspruch für einen entsprechenden rangletzten Teil der Grundschuld führt.

- Eine **Klausel** in einem Sicherungsvertrag, wonach bei Bestellung einer Grundschuld anlässlich einer bestimmten Kreditaufnahme formularmäßig die dingliche Haftung der Grundschuld auf alle bestehenden und künftigen Verbindlichkeiten des Sicherungsgebers erstreckt wird (weite Zweckabrede), verstößt nicht gegen §§ 307 ff.; anders als bei der Bürgschaft (vgl. § 767 Satz 3) gibt es für die Sicherungsgrundschuld nämlich kein gesetzliches Leitbild, an dem eine derartige Klausel gemessen werden kann; soll über eine Klausel im Sicherungsvertrag allerdings bewirkt werden, dass der Sicherungsgeber bzw. die Grundschuld auch für alle Verbindlichkeiten eines Dritten haften soll, ist eine solche Klausel wegen der Überraschungswirkung nach § 305 c Abs. 1 unwirksam, weil die Aufnahme und Erweiterung von Krediten Dritter außerhalb des Einflussbereichs des Sicherungsgebers liegt; mit einer solchen Klausel muss der Sicherungsgeber grundsätzlich nicht rechnen; kann der unwirksame Teil der Klausel von dem wirksamen Rest der Klausel abgetrennt werden, bleibt die Klausel insoweit wirksam.

2. Übertragung

- Mangels Akzessorietät können die Grundschuld und die zu sichernde Forderung grundsätzlich getrennt voneinander auf Dritte übertragen werden. Der Sicherungsvertrag verbietet dies in der Regel, kann es aber nicht verhindern; bei einer Trennung von Grundschuld und Forderung kann der Gläubiger jedoch einen Schadensersatzanspruch aus § 280 gegen den Schuldner haben.

3. Erlöschen

- Wird die gesicherte Forderung getilgt (vgl. § 362), resultiert aus dem Sicherungsvertrag ein Anspruch auf Rückgewähr der Grundschuld; dieser Rückgewähranspruch kann durch Widerspruch und Vormerkung im Grundbuch gesichert werden. Der Schuldner kann auch auf die Grundschuld zahlen, was dann zu einer Eigentümergrundschuld führt (§ 1143).

Kontrollfragen

- Was ist eine Sicherungsgrundschuld?
- Welchen Inhalt muss der Sicherungsvertrag haben?
- Wann liegt Übersicherung vor?

2.7.5 Übungsfälle

Fall 1: Gerda gewährt Karl einen Kredit über 20.000 EUR. Zur Sicherheit verbürgt sich Bruno dafür selbstschuldnerisch auf den Höchstbetrag von 20.000 EUR. Marta, Karls Mutter, bestellt an ihrem Grundstück zur Sicherheit für den Kredit eine Sicherungsgrundschuld in Höhe von 5.000 EUR. Da Karl nicht zahlen kann, wendet sich Gerda an Bruno. Dieser zahlt die vollen 20.000 EUR und möchte nun wissen, ob er dafür Ausgleichsansprüche hat und in welcher Höhe.

Fall 2: Stephan hat Michaela an seinem Grundstück eine Buchgrundschuld in Höhe von 20.000 EUR bestellt. Einen Tag später stellt sich heraus, dass Stephan schon seit mehreren Wochen unerkannt geisteskrank ist. Michaela verlangt Zahlung aus der Grundschuld. Zu recht?

Fall 3: Wilma gewährt dem mittellosen und völlig verzweifelten Fred ein Darlehen mit einem Zinssatz von 40 % p.a. und sichert sich zusätzlich formwirksam durch eine Grundschuld ab. Fred kann nicht zahlen und fragt traurig, ob er nun um seine schönes Grundstück fürchten muss.

Fall 4: Ehemann Anton nimmt zwecks Gründung, Erweiterung und Betrieb eines Kfz-Handels bei der Bank mehrere Kredite auf. Mit notarieller Urkunde bestellt Anton der Bank an dem ihm gehörenden Betriebsgrundstück eines Grundschuld. In einer formularmäßigen „Zweckerklärung" wird bestimmt, dass die Grundschuld der Sicherung aller bestehenden und künftigen Forderungen der Bank gegen Anton und seine Ehefrau oder gegen einen von ihnen dient. Anton unterschreibt, zahlt seine Kredite vollständig ab und verlangt Löschung der Grundschuld. Die Bank lehnt dies unter Hinweis auf die vielen offenen Forderungen gegen die Ehefrau ab. Wer hat recht?

Lösungshinweise

Zu Fall 1: Da B die Forderung der G voll befriedigt hat, ist die Forderung auf ihn übergegangen (vgl. § 774) und er kann Ausgleich von K verlangen. Ferner stehen dem B gemäß § 426 Abs. 1 Ausgleichsansprüche gegen M zu, denn bei einer gleichzeitigen Sicherung der Forderung durch eine Bürgschaft und ein anderes dingliches Sicherungsrecht (hier durch eine Grundschuld) stehen sämtliche Sicherungsgeber auf gleicher Stufe. B kann allerdings nur anteilig Ausgleich verlangen, weil M im Gegensatz zu B nur einen Teil der Forderung gesichert hat. B und M haften im Verhältnis 4 zu 1. Dies ergibt eine Quote von 16.000 EUR für B (20.000 x 4/5) und von 4.000 EUR für M (20.000 x 1/5). Im Ergebnis kann B von M 4.000 EUR erstattet verlangen.

Zu Fall 2: M hat Ansprüche aus der Grundschuld nach §§ 1147, 1192 nur, wenn die Grundschuld wirksam nach §§ 1191, 873 entstanden ist. Problematisch ist hier, dass S geschäftsunfähig war und ist, so dass seine für die Einigung über die Grundschuldbestellung notwendige Willenserklärung unwirksam ist (vgl. § 105 Abs. 2; rechtshindernde Einwendung). Es ist auch keine Eigentümergrundschuld (vgl. § 1196) entstanden, denn insoweit steht ebenfalls die Geschäftsunfähigkeit des S entgegen. M hat also keinen Anspruch aus der Grundschuld.

Zu Fall 3: Der Darlehensvertrag dürfte wegen des enormen Zinssatzes und der Ausnutzung der Zwangslage des F als Wucherdarlehen nach § 138 Abs. 2 unwirksam sein. Diese Unwirksamkeit schlägt auch auf die Grundschuld durch, so dass F im Ergebnis verlangen kann, dass W ihm die Grundschuld zurückgewährt bzw. einer Löschung im Grundbuch zustimmt. Gleichzeitig darf F das Darlehen (ohne Zinsverpflichtung) bis zu dem Zeitpunkt behalten, zu dem es bei einem gültigen Vertrag zurückzuzahlen gewesen wäre. (§ 817 Satz 2 steht dem nicht entgegen).

Zu Fall 4: A hat einen Rückgewähranspruch gegen die Bank (bzw. einen Anspruch auf Löschungsbewilligung der Bank zur Löschung der Grundschuld), wenn der Sicherungszweck entfallen ist. Dies ist nicht der Fall, weil die Bank gegen die Ehefrau von A nach wie vor offene Forderungen hat. Darauf käme es indes nicht an, wenn der Sicherungsvertrag bezüglich der Erweiterung auch auf die Kredite der Ehefrau unwirksam wäre. Der Sicherungsvertrag ist im Sachverhalt als formularmäßiges Werk beschrieben, so dass eine Überprüfung nach dem Recht der Allgemeinen Geschäftsbedingungen vorzunehmen ist. Eine (formularmäßige) Regelung darf nicht so ungewöhnlich sein, dass der Vertragspartner mit ihr nicht zu rechnen braucht (vgl. § 305c Abs. 1), was wiederum der Fall ist, wenn die Regelung von den berechtigten Erwartungen bei Vertragsschluss deutlich abweicht. Bei Bestellung einer Grundschuld, die aus Anlass einer bestimmten Kreditaufnahme erfolgt, ist die (häufig vorkommende) Erstreckung der dinglichen Haftung auf alle bestehenden und künftigen Verbindlichkeiten des Sicherungsgebers nicht überraschend. Dies gilt aber nicht für die Ausdehnung der Haftung auch auf sämtliche bestehenden und künftigen Verbindlichkeiten einer Dritten, auf die der Sicherungsgebers keinen Einfluss hat. Dieser Teil der Klausel ist also überraschend und nicht Teil der Sicherungsvereinbarung geworden. A kann somit die Rückübertragung der Grundschuld von der Bank verlangen.

3 Grundzüge des Handels- und Gesellschaftsrechts

3.1 Handelsrecht

Lesen Sie bitte die angegebenen Paragrafen inklusive aller Absätze vollständig durch.

Das **Handelsrecht**, vor allem niedergelegt im **Handelsgesetzbuch (HGB)**, ist das **Sonderprivatrecht** der **Kaufleute**. Wo das HGB keine Sonderregelungen enthält, gilt das BGB.

3.1.1 Kaufmannseigenschaft

1. Begründung der Kaufmannseigenschaft

Kaufmann ist, wer ein Handelsgewerbe betreibt (vgl. § 1 Abs. 1 HGB). **Handelsgewerbe** ist jeder Gewerbebetrieb, es sei denn, dass – bei sog. Kleingewerbetreibenden – das Unternehmen nach Art oder Umfang einen in kaufmännischer Weise eingerichteten Geschäftsbetrieb nicht erfordert (vgl. § 1 Abs. 2 HGB).

Ein **Gewerbe** ist jede äußerlich erkennbare, selbstständige, dauerhafte, erlaubte, auf Gewinnerzielung ausgerichtete Tätigkeit, die keinen freien Beruf darstellt.

- Ein Gewerbe **betreibt**, wer aus den abgeschlossenen Geschäften persönlich berechtigt und verpflichtet wird.
- **Freie Berufe** sind z.B. Arzt, Rechtsanwalt, Steuerberater, Architekt oder Künstler, bei denen die persönliche Fähigkeit bzw. die geistige und schöpferische Tätigkeit im Vordergrund steht. **Selbstständig** und nicht als Arbeitnehmer ist tätig, wer im wesentlichen frei seine Tätigkeit gestalten und seine Arbeitszeit bestimmen kann (vgl. § 84 Abs. 1 Satz 2 HGB).

- Ob ein Gewerbe **in kaufmännischer Art und Weise** (vgl. § 1 Abs. 2 HGB) geführt wird, bzw. eine entsprechende Organisation erfordert, hängt vom Gesamtbild des Geschäftsbetriebes ab.

- Dabei kommt es insbesondere an auf: Notwendigkeit einer kaufmännischen Buch- und Kassenführung, Größe von Kapital, Umsatz und Gewinn, Zahl der Betriebsstätten und der Belegschaft, Vielfalt der Erzeugnisse, Leistungen und geschäftlichen Kontakte, kaufmännische Korrespondenz.

- Auf Betriebe der Land- und Forstwirtschaft (vgl. § 3 HGB) findet § 1 HGB grundsätzlich keine Anwendung (Ausnahme siehe unten). **Landwirtschaft** ist eine Tätigkeit, die unter Ausnutzung des Bodens auf die Erzeugung pflanzlicher oder tierischer Produkte gerichtet ist.

Kaufmann ist also

wer ein Gewerbe ausübt, ohne Kleingewerbetreibender zu sein (vgl. § 1 Abs. 1 HGB),	**sog. Istkaufmann,**
ein Kleingewerbetreibender bei freiwilliger Eintragung der Firma im Handelsregister (vgl. § 2 HGB),	**sog. Kannkaufmann,**
wer einen Betrieb oder Nebenbetrieb der Land- oder Forstwirtschaft führt, der eine kaufmännische Einrichtung erfordert und (freiwillig) im Handelsregister eingetragen ist (vgl. § 3 HGB),	**sog. Kannkaufmann,**
eine juristische Person (z.B. GmbH, AG) kraft Rechtsform (vgl. § 6 Abs. 2 HGB),	**sog. Formkaufmann,**
bzw. als Kaufmann gilt, wer (auch versehentlich) im Handelsregister eingetragen ist (vgl. § 5 HGB), sofern er ein Gewerbe betreibt	**sog. Fiktivkaufmann,**
oder wer (ohne eingetragen zu sein) nach außen durch sein Auftreten den Rechtsschein erweckt, Kaufmann zu sein,	**sog. Scheinkaufmann.**

2. Rechtsfolgen der Kaufmannseigenschaft für bestimmte Rechtsgeschäfte

Das Handelsrecht findet Anwendung auf Handelsgeschäfte.

Handelsgeschäfte sind alle Geschäfte eines Kaufmanns, die zum Betrieb seines **Handelsgewerbes** gehören (vgl. § 343 Abs. 1 HGB). Die von einem Kaufmann vorgenommenen Rechtsgeschäfte gelten im Zweifel (widerlegliche Vermutung) als zum Betrieb seines Handelsgewerbes gehörig (vgl. § 344 Abs. 1 HGB) und nicht als Privatgeschäft. Auf ein Rechtsgeschäft, das für einen der beiden Teile ein Handelsgeschäft ist, kommen die Vorschriften über Handelsgeschäfte für beide Teile gleichmäßig zur Anwendung, soweit sich nicht aus den einzelnen Vorschriften etwas anderes ergibt (vgl. § 345 HGB).

Das **HGB** enthält im Verhältnis zum BGB **Sondervorschriften**, um die schnelle und einfache Abwicklung des Handelsverkehrs zu bewirken:

- Kaufleute müssen sich **branchenübliche Handelsbräuche und Gepflogenheiten** entgegenhalten lassen (vgl. §§ 346, 347 HGB), daher wird das **Schweigen** z.B. auf ein kaufmännisches Bestätigungsschreiben, auf die Mitteilung eines Saldos beim Kontokorrentvertrag oder auf eine Bestellung nach Katalog als **Zustimmung** gewertet.

- Es besteht **kein Formzwang** für Bürgschaft, Schuldanerkenntnis und Schuldversprechen (vgl. § 350 HGB).

- Es gilt eine abweichende **Zinshöhe** (vgl. §§ 352 HGB, 288 Abs. 2 BGB).

- Ist die **Abtretung** einer Geldforderung durch Vereinbarung mit dem Schuldner gemäß § 399 BGB ausgeschlossen und ist das Rechtsgeschäft, das diese Forderung begründet hat, ein beiderseitiges Handelsgeschäft, so ist die Abtretung gleichwohl wirksam; der Schuldner kann jedoch mit befreiender Wirkung an den bisherigen Gläubiger leisten (vgl. § 354a HGB).

- Das **Schweigen** auf ein Angebot zum Abschluss eines Geschäftsbesorgungsvertrages gilt als Annahme, wenn eine Geschäftsverbindung besteht (vgl. § 362 HGB), ohne Geschäftsverbindung gilt § 663 BGB.

- Zum **gutgläubigen Erwerb** reicht schon der gute Glaube an die **Verfügungsbefugnis** aus (vgl. §§ 366 Abs. 1, 343, 344 HGB).

- Der **gutgläubige** Erwerb von **gesetzlichen** Pfandrechten ist möglich (vgl. § 366 Abs. 3 HGB).

- Das **kaufmännische Zurückbehaltungsrecht** bezieht sich auch auf nicht-konnexe Ansprüche aus verschiedenen Rechtsbeziehungen und ist außerdem mit einem pfandrechtlich ausgestalteten Befriedigungsrecht verbunden (vgl. § 371 HGB).

- Beim sog. **Fixhandelskauf** (vgl. § 376 HGB) gelten vom BGB (vgl. § 323 BGB) abweichende Regeln.

- Es gelten **kurze Untersuchungs- und Rügefristen** („unverzüglich", s. § 121 BGB) zur Erhaltung der Gewährleistungsrechte beim **beiderseitigen** Handelskauf (§§ 377, 378 HGB).

- In Bezug auf **Allgemeine Geschäftsbedingungen** sind insbesondere § 310 Abs. 1 BGB und die Nr. 2, 6, 11, 12 AGB/ Banken zu beachten.

- Für ein Handelsgeschäft, das einen **Kauf** zum Inhalt hat, gelten besondere Regelungen. Diese Vorschriften über den **Handelskauf** (vgl. §§ 373 ff. HGB) gelten gemäß § 381 Abs. 2 HGB auch für Werklieferverträge im Sinne von § 651 BGB. Ein Handelskauf liegt jedoch *nicht* vor, wenn es um den Verkauf eines Grundstücks geht; wegen § 343 HGB ist jedoch ein sonstiges **Handelsgeschäft** gegeben, für das die Vorschriften der §§ 343 bis 372 HGB gelten.

Kontrollfragen

- Was ist ein Handelsgewerbe? Was ist ein Handelsgeschäft?
- Wer ist Kaufmann? Wer ist Kleingewerbetreibender?
- Schildern Sie sechs Bereiche, in denen die Regelungen des BGB von den Regelungen des HGB in Bezug auf das Handelsgeschäft abweichen!

3.1.2 Firma und Handelsregister

1. Firma

> Die **Firma** eines Kaufmanns ist der **Name**, unter dem er seine Geschäfte betreibt und die Unterschrift abgibt. Ein Kaufmann kann unter seiner Firma klagen und verklagt werden (vgl. § 17 HGB). Die Firma kann nicht ohne das Handelsgeschäft, für welches sie geführt wird, veräußert werden (vgl. § 23 HGB).

Für ein Unternehmen darf es immer nur eine Firma geben, sog. **Firmeneinheit**. Die Firma muss zur Kennzeichnung des Kaufmanns geeignet sein und **Unterscheidungskraft** besitzen, sog. Firmenunterscheidbarkeit oder **Firmenausschließlichkeit**. Sie darf allerdings keine irreführenden Angaben enthalten (vgl. § 18 HGB), sog. **Firmenwahrheit.** Phantasienamen sind erlaubt, nicht jedoch bloße Bildzeichen wie z.B. „@", weil immer ein Mindestmaß an Sinngehalt oder Einprägsamkeit erforderlich ist. Bestimmte Begriffe sind gesetzlich geschützt, z.B. „Bank" gemäß § 39 KWG. Zur **Firmenwahrheit** gehört auch, dass die Firma einen *Zusatz zur Rechtsform* enthalten muss, also beispielsweise bei Einzelkaufleuten die Bezeichnung „eingetragener Kaufmann", oder eine allgemein verständliche Abkürzung wie „e.K." etc. (vgl. § 19 HGB, vgl. § 4 GmbHG). Jede neue Firma muss sich zudem von allen an demselben Ort bereits bestehenden und in das Handelsregister eingetragenen Firmen deutlich *unterscheiden* (vgl. § 30 Abs. 1 HGB). Aus diesem Grund sind reine Branchen- oder Gattungsbezeichnungen, wie z.B. „Buchhandlung" als Firma unzulässig, erforderlich ist ein Zusatz, also z.B. „Buchhandlung Bücherwurm GmbH". Hat ein Kaufmann mit einem bereits eingetragenen Kaufmann den gleichen Vornamen und Familiennamen und will auch er sich dieser Namen als seiner Firma bedienen, so muss er der Firma zur Unterscheidbarkeit einen *Zusatz* beifügen (vgl. § 30 Abs. 2 HGB).

Zum Grundsatz der sog. **Firmenöffentlichkeit** gehört, dass jeder Kaufmann verpflichtet ist, seine Firma und den Ort seiner Handelsniederlassung zur Eintragung in das Handelsregister anzumelden, dies gilt auch für eine Änderung der Firma oder ihrer Inhaber sowie die Verlegung der Niederlassung an einen anderen Ort oder das Erlöschen der Firma (vgl. §§ 3, 29, 31 HGB). Auf allen Geschäftsbriefen des Kaufmanns müssen seine Firma, der Ort seiner Handelsniederlassung, das Registergericht und die Handelsregisternummer angegeben werden (vgl. § 37a HGB).

Wird ohne eine Änderung der Person der in der Firma enthaltene Name des Geschäftsinhabers oder eines Gesellschafters geändert, so kann die bisherige Firma fortgeführt werden (vgl. § 21 HGB), sog. **Firmenbeständigkeit**. Wer ein bestehendes Handelsgeschäft erwirbt (z.B. durch Kauf oder Erbschaft), darf für das Geschäft die bisherige Firma (auch wenn sie den Namen des bisherigen Geschäftsinhabers enthält) mit oder ohne Beifügung eines das Nachfolgeverhältnis andeutenden Zusatzes (z.B. „Nachfolger") fortführen, wenn der bisherige Geschäftsinhaber oder dessen Erben in die Fortführung der Firma ausdrücklich einwilligen (vgl. § 22 HGB), auch dies ist ein Aspekt der **Firmenbeständigkeit**.

Wird das erworbene Handelsgeschäft so fortgeführt, **haftet** der Erwerber für alle im Betrieb des Geschäfts begründeten Verbindlichkeiten des früheren Inhabers. Eine abweichende Vereinbarung (Haftungsausschluss) ist einem Dritten gegenüber nur wirksam, wenn sie in das Handelsregister eingetragen und bekannt gemacht oder von dem Erwerber oder dem Veräußerer dem Dritten mitgeteilt worden ist (vgl. §§ 25, 26, 27 HGB). Tritt jemand als persönlich haftender Gesellschafter oder als Kommanditist in das Geschäft eines Einzelkaufmanns ein, so haftet die Gesellschaft, auch wenn sie die frühere Firma nicht fortführt, für alle im Betrieb des Geschäfts entstandenen Verbindlichkeiten des früheren Geschäftsinhabers (vgl. § 28 HGB).

2. Handelsregister

Zur Übung können Sie das nächstgelegene Handelsregister besuchen und dort Einsicht in die verschiedenen Abteilungen nehmen.

Das **Handelsregister** ist ein öffentliches Verzeichnis, in dem durch das Gesetz bestimmte, für den Handelsverkehr relevante Tatsachen eingetragen sind. Das Handelsregister wird durch das zuständige Amtsgericht geführt (vgl. §§ 8, 29 HGB, vgl. § 125 Gesetz über die freiwillige Gerichtsbarkeit - FGG). Die Einsicht des Handelsregisters sowie der zum Handelsregister eingereichten Schriftstücke ist jedem zu Informationszwecken gestattet (vgl. § 9 HGB).

| Dem Gesetz ist zu entnehmen, ob eine Tatsache **eintragungspflichtig** (anmeldungspflichtig) ist, wie z.B. die Firma eines Einzelkaufmanns (vgl. § 29 HGB) oder die Gründung einer OHG (vgl. § 106 HGB). | Eine Tatsache kann auch nur **eintragungsfähig** und auf freiwilliger Basis einzutragen sein, z.B. die Eintragung eines Kleingewerbetreibenden (vgl. § 2 HGB) oder ein Haftungsausschluss (vgl. § 25 Abs. 2 HGB). |

Andere Tatsachen dürfen **nicht** eingetragen werden (z.B. die Erteilung einer Handlungsvollmacht). Die Anmeldungen zur Eintragung in das Handelsregister sind in öffentlich beglaubigter Form einzureichen (vgl. §§ 12 HGB, 129 BGB).

Das <u>Handelsregister</u> besteht aus <u>zwei Abteilungen</u>,

| der **Abteilung A** mit den Eintragungen für Einzelkaufleute, Personengesellschaften (OHG, KG) sowie für die in den §§ 33, 36 HGB bezeichneten juristischen Personen des öffentlichen und bürgerlichen Rechts (Anstalten, Körperschaften) | und der **Abteilung B** mit den Eintragungen für die Kapitalgesellschaften (AG, KGaA, GmbH) und für die Versicherungsvereine. |

a) Wirkung der Eintragung

| Die **konstitutive** Eintragung wirkt rechtsbegründend, z.B. wird ein Kleingewerbetreibender erst durch die Eintragung überhaupt zum Kaufmann (vgl. § 2 HGB) und bestimmte Kapitalgesellschaften entstehen erst mit ihrer Eintragung (z.B. die GmbH nach § 11 Abs. 1 GmbHG). | Die **deklaratorische** Eintragung wirkt demgegenüber nur klarstellend für Dritte, z.B. die Eintragung der Prokura (vgl. § 53 HGB), da die Prokura unabhängig davon besteht, ob sie eingetragen ist oder nicht. |

b) Öffentlicher Glaube

Das Handelsregister genießt öffentlichen Glauben (vgl. § 892 Abs. 1 BGB für das Grundbuch) und hat **Publizitätswirkung**, der Inhalt des Handelsregisters gilt zum Schutz des Rechtsverkehrs als richtig (Schutzfunktion).

- Solange eine **eintragungspflichtige** Tatsache (egal aus welchem Grund!) **nicht** eingetragen und bekannt gemacht ist, kann sie im Geschäftsverkehr von demjenigen, in dessen Angelegenheiten sie einzutragen war, einem Dritten *nicht* entgegengesetzt werden, es sei denn, dass sie diesem bekannt war (**Vertrauen auf das Schweigen des Handelsregisters; vgl. § 15 Abs. 1 HGB**, sog. **negative Publizität**), dies gilt auch zu Lasten Minderjähriger und Geschäftsunfähiger. Solange also z.B. der Widerruf einer Prokura nicht eingetragen/ bekannt gemacht wurde, darf sich ein gutgläubiger Dritter darauf berufen, dass die Prokura noch besteht.

- Ist eine eintragungspflichtige Tatsache **unrichtig** bekannt gemacht, so kann sich ein Dritter demjenigen gegenüber, in dessen Angelegenheiten die Tatsache einzutragen war, auf die *bekannt gemachte* Tatsache *berufen*, es sei denn, dass er die Unrichtigkeit kannte (vgl. **§ 15 Abs. *3* HGB**, sog. **positive Publizität**).

- **Ist** eine eintragungspflichtige *und tatsächlich bestehende* Tatsache eingetragen und bekannt gemacht worden, so muss ein Dritter sie gegen sich gelten lassen. Dies gilt nicht bei Rechtshandlungen, die innerhalb von fünfzehn Tagen nach der Bekanntmachung vorgenommen werden, sofern der Dritte beweist, dass er die Tatsache weder kannte noch kennen musste (vgl. **§ 15 Abs. *2* HGB**), was bei Kaufleuten nur in absoluten Ausnahmefällen angenommen wird.

- Im Rahmen von § 15 Abs. 2 und Abs. 3 HGB hat ein gutgläubiger Dritter die Wahl, ob er sich auf die wahre Rechtslage oder den Registerinhalt beruft.

Kontrollfragen

- Was ist die Firma des Kaufmanns?
- Welche Firmengrundsätze kennen Sie und was bedeuten diese?
- Was ist das Handelsregister? Welchen Zweck erfüllt es?
- Wie unterscheiden sich eintragungsfähige von eintragungspflichtigen Tatsachen?
- Welches Vertrauen wird im einzelnen in § 15 HGB geschützt?

3.1.3 Prokura und Handlungsvollmacht

Wiederholen Sie bitte das Kapitel zu Vertretung und Vollmacht.

> Die **Prokura** (§§ 48 ff. HGB) und die **Handlungsvollmacht** (§§ 54 ff. HGB) sind besondere Formen einer rechtsgeschäftlichen Vollmacht, deren Umfang im Gesetz festgelegt ist.

1. Prokura

- Die Prokura kann nur von dem *Inhaber* des Handelsgeschäfts oder seinem *gesetzlichen* Vertreter und nur mittels ausdrücklicher (einseitiger) Erklärung erteilt werden. Die Prokuraerteilung durch Nichtkaufleute ist unwirksam, kann aber unter Umständen über § 140 BGB in eine *Generalhandlungsvollmacht* umgedeutet werden.

- Die Erteilung kann als **Gesamtprokura** an mehrere Personen gemeinschaftlich erfolgen (vgl. § 48 HGB). Prokuraerteilung ist auch in Form einer sog. **gemischten Gesamtprokura** möglich, bei der der Prokurist nur gemeinsam mit einem Gesellschaftsorgan vertretungsbefugt ist (z.B. § 125 Abs. 3 HGB).

- Die Prokura, die nur einer natürlichen Person erteilt werden kann, ermächtigt zu allen Arten von gerichtlichen und außergerichtlichen Geschäften und Rechtshandlungen (mit Ausnahme von z.B. Bilanzunterzeichnung (vgl. § 245 HGB), Prokuraerteilung), die der Betrieb (irgend)eines Handelsgewerbes mit sich bringt, auch wenn es sich um *branchenfremde* Geschäfte handelt (vgl. § 49 Abs. 1 HGB). Ausgenommen sind jedoch Geschäfte, aus dem privaten Bereich des Inhabers und sog. **Grundlagengeschäfte**, wie z.B. Veräußerung, Verpachtung oder Einstellung des Handelsgeschäfts, Änderung der Firma, Aufnahme von Gesellschaftern, Stellung eines Insolvenzantrages. Zur *Veräußerung* und *Belastung* von *Grundstücken* ist der Prokurist aber nur ermächtigt, wenn ihm diese Befugnis besonders erteilt wurde (vgl. § 49 Abs. 2 HGB). Dies gilt *nicht* für den *Kauf* von Grundstücken, dieser ist auch ohne besondere Ermächtigung möglich.

- Eine Beschränkung des Umfangs der Prokura ist Dritten gegenüber (im Außenverhältnis) unwirksam; dies gilt insbesondere für eine Beschränkung, dass die Prokura nur für gewisse Geschäfte oder gewisse Arten von Geschäften oder nur unter gewissen Umständen oder für eine gewisse Zeit oder an einzelnen Orten ausgeübt werden soll (vgl. § 50 HGB). Im Innenverhältnis (zwischen Inhaber und Prokurist, siehe auch § 59 HGB) kann sich der Prokurist jedoch schadensersatzpflichtig machen, wenn er die dort vereinbarten Grenzen überschreitet.

- Der Prokurist hat in der Weise zu zeichnen, dass er der Firma seinen Namen mit einem die Prokura andeutenden Zusatz („ppa") beifügt (§ 51 HGB). Die Prokura ist ohne Rücksicht auf das der Erteilung zu Grunde liegende Rechtsverhältnis jederzeit widerruflich, unbeschadet des Anspruchs auf die vertragsmäßige Vergütung. Umgekehrt erlischt die Prokura grundsätzlich mit dem zu Grunde liegenden Rechtsverhältnis (vgl. § 168 BGB) und in der Insolvenz des Kaufmanns. Die Prokura ist nicht übertragbar und sie erlischt nicht durch den Tod des Inhabers des Handelsgeschäfts (vgl. § 52 HGB).

- Die Erteilung der Prokura ist von dem Inhaber des Handelsgeschäfts zur Eintragung in das Handelsregister anzumelden, dies gilt auch für die Gesamtprokura. Das Erlöschen der Prokura ist in gleicher Weise wie die Erteilung zur Eintragung anzumelden(vgl. § 53 HGB). Die Eintragung erfolgt jeweils deklaratorisch.

2. Handlungsvollmacht

Ist jemand ohne Erteilung der Prokura zum Betrieb eines Handelsgewerbes oder zur Vornahme einer bestimmten zu einem Handelsgewerbe gehörigen Art von Geschäften oder zur Vornahme einzelner zu einem Handelsgewerbe gehöriger Geschäfte ermächtigt, so erstreckt sich die Vollmacht (**Handlungsvollmacht**) auf alle Geschäfte und Rechtshandlungen, die der Betrieb eines derartigen Handelsgewerbes oder die Vornahme derartiger Geschäfte gewöhnlich mit sich bringt (vgl. § 54 Abs. 1 HGB).

- Maßgeblich ist die **Branchenüblichkeit** des Geschäfts; es kommt insoweit auf den allgemeinen Standard der jeweiligen Branche an und nicht auf das einzelne Unternehmen.

- Zur Veräußerung oder Belastung von **Grundstücken**, zur Eingehung von **Wechselverbindlichkeiten**, zur Aufnahme von **Darlehen** (auch die Überziehung eines Girokontos ist erfasst) und zur **Prozessführung** ist der Handlungsbevollmächtigte nur ermächtigt, wenn ihm eine solche **Befugnis besonders erteilt** ist (vgl. § 54 Abs. 2 HGB). Sonstige Beschränkungen der Handlungsvollmacht sind möglich, ein Dritter muss sie im Außenverhältnis aber nur dann gegen sich gelten lassen, wenn er sie kannte oder kennen musste (vgl. § 54 Abs. 3 HGB). Im Innenverhältnis zwischen Vollmachtgeber und Bevollmächtigten kann die Handlungsvollmacht beliebig ausgestaltet werden, der Handlungsbevollmächtigte kann bei einem Verstoß gegen diese Grenzen schadensersatzpflichtig werden.

- Jeder Kaufmann und seine Bevollmächtigten (auch ein Prokurist) können nach § 54 HGB Handlungsvollmacht erteilen. Der Handlungsbevollmächtigte selbst kann ohne Zustimmung des Inhabers des Handelsgeschäfts seine Handlungsvollmacht jedoch nicht auf einen anderen übertragen (vgl. § 58 HGB).

- Die Handlungsvollmacht wird nach § 167 BGB durch **formfreie Erklärung** (oder auch durch schlüssiges Verhalten, indem z.B. der Kaufmann einem Mitarbeiter einen Arbeitsplatz zuweist, der den Abschluss bestimmter Rechtsgeschäfte mit sich bringt) gegenüber dem zu Bevollmächtigenden oder gegenüber einem Dritten erteilt. Im Gegensatz zur Prokura kann sie nicht in das Handelsregister eingetragen werden. Das **Erlöschen** der Handlungsvollmacht wird durch §§ 168 ff. BGB geregelt. Danach erlischt die Handlungsvollmacht grundsätzlich mit der Beendigung des im Innenverhältnis bestehenden Dienst- oder Arbeitsverhältnisses, die Handlungsvollmacht kann aber auch gesondert entzogen werden, während das zu Grunde liegende Rechtsverhältnis bestehen bleibt.

Man unterscheidet verschiedene **Arten** von Handlungsvollmachten:

- Eine sog. **Generalhandlungsvollmacht** entspricht im Umfang der Prokura, deckt aber nicht branchenfremde oder unübliche Geschäfte.
- Durch die Erteilung einer **Arthandlungsvollmacht** wird der Bevollmächtigte zur Vornahme bestimmter Arten von Handelsgeschäften ermächtigt (z.B. Einkaufs-, Verkaufs-, Konto- oder Inkassovollmachten).
- Die **Spezialhandlungsvollmacht** ermächtigt zur Vornahme einzelner zu einem bestimmten Handelsgewerbe gehöriger Geschäfte.
- An mehrere Personen kann eine **Gesamthandlungsvollmacht** gemeinschaftlich erteilt werden, möglich ist auch die Bindung des Handlungsbevollmächtigten an die Mitwirkung eines Vertretungsorgans oder eines Prokuristen.
- Besondere Regeln gelten für **Abschlussvertreter im Außendienst** (vgl. § 55 HGB).
- Wer in einem **Laden** oder in einem offenen Warenlager *zu* **Verkaufszwecken** angestellt ist, also mit Wissen und Wollen des Inhabers im **Verkauf** tätig wird, gilt als ermächtigt zu **Verkäufen** (nicht Ankäufen) und Empfangnahmen, die in einem derartigen Laden oder Warenlager gewöhnlich geschehen (vgl. § 56 HGB).

Kontrollfragen

- Was unterscheidet die Prokura von der Handlungsvollmacht?
- Welche Arten von Prokura kennen Sie? Nennen Sie drei!
- Welche Arten von Handlungsvollmachten kennen Sie? Nennen Sie drei!
- Kann ein Rechtsanwalt Prokura erteilen? Und ein Kleingewerbetreibender?
- Darf ein Prokurist den Firmennamen eigenmächtig ändern?

3.1.4 Übungsfälle

Fall 1:

a) Die Prokuristin P erteilt dem Mitarbeiter M Prokura, wozu P vom Geschäftsinhaber ausdrücklich bevollmächtigt worden war. Ist die Prokuraerteilung für M wirksam?

b) P möchte ein Grundstück zu Geschäftszwecken erwerben und daran zur Absicherung des Kaufpreises eine Restkaufpreishypothek bestellen. Sie möchte ferner endlich den Geschäftsbetrieb von der Schokoosterhasenproduktion auf die Produktion von Gartenzwergen aus Ton umstellen. Darf sie das?

Fall 2: Der praktisch mittellosen Hanna wird vom Geschäftsführer der Kunterbunt GmbH Handlungsvollmacht erteilt. Versehentlich wird jedoch die Erteilung einer Prokura im Handelsregister eingetragen, eine Bekanntmachung erfolgt nicht. Hanna nimmt sodann ohne Absprache mit der Firma einen Kredit bei der Eurobank auf und unterzeichnet mit „i.V.". Die Bank verlangt die Rückzahlung des Kredits von der Kunterbunt GmbH. Zu recht?

Fall 3: Der Kaufmann und Kunsthändler K bestellt beim Inhaber V der Fabrik „Vielfalt in Bild" (20 Mitarbeiter) 200 maschinell erstellte Kopien des Bildes „Tanzende Nymphen". K erhält die Lieferung und beschwert sich neun Tage später bei K, weil auf allen 200 Kopien einer Nymphe der Kopf fehlt, obwohl auf dem Original keine Nymphe kopflos ist. Kann K gegenüber V irgendwelche Rechte geltend machen?

Fall 4: Die überregionale Gebrauchtwagenhändlerin Gut mit mehreren Filialen verkauft einen Wagen an Kundig, der den verkauften Wagen zwar als Auto seines Nachbarn Nase erkennt, aber glaubt, Nase habe den Wagen an Gut zum Verkauf übergeben. Bedauerlicherweise war Nase das Auto aber kurz zuvor gestohlen worden. Gut übergibt Kundig das Auto und der bezeichnet sich fortan stolz als Eigentümer des Wagens. Zu Recht?

Fal 5: Im Fußballstadion sitzen Bankdirektor Brösel und daneben der Gutsbesitzer Groß, der nicht nur viele Milchkühe hat, sondern auch drei große Molkereien dazu; im Handelsregister ist er nicht eingetragen. In der Pause treffen sie den Maler und Künstler Mix, der 50.000 EUR für neue Fenster in seinem Atelier braucht. Brösel schätzt den Mix sehr und will ihm helfen, er fordert jedoch für das Geld eine Sicherheit, die Mix aber nicht bringen kann. Das hört zufällig der Groß und will dem Mix helfen. Spontan erklärt Groß dem Brösel, er würde für Mix für 50.000 EUR bürgen, der Mix könne ihm dann ja mal beim Streichen seiner Scheunen helfen. Brösel nickt und Mix sieht sich gerettet. Hat er Grund dazu?

Lösungshinweise

Zu Fall 1:

a) Nein, weil nach § 48 Abs. 1 HGB Prokura nur vom Inhaber des Handelsgeschäft selbst erteilt werden kann und eine Vollmacht hierfür nicht möglich ist.

b) Der Erwerb des Grundstücks ist von der Vertretungsmacht der P gedeckt. Belastungen sind zwar nach § 49 Abs. 2 HGB ohne besondere Ermächtigung unzulässig, dies gilt jedoch nicht bei einem Grundstückserwerb in Verbindung mit der Bestellung einer Restkaufpreishypothek, weil man insoweit von einer bloßen Erwerbsmodalität – Erwerb eines belasteten Grundstückes – ausgeht, die von der Prokura abgedeckt wird. Auch die Produktionsumstellung ist ohne weiteres möglich.

Zu Fall 2: Anspruchsgrundlage wäre § 488 Abs. 1 Satz 2. Dann müsste H die Gesellschaft bei Vertragsabschluss wirksam vertreten haben. P hat zwar im Namen der Gesellschaft gehandelt und „i.V." unterzeichnet, fraglich ist jedoch, ob sie Vertretungsmacht hatte. Die Handlungsvollmacht deckt das getätigte Geschäft nicht (vgl. § 54 Abs. 2 HGB). Fraglich ist, ob die Publizitätswirkung des Handelsregisters in Verbindung mit der Eintragung der Prokura eine Vertretungsmacht begründen kann. § 15 Abs. 1 HGB ist jedoch nicht einschlägig, weil eine Eintragung nicht unterlassen, sondern eine unrichtige Eintragung vorgenommen wurde. § 15 Abs. 2 HGB greift nicht, weil Prokura tatsächlich nie erteilt wurde. § 15 Abs. 3 HGB greift nicht, weil die Eintragung nicht bekannt gemacht wurde. Der Bank muss im Ergebnis auch deshalb eine Berufung auf die Vertretungsmacht infolge „Prokura" versagt werden, weil der Bank hätte auffallen müssen, dass H nicht „ppa" sondern „i.V." unterzeichnet hat, sie war also nicht gutgläubig. Die Bank hat daher keinen Anspruch gegen die Gesellschaft.

Zu Fall 3: K könnte Gewährleistungsrechte nach § 437 BGB haben, weil die gelieferten Bild-Kopien mangelhaft sind. Fraglich ist jedoch, ob sich K auf die Gewährleistungsrechte überhaupt berufen kann. K und V sind beide Kaufleute, K weil er als Kunsthändler mit Bildern handelt und V, weil bei seinem Betrieb nicht die künstlerische Leistung sondern die maschinelle Serienproduktion im Vordergrund steht und bei 20 Mitarbeitern eine kaufmännische Betriebsführung nötig ist. Es handelt sich bei dem Bilderkauf also um ein beiderseitiges Handelsgeschäft, einen Handelskauf. Infolgedessen hätte K den Fehler unverzüglich rügen müssen (§§ 377 HGB, 121 BGB). Eine Rüge nach neun Tage ist nicht mehr unverzüglich, so dass der K gegenüber V keine Gewährleistungsrechte geltend machen kann.

Zu Fall 4: K wäre Eigentümer des Autos, wenn er das Eigentum nach § 929 BGB von G erworben hätte. Dies setzt jedoch voraus, dass G Eigentümerin war, um das Eigentum übertragen zu können. Da jedoch G aufgrund der Größe ihres Unternehmens Kauffrau ist und K an die Verfügungsmacht der G glaubte, gilt § 366 HGB, zumal K auch gutgläubig ist. Dem gutgläubigen Erwerb steht allerdings § 935 BGB entgegen (das Auto war ja gestohlen), der von § 366 HGB nicht überwunden werden kann.

Zu Fall 5: Nur wenn sich G wirksam für M bei B verbürgt hat. Die Bürgschaftsübernahme bedarf nach § 766 BGB der Schriftform, G hat indes nur mündlich gebürgt. Diese Bürgschaft wäre formfrei nur wirksam, wenn G als Kaufmann nach § 350 HGB hätte bürgen können. Fraglich ist also, ob G Kaufmann ist. Als Landwirt hat er zwar kaufmännisch eingerichtete Nebenbetriebe in Form der drei Molkereien. Er ist jedoch nicht ins Handelsregister eingetragen, so dass eine Kaufmannseigenschaft nicht vorliegt (vgl. § 3 HGB). Die mündliche Bürgschaftserklärung ist also unwirksam und hilft dem M nicht weiter.

3.2 Gesellschaftsrecht

Lesen Sie bitte die angegebenen Paragrafen vollständig durch, also auch alle Absätze der jeweiligen Paragrafen.

3.2.1 Personengesellschaften

> In der **Personengesellschaft** verpflichten sich die Gesellschafter, die Erreichung eines gemeinsamen **Zwecks** in einer durch den **Gesellschaftsvertrag** bestimmten Weise zu **fördern**, insbesondere die vereinbarten Beiträge zu leisten (vgl. § 705 BGB).

1. Gesellschaft bürgerlichen Rechts (GbR)

- Die Gesellschaft bürgerlichen Rechts (oder BGB-Gesellschaft) stellt die **Grundform** einer Personengesellschaft dar.

- Die GbR kann jeden **beliebigen Zweck** haben; also wirtschaftliche oder ideelle, nur vorübergehende (Gelegenheitsgesellschaft) oder dauernde Ziele verfolgen. Eine GbR liegt z.B. vor bei einem Zusammenschluss von Gewerbetreibenden, wenn kein Handelsgewerbe gegeben ist (gemeinsamer Betrieb einer Imbissbude), beim Zusammenschluss von Freiberuflern (z.B. Ärzten), bei Arbeitsgemeinschaften zwecks Durchführung von Bauvorhaben, beim gemeinschaftlichen Pachten eines Segelbootes durch Privatleute oder als Vorstufe für andere Gesellschaftsformen (z.B.: Vorgründungsgesellschaft bei Gründung eines Vereins oder einer Kapitalgesellschaft).

- Voraussetzung für das Bestehen einer GbR ist der Abschluss eines (grundsätzlich formfreien **Gesellschaftsvertrages** (vgl. § 705 BGB; beachte auch § 311 b BGB!). Eine bereits in Vollzug gesetzte Gesellschaft wird auch bei Mängeln des Gesellschaftsvertrages (sog. fehlerhafte Gesellschaft) zunächst als wirksam behandelt und muss dann aufgelöst und liquidiert werden.

- Die **Geschäftsführungsbefugnis** (im Innenverhältnis) steht den Gesellschaftern gemeinschaftlich zu, der Gesellschaftsvertrag kann aber Abweichendes vorsehen (vgl. § 709 ff. BGB). Dies gilt auch für die **Vertretungsmacht** (im Außenverhältnis gegenüber Dritten; vgl. § 714 BGB).

- Das **Gesellschaftsvermögen** ist gemeinschaftliches Vermögen der Gesellschafter (vgl. § 718 BGB), über seinen „Anteil" kann ein Gesellschafter nicht allein verfügen (**sog. gesamthänderische Bindung oder Gesamthandsprinzip**, vgl. § 719 BGB), eine Übertragung erfordert einen Gesellschafterwechsel.

- Die Gesellschafter der GbR haften **gesamtschuldnerisch** (vgl. §§ 427, 421 BGB) mit dem gesamthänderisch gebundenen Gesellschaftsvermögen und zusätzlich unbeschränkt mit ihrem gesamten Privatvermögen.

- Wird ein Gesellschafter von einem Dritten in Anspruch genommen, steht ihm im Innenverhältnis entsprechend der jeweiligen Anteile ein Ausgleichsanspruch zu.

- Im Außenverhältnis kann durch eine individuelle vertragliche Vereinbarung eine **Haftungsbeschränkung** auf das Gesellschaftsvermögen erreicht werden, allerdings nicht nur mittels bloßem Zusatz zum Namen wie z.B. „GbRmbH".

- Tritt ein Gesellschafter in eine schon bestehende GbR ein, haftet er grundsätzlich mit seinem Privatvermögen auch für die bereits vor seinem Eintritt begründeten (Alt)Verbindlichkeiten der GbR. Bei Ausscheiden besteht eine sog. (begrenzte) **Nachhaftung** (vgl. §§ 736 Abs. 2 BGB, 160 HGB).

- Die GbR wird mittlerweile im Außenverhältnis als rechtsfähig behandelt. Sie ist parteifähig in einem Gerichtsprozess und insolvenzfähig (vgl. § 11 Abs. 2 InsO).

2. Offene Handelsgesellschaft (OHG)

Eine Gesellschaft, deren **Zweck** auf den **Betrieb eines Handelsgewerbes** unter gemeinschaftlicher Firma gerichtet ist, ist eine **offene Handelsgesellschaft**, wenn bei keinem der Gesellschafter die Haftung gegenüber den Gesellschaftsgläubigern beschränkt ist. Eine Gesellschaft, deren Gewerbebetrieb nicht schon nach § 1 Abs. 2 HGB Handelsgewerbe ist oder die nur eigenes Vermögen verwaltet, ist offene Handelsgesellschaft, wenn die Firma des Unternehmens in das Handelsregister eingetragen ist (vgl. § 105 HGB).

- Die **Vorschriften für die GbR** finden **ergänzend** auch für die OHG Anwendung (vgl. § 105 Abs. 3 HGB).

- Die Wirksamkeit der OHG tritt im Verhältnis zu Dritten mit Geschäftsbeginn oder dann ein, wenn die Gesellschaft ins Handelsregister eingetragen wird (vgl. §§ 123, 106 - 108 HGB).

- Die OHG muss eine gemeinschaftliche **Firma** haben, die zum Handelsregister anzumelden ist und unter der sie Rechte erwerben und Verbindlichkeiten eingehen, Eigentum und andere dingliche Rechte an Grundstücken erwerben, vor Gericht klagen und verklagt werden kann (vgl. § 124 HGB).

- Neben der Gesellschaft (vgl. § 124 HGB) **haften** die Gesellschafter für die Verbindlichkeiten der Gesellschaft den Gläubigern als Gesamtschuldner **persönlich**, eine entgegenstehende Vereinbarung ist Dritten gegenüber unwirksam (vgl. §§ 128, 129 HGB). § 31 BGB gilt entsprechend.

- Zur **Geschäftsführung** ist jeder Gesellschafter einzeln berechtigt und verpflichtet, sofern der Gesellschaftsvertrag nichts Abweichendes regelt (vgl. §§ 114 bis 116 HGB).
- Zur Vertretung der Gesellschaft ist jeder Gesellschafter ermächtigt, wenn er nicht durch den Gesellschaftsvertrag von der Vertretung ausgeschlossen ist (vgl. § 125 HGB). Der Umfang der Vertretungsmacht ist gesetzlich festgelegt (vgl. § 126 HGB), sog. **Grundlagengeschäfte**, die das Verhältnis der Gesellschafter untereinander betreffen (z.B. Änderung des Gesellschaftsvertrages), fallen nicht darunter.
- Ein **neu eintretender** Gesellschafter haftet auch für bisher entstandene Verbindlichkeiten (vgl. § 130 HGB). Ein **ausscheidender** Gesellschafter haftet für die während seiner Zeit *begründeten* Verbindlichkeiten noch nach, wenn sie innerhalb von fünf Jahren *fällig* werden (§§ 159, 160 HGB).
- Die OHG wird beendet durch Auflösung (vgl. § 131 HGB), die zur **Liquidation** und schließlich zur sog. **Vollbeendigung** führt (vgl. §§ 145 ff. HGB).

3. Kommanditgesellschaft (KG)

> Eine Gesellschaft, deren Zweck auf den Betrieb eines Handelsgewerbes unter gemeinschaftlicher Firma gerichtet ist, ist eine **Kommanditgesellschaft**, wenn bei (mindestens) einem Gesellschafter die Haftung gegenüber den Gesellschaftsgläubigern auf den Betrag einer bestimmten Vermögenseinlage be-**schränkt** ist (sog. **Kommanditist**), während bei dem anderen Teil der Gesellschafter eine Beschränkung der Haftung nicht stattfindet, sog. persönlich haftende Gesellschafter oder **Komplementäre** (vgl. § 161 HGB).

- Für die KG gelten **ergänzend** die Vorschriften für die **OHG** und die **GbR** (vgl. §§ 161 Abs. 2, 105 Abs. 3 HGB).
- Die **Geschäftsführung** in einer KG erfolgt vorbehaltlich einer abweichenden Regelung im Gesellschaftsvertrag ausschließlich über die persönlich haftenden Gesellschafter (**Komplementäre**), bei einer GmbH & Co. KG also durch den bzw. die Geschäftsführer der Komplementär-GmbH. Die *Kommanditisten* sind von der Geschäftsführung im Wesentlichen ausgeschlossen (vgl. § 164 HGB) und zur Vertretung der KG nicht ermächtigt (vgl. § 170 HGB). *Außergewöhnliche* Geschäfte sind allerdings nur mit Zustimmung des Kommanditisten möglich.
- Für Verbindlichkeiten (Schulden) der KG **haftet** zum einen die **Gesellschaft** mit dem Gesellschaftsvermögen (vgl. §§ 124, 161 Abs. 2 HGB).

- Die **Komplementäre haften** für Gesellschaftsverbindlichkeiten ebenso wie OHG-Gesellschafter unbeschränkt auch mit ihrem Privatvermögen (§ 161 Abs. 2 HGB, §§ 128, 129 HGB).
- Die **Kommanditisten haften** den Gesellschaftsgläubigern grundsätzlich beschränkt nur mit einer bestimmten **Hafteinlage**, solange diese nicht erbracht ist, persönlich bis zu deren Höhe, vor Registereintragung allerdings unbegrenzt (vgl. §§ 171–176 HGB).

4. GmbH & Co. KG

> Die **GmbH & Co. KG** ist eine **Kommanditgesellschaft** im Sinne des § 161 HGB, an der als persönlich haftender Gesellschafter keine natürliche Person, sondern eine Kapitalgesellschaft in Form einer GmbH beteiligt ist.

- Die GmbH & Co. KG muss als Kommanditgesellschaft ein Handelsgewerbe betreiben und ist Kaufmann. Ihre Firma muss den Vorschriften für Kommanditgesellschaften genügen und wegen § 19 Abs. 2 HGB ist die Haftungsbeschränkung (der Komplementär haftet als GmbH nur beschränkt) auch in der Firma zu kennzeichnen („GmbH & Co. KG").
- Die Geschäftsführung liegt bei dem Geschäftsführer der Komplementär-GmbH.

5. Partnerschaftsgesellschaft

Die Partnerschaftsgesellschaft ist ein **Zusammenschluss von Freiberuflern** (z.B. Steuerberatern oder Rechtsanwälten) zur gemeinsamen Berufsausübung aufgrund des **Partnerschaftsgesellschaftsgesetzes** durch schriftlichen Gesellschaftsvertrag und Anmeldung zum Partnerschaftsregister. Die Partner können die zwischen ihnen bestehenden Rechtsbeziehungen weitgehend frei regeln, ansonsten gelten die Vorschriften über die OHG, wobei kein Partner vollständig von der Geschäftsführung ausgeschlossen werden darf.

6. Stille Gesellschaft

> Wer sich als **stiller Gesellschafter** an dem Handelsgewerbe, das ein anderer betreibt, mit einer Vermögenseinlage beteiligt, hat die **Einlage** so zu leisten, dass sie in das Vermögen des Inhabers des Handelsgeschäfts **übergeht**. Der Inhaber wird aus den in dem Betrieb geschlossenen Geschäften **allein** berechtigt und verpflichtet (vgl. § 230 HGB). Der stille Gesellschafter wird am Gewinn (und am Verlust) beteiligt.

Kontrollfragen

- Wen kann der Vertragspartner einer OHG gegebenenfalls verklagen?
- Worin unterscheidet sich die OHG von der KG?
- Wie haftet ein Kommanditist den Gesellschaftsgläubigern? Nennen Sie vier verschiedene Fälle!
- Wer vertritt die GmbH & Co. KG?

3.2.2 Kapitalgesellschaften

Kapitalgesellschaften sind **juristische Personen** und als solche **rechtsfähig**. Sie sind durch eine Mitgliedschaft infolge bloßer Kapitalbeteiligung (und nicht durch persönliche Mitarbeit) gekennzeichnet.

Bei **Kapitalgesellschaften** liegt in der Regel **Drittorganschaft** vor, die Geschäfte werden also von Personen bzw. Organen geführt, die nicht zwingend Gesellschafter oder Mitglieder sind (vgl. § 6 Abs. 3 GmbHG). Bei **Personengesellschaften** gilt grundsätzlich das Gebot der **Selbstorganschaft**, die Geschäfte werden also von einem oder mehreren Gesellschaftern geführt.

Kapitalgesellschaften sind die GmbH, die AG und die Genossenschaft.

Kapitalgesellschaften:

➢ GmbH

➢ AG

➢ Genossenschaft

Abb.: Kapitalgesellschaften

1. Gesellschaft mit beschränkter Haftung (GmbH)

> Eine **Gesellschaft mit beschränkter Haftung** kann zu jedem gesetzlich zulässigen Zweck durch eine oder mehrere Personen errichtet werden (vgl. § 1 GmbHG). Für die Verbindlichkeiten der Gesellschaft **haftet** den Gläubigern derselben nur das **Gesellschaftsvermögen** (vgl. § 13 Abs. 2 GmbHG).

- Die GmbH ist eine eigene Rechtspersönlichkeit mit selbstständigen rechten und Pflichten. Sie kann Eigentum und andere dingliche Rechte an Grundstücken erwerben, vor Gericht klagen und verklagt werden (vgl. § 13 Abs. 2 GmbHG). Sie ist juristische Person und gilt als Handelsgesellschaft (vgl. § 13 Abs. 3 GmbHG), womit sie gleichzeitig Kaufmann ist.

- Voraussetzung der Gründung einer GmbH ist der Abschluss eines notariellen Gesellschaftsvertrages, der den nach § 3 Abs. 1 GmbHG vorgeschriebenen Inhalt haben muss.

- Die Firma muss die Bezeichnung "Gesellschaft mit beschränkter Haftung" oder eine allgemein verständliche Abkürzung dieser Bezeichnung enthalten (vgl. § 4 GmbHG).

- Das **Stammkapital** der Gesellschaft muss mindestens 25.000 EUR, die **Stammeinlage** jedes Gesellschafters muss mindestens 100 EUR betragen (vgl. § 5 GmbHG).

- Die Gesellschaft muss einen oder mehrere **Geschäftsführer** haben (vgl. § 6 GmbHG), welche die GmbH gerichtlich und außergerichtlich vertreten (vgl. § 35 GmbHG), sie durch Rechtsgeschäfte berechtigen und verpflichten (vgl. §§ 36, 37 GmbHG) und auch die Anmeldung der Gesellschaft beim Handelsregister zu beantragen haben (vgl. §§ 7, 8 GmbHG).

- Bis zum Abschluss des Gesellschaftsvertrages besteht eine sog. **Vorgründungsgesellschaft**. Sie haftet sofern sie ein Gewerbe betreibt (vgl. § 1 HGB) als OHG (vgl. §§ 124, 123 Abs. 2 HGB), sonst besteht eine GbR.

- Zwischen Abschluss des notariellen Gesellschaftsvertrages und Eintragung der GmbH in das Handelsregister besteht eine sog. **Vor-GmbH**. Ist vor der Eintragung im Namen der Gesellschaft gehandelt worden, so haften die Handelnden persönlich (vgl. § 11 Abs. 2 GmbHG) – neben dem Vermögen der Vor-GmbH und der späteren GmbH – auch für die Differenz zum späteren Stammkapital.

- Wegen der Haftungsbeschränkung auf das Gesellschaftsvermögen spielt die Insolvenzantragspflicht (vgl. § 64 GmbHG) eine besondere Rolle, bei Insolvenzverfahrensverschleppung haftet der Geschäftsführer persönlich. Er haftet persönlich auch für nicht abgeführte Steuern und Sozialabgaben, sowie für Pflichtverletzungen betreffend die Anmeldung der GmbH zum Handelsregister, die Rechnungslegung oder Obliegenheiten gegenüber der Gesellschaft (vgl. § 42 GmbHG).

- Handelnde **Organe** der GmbH sind die **Gesellschafterversammlung** (vgl. §§ 46 - 51 GmbHG) und der **Geschäftsführer**, sowie unter Umständen ein Aufsichtsrat (vgl. § 52 GmbHG).

2. Die Aktiengesellschaft (AG)

Die **Aktiengesellschaft** ist eine Gesellschaft mit eigener Rechtspersönlichkeit. Sie hat ein in Aktien zerlegtes Grundkapital. Die **Aktionäre** sind Kapitalanleger, deren Einlagen wertpapiermäßig verbrieft sind. Für die Verbindlichkeiten der Gesellschaft haftet den Gläubigern nur das Gesellschaftsvermögen (vgl. § 1 AktG).

- Die AG gilt als **Handelsgesellschaft**, auch wenn der Gegenstand des Unternehmens nicht im Betrieb eines Handelsgewerbes besteht (vgl. § 3 AktG und § 6 Abs. 1 HGB).

- Die Firma muss die Bezeichnung "**Aktiengesellschaft**" oder eine allgemein verständliche Abkürzung dieser Bezeichnung enthalten (vgl. § 4 AktG).

- Das **Grundkapital** muss auf einen **Mindestnennbetrag** von 50.000 EUR lauten. Die Aktien können entweder als Nennbetragsaktien oder als Stückaktien begründet werden. Nennbetragsaktien müssen auf mindestens 1 EUR lauten, höhere Aktienbeträge müssen auf volle Euro lauten (vgl. §§ 6, 7, 8 AktG).

- Handelnde **Organe** der AG sind der Vorstand, der Aufsichtsrat und die Hauptversammlung der Aktionäre.

- Der **Vorstand** hat unter eigener Verantwortung die Gesellschaft zu leiten (vgl. § 76 AktG). Er vertritt die Gesellschaft gerichtlich und außergerichtlich (vgl. § 78 AktG). Besteht der Vorstand aus mehreren Personen, so sind sämtliche Vorstandsmitglieder nur gemeinschaftlich zur Geschäftsführung befugt (vgl. § 77 AktG).

- Der **Aufsichtsrat** hat die Geschäftsführung zu überwachen und eine Hauptversammlung einzuberufen, wenn das Wohl der Gesellschaft es erfordert (vgl. § 111 AktG). Er vertritt die AG gegenüber dem Vorstand (vgl. § 112 AktG).

- Die Aktionäre üben ihre Rechte (vor allem Stimmrecht und Auskunftsrechte) in den Angelegenheiten der Gesellschaft in der **Hauptversammlung** aus (vgl. §§ 118, 121, 122, 175 AktG).

3. Sonstige

- Die **Kommanditgesellschaft auf Aktien (KGaA)** (vgl. § 278 AktG) ist eine Gesellschaft mit eigener Rechtspersönlichkeit, bei der mindestens ein Gesellschafter den Gesellschaftsgläubigern unbeschränkt haftet (persönlich haftender Gesellschafter) und die übrigen an dem in Aktien zerlegten Grundkapital beteiligt sind, ohne persönlich für die Verbindlichkeiten der Gesellschaft zu haften (Kommanditaktionäre).

- Die **Genossenschaft** ist eine Gesellschaft von nicht geschlossener Mitgliederzahl, die die Förderung des Erwerbes oder der Wirtschaft ihrer Mitglieder mittels gemeinschaftlichen Geschäftsbetriebes bezweckt (vgl. § 1 Genossenschaftsgesetz - GenG). Sie ist Kaufmann (vgl. § 17 GenG). Organe sind der Aufsichtsrat, der Vorstand und die Generalversammlung.

- Die englische **Limited** (eigentlich Private company limited by shares) entspricht der deutschen GmbH mit einer Haftungsbeschränkung auf das Gesellschaftsvermögen, sie kann aber mit wesentlich geringerem Kapital gegründet werden. Ihre Organe sind der Director, der die Gesellschaft vertritt und die Shareholder (Gesellschafter), ferner gibt es einen Company Secretary für die Verwaltung.

- Die **Societas Europaea** (SE; auch europäische Gesellschaft oder **Europa AG**) ist eine europaweit grenzüberschreitend tätige Aktiengesellschaft mit einem Kapital von mindestens 120.000 Euro. In Deutschland finden sich die einschlägigen Bestimmungen dazu im Gesetz zur Einführung der Europäischen Aktiengesellschaft (SEEG).

Kontrollfragen

- Grenzen Sie die Personengesellschaft von der Kapitalgesellschaft ab!
- Was ist eine AG, was eine GmbH? Wie unterscheiden sie sich? Welche Organe haben sie? Welche Aufgaben haben diese Organe?
- Welche Arten von Kapitalgesellschaften kennen Sie?

3.2.3 Übungsfälle

Fall 1: Schnick, Schnack und die Schnuck sind OHG-Gesellschafter im Gemüsehandel. Schnick verkauft ohne Wissen der anderen Gammelgemüse an Gourmet. Der wird davon krank und will von Schnuck Schadensersatz, weil die bekanntlich das meiste Geld hat. Klappt das so?

Fall 2: Abär, Bebär und Cebär entschließen sich am 1. April die Waschfix GmbH zu gründen, eine große Wäscherei mit 30 Mitarbeitern. Am 30.4. kauft Bebär verschiedene Dinge für die Wäscherei, unter anderem auch eine große, gewerbliche Waschmaschine im Geschäft des Waschbär für 20.000 EUR . Bebär unterzeichnet den Kaufvertrag mit „Bebär i.V. der Waschfix GmbH in Gründung". Abär und Cebär sind mit dem Kauf einverstanden. Am 3.5. wird ein Gesellschaftsvertrag geschlossen und notariell beurkundet. Als Waschbär am 30.5. immer noch kein Geld erhalten hat, will er wissen, von wem er eigentlich den Kaufpreis verlangen kann.

Lösungshinweise

Zu Fall 1: Ja! Anspruchsgrundlage können §§ 823 Abs. 1, 823 Abs. 2, 280 Abs. 1 oder 241 Abs. 2 BGB sein. Die OHG haftet für das Tun des Schnick über § 31 BGB. Die OHG haftet gegenüber Gourmet nach § 124 HGB. Gesellschafterin Schnuck haftet wie die OHG nach § 128 HGB, sie kann aber von den anderen Gesellschaftern Ausgleich im Innenverhältnis verlangen.

Zu Fall 2: W könnte einen Anspruch aus § 433 Abs. 2 in Verbindung mit dem Kaufvertrag gegen die Gesellschaft haben, weil B den Kaufvertrag namens der Gesellschaft abgeschlossen hat. Fraglich ist jedoch, in welcher Form die Gesellschaft bestand und haftet. Eine **GmbH** war noch nicht wirksam gegründet, als der Kaufvertrag abgeschlossen wurde (vgl. §§ 2 Abs. 1, 11 Abs. 1 GmbHG). Eine **Vor-GmbH** lag ebenfalls noch nicht vor, weil zu diesem Zeitpunkt kein Gesellschaftsvertrag existierte. Fraglich ist daher, ob W Ansprüche gegen eine **Vorgründungsgesellschaft** geltend machen kann. Die Voraussetzungen für eine solche Vorgründungsgesellschaft in Form einer OHG liegen vor, da sich A, B und C über den Gesellschaftszweck bereits geeinigt hatten und der Betrieb einer Wäscherei in der angestrebten Größe eine gewerbliche Tätigkeit darstellt (kein Kleingewerbe, vgl. § 1 Abs. 2 HGB). Fraglich ist, ob diese Gesellschaft von B wirksam vertreten wurde, weil B namens einer GmbH in Gründung (Vor-GmbH) aufgetreten war, die aber mangels notariellen Vertrags noch gar nicht vorlag. Die unrichtige Bezeichnung schadet jedoch nicht, so dass die Vorgründungsgesellschaft wirksam von B vertreten worden ist. **W hat daher einen Anspruch auf Zahlung des Kaufpreises gegen die Vorgründungsgesellschaft aus §§ 433 Abs. 2 BGB, 124 HGB in Verbindung mit dem Kaufvertrag.** Dieser Anspruch gegen die Vorgründungsgesellschaft ist auch nicht mit Abschluss des notariellen Vertrages auf die spätere Vor-GmbH übergegangen, weil zwischen beiden Gesellschaften keine Kontinuität besteht. W hat hingegen gleichzeitig einen **Anspruch gegen A, B und C als Gesellschafter der Vorgründungs-OHG aus §§ 128, 124 HGB, 433 Abs. 2 BGB, in Verbindung mit dem Kaufvertrag.**

4 Grundzüge des Verfahrens- und Insolvenzrechts

4.1 Zuständigkeit der Zivilgerichte

Die **Zivilgerichtsbarkeit** ist Teil der **ordentlichen** Gerichtsbarkeit (vgl. § 12 GVG). Sie wird ausgeübt durch die **Amtsgerichte**, die **Landgerichte**, die **Oberlandesgerichte** und den **Bundesgerichtshof**. Vor den Zivilgerichten werden vor allem **bürgerlich-rechtliche** Streitigkeiten verhandelt, denen Ansprüche z.B. aus dem BGB, dem HGB, dem GmbHG oder dem ScheckG zu Grunde liegen.

SACHLICHE ZUSTÄNDIGKEIT

Die sachliche Zuständigkeit bestimmt, welches Gericht (Amtsgericht oder Landgericht) für den Rechtsstreit wegen dessen Art <u>in erster Instanz</u> zuständig ist. Regelungen zur sachlichen Zuständigkeit, zur Zuständigkeit als Rechtsmittelgericht und zum Aufbau der Gerichte sind im **Gerichtsverfassungsgesetz (GVG)** enthalten.

INSTANZENZUG IN ZIVILSACHEN

Bundesgerichtshof (Zivilsenat) (vgl. § 133 GVG)		
⇧ ⇧ **Revision** ⇧ ⇧ (Zulassungsrevision oder erfolgreiche Beschwerde gegen die Nichtzulassung)		
Oberlandesgericht Zivilsenat	**Oberlandesgericht** (vgl. § 119 GVG) Zivilsenat	**Landgericht** als Gericht 2. Instanz (vgl. § 72 GVG) Zivilkammer
⇧ ⇧**Berufung** ⇧ ⇧ (Berufung zugelassen oder Beschwerdegegenstand/ -summe > 600 EUR)		
Amtsgericht als Familiengericht (§§ 23a, 23b GVG) ausschließliche Zuständigkeit des Amtsgerichts • Kindschaftssachen • Unterhaltssachen • Ehesachen	**Landgericht** als Gericht 1. Instanz in allg. Zivilsachen (vgl. § 71 GVG) (ab hier Anwaltszwang, vgl. § 78 ZPO) • Streitwert über 5.000,00 EUR • Amtshaftungsprozesse • Auflösungs-/ Anfechtungsklagen gegen eine GmbH auf Antrag entscheidet die Kammer für Handelssachen	**Amtsgericht*** in allg. Zivilsachen • Streitwert <u>bis</u> 5.000,00 EUR • Wohnungsmietstreitigkeiten (vgl. § 23 Nr. 2a GVG)

Abb.: Instanzenzug Zivilsachen

*) Vor der Klageerhebung kann unter Umständen ein Güteverfahren nach Landesrecht (i.V.m. § 15a EGZPO) oder ein Schlichtungsverfahren bzw. ein Ombudsmannsverfahren vorgeschrieben sein.

➢ *Machen Sie sich bitte außerdem mit der **Verfahrensordnung für die Schlichtung von Kundenbeschwerden im deutschen Bankengewerbe** vertraut (vgl. Abschnitt 1.3.4 am Ende).*

ÖRTLICHE ZUSTÄNDIGKEIT (GERICHTSSTAND)

Für jeden Rechtsstreit ist zu ermitteln, welches Gericht <u>örtlich</u> zuständig ist. Regelungen dazu finden sich in der **Zivilprozessordnung (ZPO)**. Wird vor einem örtlich unzuständigen Gericht geklagt, muss der Rechtsstreit gegebenenfalls an das örtlich zuständige Gericht verwiesen werden.

Man unterscheidet verschiedene sog. **Gerichtsstände**:

- den sog. **ausschließlichen** Gerichtsstand, der allen übrigen Gerichtsständen zwingend vorgeht, z.B. Belegenheit der Wohnung in Wohnraummietsachen (vgl. § 29a ZPO), dinglicher Gerichtsstand (vgl. § 24 ZPO), Bezirk, in dem die Zwangsvollstreckung erfolgt (§§ 802, 771 Abs. 1 ZPO),

- den sog. **besonderen** Gerichtsstand, z.B. der Niederlassung (vgl. § 21 ZPO), des Erfüllungsortes (vgl. § 29 ZPO), der unerlaubten Handlung (vgl. § 32 ZPO), bei Wohnungseigentum (vgl. § 29b ZPO) und

- den sog. **allgemeinen** Gerichtsstand, der für alle gegen eine Person gerichteten Klagen zuständig ist, sofern nicht ein ausschließlicher Gerichtsstand begründet ist (vgl. § 12 ZPO), z.B. Wohnsitz einer natürlichen Person (vgl. § 13 ZPO), Sitz der Firma einer juristischen Person (vgl. § 17 ZPO).

- Ein an sich unzuständiges Gericht des ersten Rechtszuges kann auch z.B. durch eine sog. ausdrückliche oder stillschweigende **Gerichtsstandsvereinbarung (Prorogation)** unter Kaufleuten zuständig werden; mit Nichtkaufleuten kann eine Gerichtsstandsvereinbarung nur ausdrücklich und schriftlich *nach* dem Entstehen der konkreten Streitigkeit geschlossen werden (vgl. § 38 ZPO), also insbesondere nicht aufgrund Allgemeiner Geschäftsbedingungen. Eine Vereinbarung ist jedoch immer unzulässig, wenn ein ausschließlicher Gerichtsstand gegeben ist (vgl. § 40 Abs. 2 Nr. 2 ZPO).

Abb.: Gerichtsstände

Kontrollfragen

- Worum geht es bei der Berufung (vgl. § 513 ZPO), Revision (vgl. §§ 545 ff. ZPO) und Sprungrevision (vgl. § 566 ZPO)?

- Was ist die örtliche Zuständigkeit? Wo ist sie geregelt?

- Welche Gerichtsstände kennen Sie? Nennen Sie Beispiele! Was ist eine Gerichtsstandsvereinbarung?

- Wie läuft das Schlichtungsverfahren im Bankwesen ab?

4.2 Einzelzwangsvollstreckung wegen Geldforderungen

Im Wege der **Einzelzwangsvollstreckung** setzt der Gläubiger seinen Anspruch gegen den Schuldner durch.

- Gläubiger betreiben die **Zwangsvollstreckung** (ZVS) vorwiegend wegen **Geldforderungen**. Die ZVS ist jedoch auch möglich, um beispielsweise Ansprüche auf **Herausgabe** von bestimmten Gegenständen (vgl. § 883 ZPO) oder Grundstücken (vgl. § 885 ZPO) durchzusetzen, oder um den Schuldner zu **Handlungen** (vgl. §§ 887, 888 ZPO), **Duldungen** oder **Unterlassungen** (vgl. § 890 ZPO) oder zur Abgabe einer bestimmten **Willenserklärung** (vgl. § 894 ZPO) zu bewegen.

- **Vollstreckungsorgane** sind der **Gerichtsvollzieher** (GVZ), das **Vollstreckungsgericht**, das **Grundbuchamt** und das **Prozessgericht** erster Instanz.

4.2.1 Voraussetzungen der Einzelzwangsvollstreckung

Die **Zwangsvollstreckung** kann (auf Antrag) betrieben werden aus einem **Titel**, der mit einer amtlichen **Vollstreckungsklausel** (vgl. §§ 724, 725 ZPO) versehen und dem Schuldner **zugestellt** (vgl. § 750 ZPO) worden ist.

- **Titel** können sein z.B. rechtskräftige **Urteile** (vgl. § 704 ZPO; beachte auch § 736 ZPO) oder (vgl. § 794 ZPO) auch **Vollstreckungsbescheide** (als Ergebnis eines Mahnverfahrens, vgl. § 699 ZPO), gerichtliche **Vergleiche** oder **notarielle Urkunden** (vgl. § 794 Abs. 1 Nr. 5 ZPO; beachte auch § 798 ZPO!).

- Ein **Urteil** ist **rechtskräftig**, wenn es mit Rechtsmitteln nicht mehr angegriffen werden kann; einige Titel sind vorläufig vollstreckbar (vgl. §§ 704 Abs. 1, 708 Nr. 2, 330 ff. ZPO).

4.2.2 Zwangsvollstreckung in das bewegliche Vermögen

Die Zwangsvollstreckung in das **bewegliche** Vermögen, also in Gegenstände und Forderungen, erfolgt durch **Pfändung** (vgl. § 803 ZPO).

- Der mit der ZVS beauftragte **Gerichtsvollzieher** nimmt als Vollstreckungsorgan die im Gewahrsam des Schuldners (vgl. § 808 ZPO) vorhandenen pfändbaren Gegenstände (unpfändbare Sachen vgl. §§ 811, 811a ZPO) in Besitz oder belässt sie gekennzeichnet (**Pfandsiegel**) beim Schuldner.
- Bei Eheleuten wird Gewahrsam eines Ehegatten vermutet, soweit die Eigentumsvermutung reicht (vgl. §§ 739 ZPO, 1362 BGB).
- Der GVZ begründet an den gepfändeten Gegenständen die sog. **Verstrickung**, d.h. der Schuldner darf über die Gegenstände, die jetzt der staatlichen Verfügungsmacht unterliegen, nicht mehr verfügen (vgl. §§ 135, 136 BGB, 136 StGB); außerdem entsteht für den Gläubiger ein sog. **Pfändungspfandrecht** (vgl. § 804 ZPO), das einem rechtsgeschäftlichen Faustpfandrecht entspricht.
- Die gepfändeten Gegenstände werden vom GVZ öffentlich versteigert (vgl. §§ 814 ff. ZPO) und der Erlös nach Abzug der Kosten an die Gläubiger (wegen des Rangs vgl. § 804 Abs. 3 und § 845 ZPO) ausgekehrt. Verläuft die Sachpfändung erfolglos kann der Schuldner zur Abgabe der eidesstattlichen Versicherung (**Offenbarungseid**) gezwungen werden (vgl. § 807 ZPO).

4.2.3 Pfändung in Bankkonten

Die Pfändung einer Geldforderung, insbesondere die Pfändung in Bankkonten, erfolgt durch Erlass eines **Pfändungs- und Überweisungsbeschlusses** (vgl. § 829 ZPO) durch das zuständige Vollstreckungsgericht (Amtsgericht) und die Zustellung des Beschlusses. Das Gericht verbietet dem **Drittschuldner** (gegen den der Schuldner seinerseits eine Forderung hat) an den Schuldner zu zahlen, gleichzeitig wird dem Schuldner geboten, sich jeder Verfügung über die Forderung zu enthalten.

- Pfändbar sind auch zukünftige, noch nicht fällige oder bedingte Forderungen. Eine Pfändung kann nur einen (aktuellen) Guthaben-Saldo ergreifen (z.B. Zustellungssaldo, vgl. §§ 357 HGB, 829 Abs. 3 ZPO), nicht jedoch einzelne, kontokorrentgebundene Forderungen (vgl. §§ 355 – 357 HGB). Gepfändet werden kann auch ein bereits entstandener Auszahlungsanspruch beim vereinbarten und vom Schuldner abgerufenen Dispositionskredit, wofür eine bloß geduldete Kontoüberziehung jedoch nicht ausreicht, weil dadurch kein Anspruch gegen die Bank entsteht.
- Bestimmte Forderungen unterliegen nicht oder nur teilweise der Pfändung, z.B. Arbeitseinkommen (vgl. §§ 850 ff. ZPO). Allgemein dürfen Forderungen, die nicht übertragen werden können, nicht gepfändet werden und umgekehrt (vgl. §§ 400 BGB, 851 ZPO).
- Der Schuldner ist verpflichtet, dem Gläubiger alle nötigen Auskünfte zu erteilen und Urkunden herauszugeben (vgl. § 836 Abs. 3 ZPO).
- Der Drittschuldner muss den Gläubiger auf Verlangen über die Forderung informieren (sog. **Drittschuldnererklärung**, vgl. § 840 ZPO).
- Die gepfändete Geldforderung wird dem Gläubiger zur Einziehung überwiesen (vgl. §§ 835, 836 ZPO).

4.2.4   Zwangsversteigerung, Zwangsverwaltung und Zwangssicherungshypothek

Die Zwangsvollstreckung in das **unbewegliche** Vermögen erfolgt durch Eintragung einer **Sicherungshypothek** in das Grundbuch, **Zwangsversteigerung** oder **Zwangsverwaltung** (vgl. § 866 ZPO).

- Die ZVS in das **unbewegliche** Vermögen erfasst insbesondere Grundstücke und Gegenstände, auf die sich bei Grundstücken die Hypothek erstreckt, sowie grundstücksgleiche Rechte (z.B. Erbbaurecht) und Wohnungseigentum (vgl. §§ 864, 865 ZPO).

1. Zwangssicherungshypothek

- Sie wird durch das **Grundbuchamt** als Vollstreckungsorgan in das **Grundbuch** eingetragen (vgl. §§ 866 Abs. 3, 867 ZPO).

2. Zwangsversteigerung

- Sie erfolgt durch das **Amtsgericht** als **Vollstreckungsorgan** (vgl. §§ 15 ff. Gesetz über die Zwangsversteigerung und Zwangsverwaltung - ZVG). Der **Anordnungsbeschluss** bewirkt die Beschlagnahme des Grundstücks und der mithaftenden Gegenstände (vgl. §§ 20 ff. ZVG), außerdem wird ein **Versteigerungsvermerk** im Grundbuch eingetragen (vgl. § 19 ZVG).

- Bei der **Versteigerung** wird nur ein Gebot zugelassen, das mindestens die dem Anspruch des betreibenden Gläubigers vorgehenden Rechte und die Verfahrenskosten deckt (**Mindestgebot** oder **geringstes Gebot**, vgl. § 44 ZVG). Der Teil des geringsten Gebots, der zur Deckung der Kosten und bestimmter anderer Lasten bestimmt ist, ist von dem Ersteher im Verteilungstermin (bar) zu berichtigen (**Bargebot**, vgl. § 49 ZVG). Den anderen Teil des geringsten Gebots bilden die bestehen bleibenden Rechte (vgl. § 52 ZVG), im übrigen erlöschen die Rechte. Der das geringste Gebot übersteigende Betrag des Meistgebots ist ebenfalls bar zu entrichten (vgl. § 49 ZVG).

- Ein Beteiligter, dessen Recht durch Nichterfüllung des Gebots beeinträchtigt werden würde, kann **Sicherheitsleistung** verlangen, jedoch nur sofort nach Abgabe des Gebots (vgl. § 67 ZVG).

- Bleibt das abgegebene Meistgebot einschließlich des Kapitalwertes der nach den Versteigerungsbedingungen bestehenbleibenden Rechte unter **sieben Zehnteilen** des Grundstückswertes (**7/10-Grenze** vgl. § 74a Abs. 5 ZVG), so kann ein Berechtigter, dessen Anspruch ganz oder teilweise durch das Meistgebot nicht gedeckt ist, aber bei einem Gebot in der genannten Höhe voraussichtlich gedeckt sein würde, die Versagung des Zuschlags beantragen (vgl. § 74a ZVG).

- Der Meistbietende in der Versteigerung erhält den **Zuschlag** und wird dadurch Eigentümer des Grundstücks und aller Gegenstände, auf welche sich die Versteigerung erstreckt hat (vgl. §§ 81, 90 ZVG).

- Der Zuschlag ist zu versagen, wenn das abgegebene Meistgebot einschließlich des Kapitalwertes der nach den Versteigerungsbedingungen bestehenbleibenden Rechte die **Hälfte** des Grundstückswertes nicht erreicht (**5/10-Grenze**, vgl. § 85a ZVG).

3. Zwangsverwaltung

- Sie dient der Befriedigung der Gläubiger aus den laufenden Erträgen eines Grundstücks (vgl. §§ 146 bis 161 ZVG); im Grundbuch wird ein entsprechender Vermerk eingetragen.

4.2.5 Rechtsmittel in der Zwangsvollstreckung

Vollstreckungs-erinnerung (vgl. § 766 ZPO)	Vollstreckungs-abwehrklage (vgl. § 767 ZPO)	Drittwiderspruchs-klage (vgl. § 771 ZPO)	Klage auf vorzugs-weise Befriedigung (vgl. § 805 ZPO)
wegen der **Art und Weise** der ZVS, also wegen der **Verletzung von Verfahrensvor-schriften** z.B. Verstoß gegen Vorschriften zum Pfändungsschutz	wegen **nachträgli-cher materiell-rechtlicher Ein-wände** gegen den titulierten Anspruch, die die Unzulässig-keit der ZVS bewir-ken, weil der titulierte Anspruch beispiels-weise schon durch Erfüllung erloschen (vgl. § 362 BGB) ist	gegen die Zulässig-keit der ZVS wegen **eines die Veräuße-rung hindernden Rechts** am Gegen-stand der Zwangs-vollstreckung, wenn z.B. der gepfändete Gegen-stand nicht im (Allein) Eigentum des Schuldners, sondern eines Dritten steht	wegen eines **Pfand- oder Vor-zugsrechts besse-ren Rangs**, z.B. wegen eines älteren Pfandrechts an dem gepfände-ten Gegenstand Achtung: Die Pfändung kann nicht verhindert, aber bevorzugte Befriedigung aus dem Erlös erreicht werden!
beim Amtsgericht als <u>Vollstreckungs-gericht</u> (vgl. § 764 ZPO)	beim <u>Prozessgericht</u> der ersten Instanz	beim <u>sachlich</u> zu-ständigen Amts- oder Landge-richt	beim <u>sachlich</u> zu-ständigen Amts- oder Land-gericht

Abb.: Rechtsmittel in der Zwangsvollstreckung

Kontrollfragen

- Wie lauten die Voraussetzungen für die Einzelzwangsvollstreckung?
- Wie wird in das bewegliche Vermögen vollstreckt? Und in das unbewegliche Vermögen?
- Nennen Sie Rechtsmittel in der Zwangsvollstreckung und ihre Voraussetzungen!
- Schildern Sie den Ablauf eines Versteigerungstermins bei einer Grundstücks-versteigerung!

4.2.6   Übungsfälle

<u>Fall 1</u>: Maulig, der jetzt in M-Stadt wohnt, schuldet seinem ehemaligen Vermieter Vogel für die frühere Wohnung in W-Stadt noch Miete in Höhe von 5.000,01 EUR.

a) Vor welchem Gericht muss Vogel klagen?

b) Und wenn es sich um Miete für Gewerberäume handelt?

c) Kann eine Gerichtsstandsvereinbarung M-Stadt örtlich zuständig machen?

<u>Fall 2</u>: Gut hat einen Zahlungstitel gegen Schlecht über 800 EUR. Der GVZ pfändet daraufhin in der Wohnung des Schlecht dessen drei Kochtöpfe und eine Stereoanlage. Unmittelbar danach meldet sich Freundlich, ein Freund von Schlecht, bei dem GVZ und weist nach, dass die Stereoanlage eigentlich ihm gehört und nur an Schlecht verliehen war.

a) Möglichkeiten des Schlecht?

b) Möglichkeiten des Freundlich?

Lösungshinweise

<u>Zu Fall 1</u>:

a) <u>Wohnungsmiete</u>: Klage vor dem Amtsgericht (vgl. § 23 Nr. 2 a GVG) in W-Stadt (vgl. § 29a ZPO) (unabhängig vom Streitwert!)

b) Miete für <u>Gewerberäume</u>: Klage in W-Stadt, aber vor dem Landgericht (vgl. §§ 23 Nr. 1, 71 GVG);

c) <u>wirksame Gerichtsstandsvereinbarung</u> zugunsten von M-Stadt: nicht möglich (vgl. §§ 40 Abs. 2 Nr. 2, 29 a Abs. 1 ZPO).

<u>Zu Fall 2</u>:

a) Möglichkeiten des **Schlecht**: <u>Erinnerung</u> (§ 766 ZPO), weil es um einen formellen Mangel geht (Verstoß gegen § 812 ZPO);

b) Möglichkeiten des **Freundlich**: <u>Erinnerung</u> (§ 766 ZPO) scheidet aus, weil es nicht um formelle Mängel sondern um materiell-rechtliche Probleme geht; <u>Drittwiderspruchsklage</u> beim örtlich zuständigen Gericht (vgl. §§ 771, 802 ZPO) möglich, da die konkrete Maßnahme noch andauert (der Erlös ist noch nicht an G ausgekehrt). F hat auch ein die Veräußerung hinderndes Recht, hier Eigentum an dem Gegenstand. Das Gericht wird die ZVS in die Stereoanlage für unzulässig zu erklären, damit erlischt das Pfändungspfandrecht und der GVZ muss die Verstrickung aufheben (vgl. §§ 776, 775 ZPO).

4.3 Insolvenzverfahren

Lesen Sie bitte die angegebenen Paragrafen jeweils vollständig durch.

Das in der **Insolvenzordnung (InsO)** geregelte **Insolvenzverfahren** dient dazu, die Gläubiger eines Schuldners gemeinschaftlich zu befriedigen, indem das Vermögen des Schuldners verwertet und der Erlös verteilt oder in einem Insolvenzplan eine abweichende Regelung insbesondere zum Erhalt des Unternehmens getroffen wird. Dem redlichen Schuldner wird Gelegenheit gegeben, sich von seinen restlichen Verbindlichkeiten zu befreien (vgl. § 1 InsO).

4.3.1 Voraussetzungen

1. Antrag beim zuständigen Insolvenzgericht (vgl. § 13 InsO)

- bei der **GmbH** besteht für Geschäftsführer Antragspflicht (vgl. § 64 GmbHG)
- **Regelinsolvenzverfahren,** unter Umständen (vereinfachtes) **Verbraucherinsolvenzverfahren** (vgl. §§ 304 ff. InsO)

2. Eröffnungsgrund

- **Zahlungsunfähigkeit** (vgl. § 17 InsO) liegt vor, wenn der Schuldner nicht in der Lage ist, die fälligen Zahlungspflichten zu erfüllen. Dies ist in der Regel anzunehmen, wenn der Schuldner seine Zahlungen eingestellt hat (nicht bei nur vorübergehender Liquiditätslücke).

- **Drohende Zahlungsunfähigkeit** (vgl. § 18 InsO) liegt vor, wenn der Schuldner voraussichtlich nicht in der Lage sein wird, die bestehenden Zahlungspflichten im Zeitpunkt der Fälligkeit zu erfüllen.

- **Überschuldung** (vgl. § 19 InsO) bei einer juristischen Person ist gegeben, wenn (bei angenommener Fortführung des Unternehmens) das Vermögen die bestehenden Verbindlichkeiten (ohne Stammkapital und Rücklagen) nicht mehr deckt.

3. Deckung der Verfahrenskosten durch die Insolvenzmasse

- sonst: **Abweisung des Antrags mangels Masse** (vgl. § 26 InsO)
- **Insolvenzmasse** ist das gesamte Vermögen, das dem Schuldner zur Zeit der Eröffnung des Verfahrens gehört und das er während des Verfahrens erlangt (vgl. § 35 InsO).

4. gerichtliche Anordnung von Sicherungsmaßnahmen möglich (vgl. § 21 InsO)

- z.B. Einsetzung eines vorläufigen Insolvenzverwalters, allgemeines Verfügungs-verbot betreffend das Schuldnervermögen; Untersagung von ZVS in das Schuld-nervermögen

5. Eröffnungsbeschluss des Insolvenzgerichts (vgl. §§ 26 ff. InsO)

- Das Recht des Schuldners, das zur Insolvenzmasse gehörende Vermögen zu ver-walten und über es zu verfügen, geht auf den Insolvenzverwalter über (vgl. §§ 80 ff. InsO).
- Eine juristische Person (z.B. GmbH) wird grundsätzlich mit Eröffnung bzw. Abwei-sung mangels Masse aufgelöst.
- Die **Rückschlagsperre** (vgl. §§ 88, 312 Abs. 1 Satz 3 InsO) greift: Zwangsvollstre-ckungsmaßnahmen zur Sicherung an dem zur Insolvenzmasse gehörenden Ver-mögen des Schuldners im letzten Monat vor Eröffnung werden mit der Eröffnung des Verfahrens unwirksam.

4.3.2 Rechte und Pflichten von Insolvenzverwalter, Gemeinschuldner und Gläubiger

- Der **Insolvenzverwalter** (InsVw) führt das Unternehmen des Schuldners (zu-nächst) fort, verwertet das Vermögen des Schuldners und verteilt den Erlös auf-grund eines Verteilungsverzeichnisses an die Gläubiger (auf Antrag des Schuld-ners ist **Eigenverwaltung** möglich, vgl. § 270 InsO).
- Der InsVw nimmt das Vermögen des Schuldners in Besitz. Er prüft und verwaltet die Bestände, entscheidet über die Fortsetzung oder Beendigung bestehender Verträge (vgl. §§ 103 ff. InsO) und schwebender Prozesse (vgl. §§ 85, 86 InsO) und stellt fest, ob Gegenstände, die in anfechtbarer Weise aus dem Schuldnerver-mögen entfernt worden sind, im Wege der **Insolvenzanfechtung** zurückgeholt werden können (Rechtshandlungen, die vor der Eröffnung des Insolvenzverfahrens vorgenommen worden sind und die Insolvenzgläubiger benachteiligen, kann der Insolvenzverwalter unter Umständen rückgängig machen, vgl. §§ 129 bis 146 InsO).
- Der **Gemeinschuldner** ist verpflichtet, das Insolvenzgericht und den Insolvenzver-walter über alle das Verfahren betreffenden Umstände vollständig und wahrheits-gemäß zu informieren (vgl. §§ 97, 98, 101 InsO). Er hat das Recht, eine Forderung im Prüfungstermin zu bestreiten (insbesondere bei Forderung aus unerlaubter Handlung, für die keine Restschuldbefreiung erteilt wird, vgl. § 302 InsO).

- **Aussonderungsberechtigte** Gläubiger können aufgrund eines dinglichen oder persönlichen Rechts geltend machen, dass ein Gegenstand nicht zur Insolvenzmasse gehört (vgl. §§ 47, 48 InsO) und Herausgabe verlangen.
- **Absonderungsberechtigte** Gläubiger besitzen ein in der InsO ausdrücklich genanntes (vgl. §§ 49 - 51 InsO) Absonderungsrecht (z.B. Pfandrecht, Sicherungseigentum), das zu einer **vorrangigen** Befriedigung aus dem Erlös aus der Verwertung (vgl. §§ 165 ff. InsO) der Gegenstände oder Forderungen berechtigt.
- Ansprüche der **Massegläubiger** entstehen erst durch oder nach Eröffnung des Insolvenzverfahrens, also z.B. durch Handlungen des Insolvenzverwalters oder in anderer Weise durch die Verwaltung, Verwertung und Verteilung der Insolvenzmasse oder durch Fortführung der Geschäfte (z.B. Vergütungsanspruch des Insolvenzverwalters; Lohnforderung von Arbeitnehmern nach Verfahrenseröffnung); diese Masseverbindlichkeiten (vgl. § 55 InsO) sind in **voller** Höhe zu befriedigen
- **Insolvenzgläubiger** (vgl. § 38 InsO) sind persönliche Gläubiger, die einen zur Zeit der Eröffnung des Insolvenzverfahrens begründeten (nicht notwendig fälligen) Vermögensanspruch gegen den Schuldner haben (z.B. Arbeitnehmer für die Zeit vor Insolvenzeröffnung); sie werden aus der verbleibenden Insolvenzmasse nach ihrer **Quote** (Verhältnis der Forderung zur Gesamtsumme der Verbindlichkeiten) befriedigt.
- Erste **Gläubigerversammlung** im **Berichtstermin** (vgl. § 74 InsO); der Insolvenzverwalter informiert über die wirtschaftliche Lage des Schuldners; die Gläubigerversammlung beschließt (vgl. § 76 InsO) entweder **Liquidation** (Verwertung durch Forderungseinzug bzw. Veräußerung) des Schuldnervermögens oder Fortführung des Unternehmens (**Sanierung**) oder **Übertragung** des Unternehmens oder Teile davon an Dritte; der Erlös kommt jeweils den Gläubigern entsprechend ihrem Rang zugute; möglich ist auch der Beschluss über einen **Insolvenzplan** (vgl. §§ 217 ff. InsO), ggf. unter Vorgabe bestimmter Planziele.
- Im **Prüfungstermin** werden die angemeldeten Forderungen (vgl. §§ 174 ff. InsO) ihrem Betrag und ihrem Rang nach geprüft; bestreitet der InsVw oder ein anderer Gläubiger die Forderung, muss der Gläubiger auf Feststellung zur Tabelle klagen.
- Ein **Gläubigerausschuss** (vgl. §§ 67, 69 InsO) kann zur Unterstützung und Überwachung des Insolvenzverwalters bei dessen Geschäftsführung eingesetzt werden.

4.3.3 Verbraucherinsolvenzverfahren und Restschuldbefreiung

1. Verbraucherinsolvenzverfahren (vgl. §§ 304 - 314 InsO)

- Zunächst obligatorischer außergerichtlicher Einigungsversuch mit sämtlichen Gläubigern auf der Grundlage eines sog. **Schuldenbereinigungsplans** (vgl. § 305 InsO);

- bei **Scheitern** (vgl. § 305a InsO): Antrag auf Eröffnung des Verbraucherinsolvenzverfahrens, dann gerichtliches Verfahren über den Schuldenbereinigungsplan; stimmt die Mehrheit der Gläubiger (Kopf- und Summenmehrheit) zu, kann das Gericht die Zustimmung der widersprechenden Gläubiger ersetzen (vgl. § 309 InsO), sofern es sich nicht um beachtliche Einwendungen handelt (z.B. wirtschaftliche Benachteiligung); nach Rechtskraft aller Ersetzungsbeschlüsse gilt der Schuldenbereinigungsplan als angenommen und hat zwischen den Beteiligten die rechtlichen Wirkungen eines gerichtlichen Vergleichs (vgl. §§ 308 Abs. 1 Satz 2 InsO, 794 Abs. 1 Nr. 1 ZPO);
- falls der Schuldenbereinigungsplan scheitert: Durchführung des Insolvenzverfahrens; ein gerichtlich eingesetzter **Treuhänder** prüft, inwieweit die Vermögensgegenstände des Schuldners veräußert und der Erlös an die Gläubiger verteilt (vgl. § 314 InsO) werden kann; der Schuldner hat ferner die pfändbaren Teile seines Einkommens zugunsten der Gläubiger an den Treuhänder abzutreten.

2. Restschuldbefreiung

- kann (nur) **natürlichen** Personen vom Insolvenzgericht erteilt werden (vgl. § 301 InsO), sofern der Schuldner **selbst** Insolvenzantrag und Antrag auf Restschuldbefreiung gestellt (vgl. § 287 InsO) und seine pfändbaren Verdienstanteile abgetreten hat und wenn Versagungsgründe (vgl. §§ 296 bis 298 InsO), z.B. rechtskräftige Verurteilung wg. einer Insolvenzstraftat), nicht vorliegen;
- Wird dem Schuldner im Abschluss an die sog. **Wohlverhaltensperiode** mit bestimmten Pflichten, z.B. einer gesteigerten Erwerbspflicht (vgl. § 295 InsO) die Restschuldbefreiung erteilt, können Gläubiger, die im Zeitpunkt der Eröffnung des Insolvenzverfahrens Forderungen gegen den Schuldner hatten, diese Forderung nicht mehr durchsetzen (Ausnahme: Forderungen aus unerlaubter Handlung, die auch als solche vom Gläubiger angemeldet worden sind, vgl. §§ 301, 302 InsO); die Erteilung der Restschuldbefreiung kann auf Antrag eines Gläubigers binnen eines Jahres wegen Obliegenheitspflichtverletzungen des Schuldner widerrufen werden (vgl. § 303 InsO, „Zitterjahr").

Kontrollfragen

- Wer kann bei drohender Zahlungsunfähigkeit Insolvenzantrag stellen?
- Für wen ist ein Verbraucherinsolvenzverfahren möglich?
- Welche Eröffnungsgründe gibt es in Bezug auf natürliche Personen?
- Ist ein eröffnetes Insolvenzverfahren aus dem Grundbuch ersichtlich?
- Was ist die Rückschlagsperre? Reicht sie immer einen Monat zurück?
- Was geschieht im eröffneten Insolvenzverfahren mit Darlehen und Kontokorrent (vgl. §§ 41, 1156,116 InsO)?
- Worum geht es bei der Insolvenzanfechtung?
- Skizzieren Sie den Ablauf eines Verbraucherinsolvenzverfahrens und beschreiben Sie die Unterschiede zum Regelinsolvenzverfahren!

5 Tipps für die Prüfungen

Für die schriftliche Prüfung:

- Lesen Sie zunächst genau die eigentliche Fallfrage, die von Ihnen beantwortet werden soll.
- Wiederholen Sie in Ihrer Lösung nicht den Sachverhalt. Dieser ist bekannt und Sie würden kostbare Zeit verlieren.
- Grundsätzlich sollten Sie sich vorab immer fragen, „Wer will was von wem woraus?"; z.B. „Kann A von B die Herausgabe des Kühlschranks nach § 985 BGB verlangen?".
- Sofern nach bestimmten Ansprüchen gefragt ist – z.B. „Kann A von B Herausgabe des Kühlschranks verlangen?" – sind auch nur diese Ansprüche zu prüfen. Lautet die Fallfrage hingegen „Wie ist die Rechtslage?", sind sämtliche in Betracht kommenden Ansprüche aller Beteiligten zu prüfen.
- Machen Sie sich bei umfangreichen Sachverhalten nach Möglichkeit eine Skizze zu den beteiligten Personen und ihren rechtlichen Beziehungen, um sich die Orientierung zu erleichtern.
- Vertragliche Anspruchsgrundlagen werden in der Regel vor gesetzlichen Anspruchsgrundlagen geprüft. Wird z.B. in der Fallfrage nach Schadensersatzansprüchen gefragt, können sich diese z.B. aus einem Vertrag in Verbindung mit § 280 ff. BGB ergeben, aber auch aus § 823 BGB.
- Die Anspruchsgrundlagen prüfen Sie sodann vollständig durch, indem Sie die einzelnen Voraussetzungen nennen und jeweils feststellen, ob sie nach dem Sachverhalt gegeben sind. Kommt es z.B. darauf an, ob eine Person nach § 104 BGB geschäftsunfähig ist, erläutern Sie dies unter Bezugnahme auf das im Sachverhalt genannte Alter der Person.
- Bitte nennen Sie die einschlägigen Paragrafen vollständig, d.h. unter Nennung des Gesetzes und des jeweiligen Absatzes und Satzes (z.B. „§ 812 Abs. 1 Satz 1, 1. Alt. BGB"). Vergewissern Sie sich dabei, dass Sie keine Ausnahmeregelungen übersehen haben.
- An das Ende Ihrer Lösung gehört immer ein Satz, in dem Sie die konkrete Falllfrage beantworten, z.B. „A und B erben also zu gleichen Teilen.".
- Die Fallfrage lautet z.B.: „Kann A von B den Kaufpreis verlangen?"
Lösung: „A könnte gegen B aus § 433 Abs. 2 BGB in Verbindung mit dem Kaufvertrag einen Anspruch auf Kaufpreiszahlung haben. Der Vertrag ist nach dem Sachverhalt zwischen A und B durch Antrag und Annahme zustande gekommen. Der Kaufvertrag könnte jedoch infolge Anfechtung wegen arglistiger Täuschung nach §§ 142, 123 Abs. 1 BGB nichtig sein. Nach dem Sachverhalt hat A dem B wider besseren Wissens vorgespiegelt, dass … . Dadurch hat A bei B einen Irrtum erregt, der B zu dem Vertragsschluss bestimmt hat. B hat auch fristgerecht nach § 124 Abs. 1 BGB innerhalb eines Jahres die Anfechtung erklärt. Der Kaufvertrag ist daher von Anfang an nichtig, § 142 BGB. A hat keinen Anspruch auf Zahlung des Kaufpreises gegen B."

Für die mündliche Prüfung:

- Sie können Ihren Wissenstand überprüfen, indem Sie die Kontrollfragen am Ende jeden Abschnitts beantworten, vielleicht im Rahmen einer Arbeitsgruppe mit anderen Prüfungskandidaten/innen. Indem Sie sich die wichtigen Inhalte gegenseitig erläutern, können Sie das Formulieren, die Darstellung von rechtlichen Zusammenhängen und die Verwendung der juristischen Begriffe üben.

Stichwortverzeichnis

Mit weiteren Gabler-Büchern schnell und sicher zum Bankfachwirt

Olaf Fischer

Prüfungstraining zum Bankfachwirt:
Allgemeine Bankbetriebswirtschaft
Sicher durch die Zwischen- und Abschluss-
prüfung zum geprüften Bankfachwirt (IHK).
2. Auflage 2006
XII, 280 S., Br. € 32,90
ISBN 978-3-8349-0195-8

Achim Schütz | Olaf Fischer | Margit Burgard

Prüfungstraining zum Bankfachwirt:
Mündliche Prüfung Bankfachwirt
Wie strukturieren, beraten und verkaufen Sie
am erfolgreichsten im Prüfungsgespräch
2. Auflage 2007
ca. X, 211 S., Br. € 29,90
ISBN 978-3-8349-0542-0

Olaf Fischer (Hrsg.) | Meinolf Lombino

Prüfungstraining zum Bankfachwirt:
Volkswirtschaftslehre für Bankfachwirte
Kurz und knapp alles Prüfungsrelevante
zusammengefasst
Auflage 2007
ca. 240 S., Br. € 29,90
ISBN 978-3-8349-0021-0

Änderungen vorbehalten. Stand: Februar 2007.

Gabler Verlag · Abraham-Lincoln-Str. 46 · 65189 Wiesbaden · www.gabler.de